KPMG

図解&徹底分析

IFRS「新収益認識」

あずさ監査法人 IFRSアドバイザリー室［編］

中央経済社

© 2018 KPMG AZSA LLC, a limited liability audit corporation incorporated under the Japanese Certified Public Accountants Law and a member firm of the KPMG network of independent member firms affiliated with KPMG International Cooperative ("KPMG international"), a Swiss entity. All rights reserved.
The KPMG name and logo are registered trademarks or trademarks of KPMG International.

　ここに記載されている情報はあくまで一般的なものであり，特定の個人や組織が置かれている状況に対応するものではありません。私たちは，的確な情報をタイムリーに適用するよう努めておりますが，情報を受け取られた時点及びそれ以降においての正確さは保証の限りではありません。何らかの行動をとられる場合は，ここにある情報のみを根拠とせず，プロフェッショナルが特定の状況を綿密に調査した上で提案する適切なアドバイスに従ってください。

はじめに

有限責任 あずさ監査法人は，2014年5月に国際会計基準審議会（IASB）よりIFRS第15号「顧客との契約から生じる収益」が公表されて以来，『図と設例による解説—IFRS第15号「顧客との契約から生じる収益」』をはじめ，さまざまな解説冊子をウェブサイトに掲載し，幸いにも各方面から好評をいただきました。そして，このたび，より包括的で詳しい解説を望む読者の要望に応えるものとして，本書の刊行に至ったことは当法人にとって非常に大きな喜びであります。

2017年7月に東京証券取引所より公表された「『会計基準の選択に関する基本的な考え方』の開示内容の分析」によると，分析対象の東証上場会社3,537社（時価総額617兆円）のうち，IFRSをすでに適用している，もしくは適用を決定・予定している会社は171社（同188兆円），IFRS適用に関する検討を実施している会社は214社（同134兆円）とされています。

このように，IFRSは国外の企業のみでなくわが国においても広く浸透しており，IFRSについての知識は財務情報を読み解くうえで必須となりつつあります。

今回本書で取り上げているIFRS第15号は，IASBが米国財務会計基準審議会（FASB）と2002年10月にスタートさせた合同プロジェクトの成果であり，米国基準とコンバージェンスされた基準として公表されたものです。そのため，IFRS適用会社のみならず，米国基準を適用する企業もほぼ同一の基準により，収益認識を行うことになります。さらに，わが国においても2018年3月にIFRS第15号をベースとして開発された収益認識に関する包括的な基準として，「収益認識に関する会計基準」および「収益認識に関する会計基準の適用指針」が公表されました。このような状況に鑑みると，IFRS第15号の考え方を適切に理解することは，日本の会計・経理に携わる実務家や専門家，日本企業の経営者や投資家等にとって，非常に重要と考えられます。

さて，本書の構成は以下のとおりです。

第１章　IFRS第15号の概要

第２章　５つのステップ

第３章　契約コスト

第４章　適用上の論点

第５章　表示および開示

第６章　業種別論点解説

第７章　実務上のFAQ

第８章　わが国における収益認識会計基準

　第１章でIFRS第15号の概要を説明し，第２章～第５章ではIFRS第15号の詳細な解説を行っています。また，第６章では業種別の実務における各種論点に関してケース解説を行い，第７章ではIFRS第15号の理解をさらに深めるためにQA方式による解説を行っています。そして，第８章では，2018年３月に公表されたわが国における収益会計基準につき，IFRS第15号との相違点を中心に解説を行っています。

　本書がIFRSの収益認識に関する会計基準についての理解を深めるうえで，読者の皆様のお役に立つならば幸甚です。また，本書をよりよいものにするために，読者の忌憚なきご意見，ご助言をいただければ幸いです。

　最後に，中央経済社の坂部秀治氏には，本書の刊行にあたり企画段階から出版まで大変貴重な助言をいただきました。この場を借りて厚くお礼申し上げます。

2018年６月

有限責任 あずさ監査法人
理事長　酒井弘行

目　　次

第1章

1

IFRS第15号の概要

1 IFRS第15号の基本原則と５つのステップ　‥‥‥‥‥‥‥‥‥　2

2 目　　的　‥‥‥‥‥‥‥‥‥‥‥‥‥‥‥‥‥‥‥‥‥‥‥‥　4

3 範　　囲　‥‥‥‥‥‥‥‥‥‥‥‥‥‥‥‥‥‥‥‥‥‥‥‥　5

　　1　IFRS第15号における収益の定義　5

　　2　IFRS第15号の適用対象となる契約　5

　　　設例1−1　同業他社との間で行う製品の交換　7

　　3　複数の基準が適用される契約　8

　　　設例1−2　複数の基準が適用される契約　8

　　4　顧客との契約以外の契約　9

　　　設例1−3　提携契約における顧客かどうかの判断　10

　　　Point＆分析　顧客との契約ではない契約にIFRS第15号を適用する

　　　　　　　　　ケース　10

　　5　企業の通常の活動の一部ではない売却　11

　　6　ポートフォリオ・アプローチ　11

　　7　顧客との契約に関連するコスト　12

4 発効日および経過措置　‥‥‥‥‥‥‥‥‥‥‥‥‥‥‥‥‥‥　13

　　1　発効日　13

　　2　経過措置　13

　　　(1)　経過措置として認められる方法　13

　　　(2)　経過措置に関する開示項目　15

　　3　初度適用　16

第2章

17

5つのステップ

1 ステップ1―顧客との契約の識別 ‥‥‥‥‥‥‥‥‥‥‥‥‥ 18

1 **対象となる契約の要件** 18

(1) IFRS第15号の適用対象となる契約の成立要件 19

　Point&分析 対価の回収可能性の要件を満たさない契約の収益計上
　　20

　設例2-1 価格譲歩と回収可能性の評価 21

(2) IFRS第15号の適用対象となるための要件を満たさない契約の処
　理 22

2 **契約期間** 23

　Point&分析 解約時に支払われる対価の契約期間の判定への影響 23

　Point&分析 自動更新契約の取扱い 24

　Point&分析 一定の時点で，いずれの当事者も契約を解約できる場合
　　の取扱い 24

　Point&分析 顧客だけが解約する権利を有する場合の取扱い 24

3 **契約の結合** 25

　Point&分析 関連当事者の範囲について 25

4 **契約の変更** 26

　設例2-2 別個の契約として取り扱う場合 28

　設例2-3 既存の契約を終了して，新たな契約を締結したものとし
　　て取り扱う場合 28

　設例2-4 当初の契約の一部として取り扱う場合 29

　Point&分析 契約上のクレーム（追加請求）の会計処理 30

　Point&分析 契約変更承認前に発生したコストの会計処理 31

2 ステップ2―履行義務の識別 ‥‥‥‥‥‥‥‥‥‥‥‥‥‥‥ 32

1 **履行義務とは** 32

　Point&分析 収益認識単位の重要性判断 33

2 **別個の財またはサービス** 34

　設例2-5 履行義務の識別―製品と据付サービス 35

　Point&分析 別個のものではない財またはサービス 37

目　次　iii

　　　　　設例2−6　契約に含まれる複数の財またはサービスを統合する重要
　　　　　なサービス　37
　3　**一連の別個の財またはサービス**　38
　　　　Point&分析　一連の財またはサービスに関するガイダンスの意義　39
　4　**履行義務を識別する際の留意点**　39
　　（1）　契約に明示されていない財またはサービス　39
　　　　　設例2−7　顧客の顧客に対する履行義務の識別とインセンティブ通
　　　　　知のタイミング　40
　　（2）　顧客に財またはサービスが移転しない活動　42
　　　　　設例2−8　契約をセットアップするための管理作業　42

3　**ステップ3―取引価格の算定** ……………………………… 44
　1　**取引価格とは**　44
　2　**変動対価**　45
　　（1）　変動対価の見積り　45
　　　　Point&分析　販売時点で販売価格が確定しない場合の取扱い　46
　　　　Point&分析　外貨建取引の為替変動は変動対価を構成しない　47
　　　　Point&分析　過去の経験の変動対価の見積りへの利用　47
　　　　　設例2−9　変動対価の見積り―期待値による方法　48
　　　　　設例2−10　変動対価の見積り―最も可能性の高い金額による方法
　　　　　48
　　（2）　変動対価の見積りの制限　49
　　　　Point&分析　「可能性が非常に高い」という判断　50
　　　　Point&分析　収益認識を慎重に行うガイダンスの背景　50
　　（3）　変動対価の再測定　51
　　（4）　返金負債　51
　3　**重大な金融要素**　51
　　　　　設例2−11　契約に重大な金融要素が含まれるか否かの判断―前払い
　　　　　可能なケース　53
　4　**現金以外の対価**　55
　5　**顧客に支払われる対価**　56
　　　　　設例2−12　顧客への支払―取引価格の減額　57

iv

4 ステップ4─履行義務への取引価格の配分 ·················· 58

  1 履行義務への取引価格の配分 58

  2 独立販売価格に基づく配分 59

    Point＆分析 独立販売価格の見積りに係る考慮要素 60

    (1) 調整後市場評価アプローチ 60

    (2) 予想コストにマージンを加算するアプローチ 61

    (3) 残余アプローチ 62

    設例2-13 独立販売価格の見積り─残余アプローチ 63

  3 値引きの配分 64

    設例2-14 値引きの配分──一部の履行義務への配分を行うケース 65

  4 変動対価の配分 66

    設例2-15 取引ごとに対価が発生する変動対価の各期への配分
        67

  5 取引価格の事後変動 69

5 ステップ5─履行義務の充足による収益の認識 ·············· 70

  1 支配の移転と支配の定義 70

    Point＆分析 収益認識への支配概念の導入 71

  2 一定の期間にわたり充足される履行義務（要件） 71

    (1) （要件1）履行につれた便益の享受と消費 73

    (2) （要件2）資産の創出と顧客による支配 74

    (3) （要件3）他に転用できる資産の非創出と支払を受ける強制可能
    な権利 74

    設例2-16 完了した履行に係る支払を受ける強制可能な権利
        （IFRS15.BC145） 78

    Point＆分析 一定の期間にわたり充足される履行義務の判定で用いる
        仮定の相違 79

    Point＆分析 インプットとして使用される標準的資材の支払に対する
        強制可能な権利 80

  3 一定の期間にわたり充足される履行義務（進捗度の測定） 81

    Point＆分析 単一の履行義務に適用する進捗度の測定方法 81

    (1) アウトプット法 81

    Point＆分析 簡便法による進捗度の測定 83

目　次　v

(2)　インプット法　83

　　設例2-17　コストの発生が履行義務の充足における企業の進捗度に比例しないケース　85

　　Point&分析　未据付資材に係るマージンの認識のタイミングおよびパターン　86

(3)　進捗度の見直し　87

(4)　合理的な進捗度の測定ができない場合　87

　　Point&分析　契約識別前の履行義務の一部充足　88

4　一時点で充足される履行義務　88

第3章

契約コスト
91

1　契約獲得の増分コスト ……………………………………… 92

　　設例3-1　契約を獲得するために発生するコスト　93

　　Point&分析　将来の契約コストの資産計上とその支払の負債計上　94

2　契約履行コスト ……………………………………………… 95

　　設例3-2　契約を履行するために発生する初期コスト　96

　　Point&分析　取引価格の上限を超過するコスト　97

　　Point&分析　不利な契約に関するガイダンス　98

3　契約コストの償却と減損 ……………………………………… 99

第4章

適用上の論点
101

1　返品権付きの販売 …………………………………………… 102

　　設例4-1　返品権付きの販売　103

　　設例4-2　返品関連コストの取扱い　105

2　製品保証 ……………………………………………………… 108

　　設例4-3　製品保証　109

③ 本人・代理人 ……………………………………………… 111

　　設例4-4　本人に該当するケース　114

　　設例4-5　代理人に該当するケース　115

④ 追加的な財またはサービスに対する顧客のオプション …… 119

　　Point&分析　累積的な権利を付与する顧客のオプション　119

　　設例4-6　値引きクーポンを付して販売される製品　121

　　設例4-7　カスタマー・ロイヤルティ・プログラム　122

　　設例4-8　契約更新に係る簡便法　124

⑤ 顧客の未行使の権利 ……………………………………… 127

　　設例4-9　非行使部分の権利を見込む場合の収益認識　127

　　設例4-10　非行使部分の権利が見込めない場合の収益認識　128

⑥ 返金不能の前払報酬 ……………………………………… 130

　　Point&分析　返金不能の前払報酬の繰延期間の決定　132

　　Point&分析　前払報酬の評価に際して考慮する指標　132

　　設例4-11　返金不能の前払報酬―重要な権利に該当しないケース
　　　　　　　133

　　設例4-12　返金不能の前払報酬―重要な権利に該当するケース
　　　　　　　134

⑦ ライセンス供与 …………………………………………… 136

　1　知的財産のライセンス　136

　　設例4-13　知的財産のライセンスが他の財またはサービスと別個で
　　　　　　　ない場合　138

　　設例4-14　知的財産へのアクセス権の付与　139

　　設例4-15　重要な独立した機能性を有する知的財産　140

　　設例4-16　提供時期が特定されていないアップデートが付されたラ
　　　　　　　イセンスの性質の評価　140

　　設例4-17　事後的に発生する知的財産に対する権利　142

　　設例4-18　約束したライセンスの属性　143

　2　売上高ベースまたは使用量ベースのロイヤルティに関する例外規定
　　　144

　　設例4-19　知的財産のライセンスに係る売上高ベースロイヤルティ
　　　　　　　145

目　次　vii

8　買戻し契約　・・・　147
　　1　先渡契約とコール・オプション　147
　　2　プット・オプション　148
　　　Point＆分析　経済的インセンティブを有するかどうかの判断　149
9　委託販売契約　・・・　150
　　　設例4－20　委託販売契約　150
10　請求済未出荷契約　・・・　152
　　　設例4－21　請求済未出荷契約　152
11　顧客による検収　・・　154

第5章

155

表示および開示

1　表　　示　・・・　156
　　1　契約資産および契約負債　156
　　　(1)　契約資産，契約負債および債権の定義　156
　　　(2)　契約資産，契約負債および債権の認識　156
　　　　設例5－1　解約不能な契約に係る契約負債および債権　158
　　　　設例5－2　解約可能な契約に係る契約負債および債権　159
　　　(3)　契約資産と契約負債の相殺と表示科目　160
　　　　設例5－3　複数の履行義務がある場合の契約資産と契約負債の表示
　　　　　160
　　2　金利収益または金利費用　161
2　開　　示　・・・　162
　　1　顧客との契約　162
　　　(1)　収益の分解　163
　　　Point＆分析　分解した収益の開示とセグメントの開示　163
　　　(2)　契約残高　164
　　　Point＆分析　取引価格の変動の開示　165
　　　(3)　履行義務　166
　　　Point＆分析　残存履行義務の開示と予約残または受注残に関する開示

viii

167

2　重要な判断および当該判断の変更　167

(1)　履行義務の充足の時期の決定　167

(2)　取引価格および履行義務への配分額の算定　168

3　顧客との契約の獲得または履行のためのコストから認識した資産
168

4　簡便法に関する開示　168

(1)　重大な金融要素および契約獲得の増分コストに関する簡便法　168

(2)　移行時に使用した簡便法　169

第6章

171

業種別論点解説

１ ソフトウェア ………………………………………………… 172

ケース解説１：契約の結合　172

ケース解説２：履行義務の識別　175

ケース解説３：履行義務への取引価格の配分，独立販売価格　178

ケース解説４：履行義務の充足　182

２ 製 薬 業 ……………………………………………………… 184

ケース解説１：共同開発契約が顧客との契約に該当するか否か　184

ケース解説２：ライセンスの会計処理　185

３ 自動車・メーカー ………………………………………… 191

ケース解説１：配送費用に関する履行義務の識別（支配移転前に配送
費用が発生するケース）　191

ケース解説２：残価設定型クレジット契約はIFRS第15号の範囲に含ま
れるか　195

ケース解説３：返品権付きの販売の会計処理（連結ベース）　199

ケース解説４：収益減額の認識時点（販売に係るインセンティブ）　202

ケース解説５：ライセンス－履行義務の識別　204

ケース解説６：ライセンス－約束の性質（アクセスする権利 or 使用す
る権利）　207

目　次　ix

　　　ケース解説7：ライセンス－収益の認識方法　209

　　　ケース解説8：有償支給取引における支給元の会計処理　213

　　　ケース解説9：有償支給取引における支給先の会計処理　215

　　　ケース解説10：金型均等払いに係るサプライヤーの会計処理　216

4　小売・商社　………………………………………………　222

　　　ケース解説1：自社運営ポイント付与時の会計処理　222

　　　ケース解説2：変動対価（販売数量によって販売価格が遡及的に変動
　　　　　　　　　する場合）　224

　　　ケース解説3：本人代理人（商社が代理人となるケース）　228

5　サービス業　………………………………………………　234

　　　ケース解説1：顧客に対する財またはサービス　234

　　　ケース解説2：取引価格の配分　235

　　　ケース解説3：顧客の顧客　238

6　建　設　業　………………………………………………　242

　　　ケース解説1：建設請負および一括借上の会計処理　242

　　　ケース解説2：個別の分譲マンションの販売において発生した広告宣
　　　　　　　　　伝費の会計処理　246

第7章

249

実務上のFAQ

1　第1章「IFRS第15号の概要」関係　………………………　250

　　1　範　　囲　250

　　　【Q1】　通常の活動かどうかの判定　250

2　第2章「5つのステップ」関係　…………………………　252

　　1　ステップ1－契約の識別　252

　　(1)　対象となる契約の要件　252

　　　【Q2】　基本契約の取扱い　252

　　　【Q3】　再判定すべき重大な変化の兆候の例　252

　　　【Q4】　回収可能性が高いと判断する水準　253

　　　【Q5】　ポートフォリオレベルでの回収可能性の評価　253

【Q6】 提供を停止したサービスに係る対価の回収可能性評価における
取扱い　254

【Q7】 契約の存在以前に移転された財またはサービスの取扱い　255

(2) **契約期間**　255

【Q8】 契約期間満了後にサービス提供を継続する場合の契約の取扱い
255

【Q9】 契約違反の場合のみ行使可能な解約権の取扱い　256

【Q10】 重要な前払報酬の没収と解約ペナルティ　256

(3) **契約の結合**　257

【Q11】 異なる顧客との契約の結合の可否　257

【Q12】 「同時またはほぼ同時」の要件の評価　257

(4) **契約の変更**　258

【Q13】 契約範囲が縮小する契約変更の取扱い　258

【Q14】 契約変更の承認時期　259

【Q15】 価格未決定の注文変更の判断　259

【Q16】 新たな契約の締結として会計処理する場合の契約資産の取扱い
259

2 **ステップ2－履行義務の識別**　260

(1) **別個の財またはサービス**　260

【Q17】 財またはサービスの提供の順番　260

【Q18】 性質が待機義務である履行義務　261

(2) **一連の別個の財またはサービス**　262

【Q19】 「ほぼ同一」の要件と活動が同一であることの関係　262

【Q20】 提供される財またはサービスの連続性　262

(3) **履行義務を識別する際の留意点**　263

【Q21】 最終顧客へ無料で提供するサービスの取扱い　263

【Q22】 管理作業と履行義務の識別　264

3 **ステップ3－取引価格の算定**　265

(1) **変動対価**　265

【Q23】 購入数量に基づく値引きやリベート　265

【Q24】 取引価格の見積りと起こりうる結果の関係　265

【Q25】 変動対価の見積りの制限を判断する単位　266

目　次　xi

　　【Q26】　市場価格や変動性の影響と変動対価の見積り　266

　　【Q27】　重大な収益の戻入れを伴う見積りの変化　267

　　【Q28】　返金負債と契約負債　267

　(2)　重大な金融要素　268

　　【Q29】　ポートフォリオへの単一の割引率の適用　268

　　【Q30】　簡便法の事後的な適用の可否の見直し　268

　　【Q31】　複数年にわたる契約への簡便法の適用　269

　　【Q32】　リスクフリー・レートの使用の適否　269

　　【Q33】　契約に明記されている割引率の使用の適否　269

　(3)　顧客に支払われる対価　270

　　【Q34】　変動対価と顧客に支払われる対価　270

4　ステップ4－履行義務への取引価格の配分　271

　(1)　独立販売価格に基づく配分　271

　　【Q35】　市場で観察可能な価格と独立販売価格　271

　　【Q36】　複数の独立販売価格が存在する可能性　272

　　【Q37】　公表されている価格表の利用　272

　　【Q38】　独立販売価格の合計が契約額を下回る可能性　273

　　【Q39】　残余アプローチが適切と考えられる場合　273

　　【Q40】　財またはサービスに配分される対価がゼロになる場合　274

5　ステップ5－履行義務の充足による収益の認識　275

　(1)　履行義務の充足　275

　　【Q41】　契約によって結論が相違する可能性　275

　　【Q42】　他に転用するためにかかるコストの重要性の評価　276

③　第3章「契約コスト」関係　……………………………　277

1　契約獲得の増分コスト　277

　　【Q43】　累積的な契約獲得目標の達成時のみに支払われる販売手数料
　　　　　277

　　【Q44】　契約変更や契約更新時に支払われる手数料　277

　　【Q45】　簡便法の適用可否を判断する期間の起算日　278

2　契約コストの償却と減損　279

　　【Q46】　契約コストの償却費の計上区分　279

　　【Q47】　反復的に支払われる手数料の償却期間　280

【Q48】 複数の履行義務に関連する契約コストの償却　280

【Q49】 契約コストの減損テストにおける具体的な予想される契約の取扱い　281

【Q50】 減損テストにおいて考慮する将来キャッシュ・フローの範囲　282

【Q51】 減損の評価におけるポートフォリオ・アプローチの適用　282

4 第4章「適用上の論点」関係 …………………………… 283

1 返品権付きの販売　283

【Q52】 返金する可能性がある対価の債権計上　283

2 製品保証　283

【Q53】 別個に購入できない延長保証　283

【Q54】 返品権付きの販売と製品保証　284

3 追加的な財またはサービスに対する顧客のオプション　284

【Q55】 更新オプション・解約オプションの取扱い　284

【Q56】 販売時に発行されるクーポン　285

【Q57】 オプションが重要な権利に該当するかの評価要素　286

【Q58】 顧客に付与されるオプションが失効しない場合に適用するガイダンス　286

【Q59】 カスタマー・ロイヤルティ・プログラムと重大な金融要素　287

【Q60】 オプションの行使可能性の変更と重要な権利の独立販売価格の見直し　287

4 顧客の未行使の権利　288

【Q61】 非行使部分の見積りへのポートフォリオデータの利用　288

【Q62】 非行使部分に対して権利を得るかどうかの予測が変化した場合　288

5 返金不能の前払報酬　289

【Q63】 顧客に重要な権利を提供するものであるかどうかの評価　289

6 ライセンス供与　289

【Q64】 知的財産のライセンス供与と知的財産の販売　289

【Q65】 ライセンスが有形の財と区別できるかどうかの評価　290

【Q66】 顧客によるマイルストーン達成を条件とするライセンス供与契約の会計処理　291

目　次　xiii

　　　　【Q67】　支配的な項目であるかどうかの判断　291
　　7　買戻し契約　292
　　　　【Q68】　再販売価格の最低金額の保証が付された契約　292
5　第5章「表示および開示」関係 ・・・・・・・・・・・・・・・・・・・・・・・・・・・・・・・　294
　　1　表　　示　294
　　　　【Q69】　契約資産と契約負債を相殺する単位　294
　　　　【Q70】　契約資産と契約負債の相殺においての留意事項　294
　　　　【Q71】　契約資産および契約負債の区分表示の判断　295
　　2　開　　示　296
　　　　【Q72】　前期末時点で契約残高が生じていない契約の開示　296
　　　　【Q73】　売上高または使用料ベースのロイヤルティ　296
　　　　【Q74】　変動対価を配分した履行義務が未充足である場合の開示　297
6　その他 ・・　298
　　　　【Q75】　重要性を判断する際の評価単位　298

第8章
299
わが国における収益認識会計基準

1　わが国における収益認識会計基準 ・・・・・・・・・・・・・・・・・・・・・・・・・・・・・　300
　　1　新基準設定の背景　300
　　2　新基準（収益認識に関する会計基準等）の特徴　300
　　3　IFRS第15号との主な相違点　301
　　（1）　収益認識に関する会計基準等の範囲に含められなかったIFRS第
　　　　15号の規定　301
　　（2）　収益認識に関する会計基準等においてIFRS第15号に拠らず追加
　　　　された独自の規定　302
　　4　適用時期等　305
　　（1）　適用時期　305
　　（2）　経過措置　305

2 収益認識に関する会計基準等とIFRS第15号および本書籍のリファ
レンス一覧 ································· 308

(1) 収益認識に関する会計基準とIFRS第15号とのリファレンス一覧
308

(2) 収益認識に関する会計基準の適用指針とIFRS第15号とのリファ
レンス一覧 317

第1章

IFRS第15号の概要

本章のまとめ

　IFRS第15号「顧客との契約から生じる収益」は，広範囲の取引および業種に適用される包括的な単一の収益認識モデルの構築を目的として開発が行われ，国際的な整合性の観点から，米国の基準設定主体である財務会計基準審議会（FASB）との共同プロジェクトで進められた。本基準の適用によって，企業間の比較可能性が向上し，財務諸表利用者にとってより有用な情報が開示されることが期待されている。

　本章では，IFRS第15号の概要説明として，その基本原則と5つのステップ，本基準の目的，主な用語，顧客や契約の考え方，適用時期について説明する。

　特に，収益認識にあたっての基本原則（コア原則ともいう）を定め，その基本原則のもとでステップ１～５の段階を踏んで収益認識が行われる点はIFRS第15号の特徴である。

　なお，IFRS第15号は，2018年1月1日以降開始する事業年度からの適用が求められる。

1 IFRS第15号の基本原則と 5つのステップ

　IFRS第15号は，顧客との契約から生じる収益の認識について，基本原則を定めている（IFRS15.2）。その基本原則とは，「約束した財またはサービスの顧客への移転を，当該財またはサービスとの交換で権利を得ると見込んでいる対価を反映する金額で描写するように，収益を認識すること」である。この基本原則に従うために，図表1－1のとおり5つのステップを適用することが求められる。

図表1－1 ／ 収益認識の5つのステップの概要

ステップ	概要	本書の説明
ステップ1	顧客との契約の識別 IFRS第15号の適用対象となる顧客との契約を識別する。このステップでは，契約を識別する要件を満たすか検討するとともに，次の会計処理についても考慮する。 • 複数の契約を1つの契約とする契約結合の会計処理 • 契約変更の会計処理	第2章 **1**
ステップ2	履行義務の識別 収益認識に係る会計処理の単位となる履行義務を識別する。履行義務を識別するために，顧客との契約において約束した財またはサービスが別個のものかを評価する。	第2章 **2**
ステップ3	取引価格の算定 取引価格を算定する。このステップでは次の事項の検討が必要である。 • 変動対価の金額の見積り • 変動対価の見積りの制限 • 重大な金融要素が対価に含まれる場合の調整 • 現金以外の対価により決済される場合の測定 • 顧客に支払われる対価の会計処理	第2章 **3**

ステップ4	履行義務への取引価格の配分 ステップ3で算定した取引価格を，それぞれの履行義務に配分する。配分は，履行義務の基礎となる別個の財またはサービスの独立販売価格（契約開始時）の比率により行う。このステップでは次の事項の検討が必要である。 • 値引きの配分 • 変動対価の配分 • 取引価格の事後的な変動の配分	第2章 4
ステップ5	履行義務の充足による収益の認識 契約において約束した財またはサービスに対する支配を企業が顧客に移転することにより，履行義務を充足した時点で（または充足するにつれて），収益を認識する。収益の認識パターンには，一定の期間にわたり認識するものと一時点で認識するものの2つがある。	第2章 5

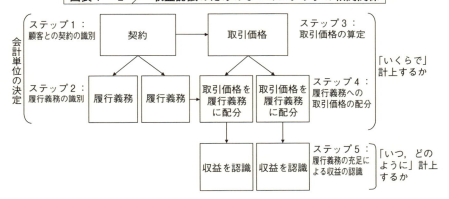

図表1－2　収益認識のための5つのステップの相関関係

2 目　　的

　IFRS第15号は，国際会計基準審議会（IASB）と米国の基準設定主体である財務会計基準審議会（FASB）によって共同で開発された。IFRS第15号第1項では，同基準の目的が，以下のように記載されている。

> 　本基準の目的は，顧客との契約から生じる収益及びキャッシュ・フローの性質，金額，時期及び不確実性に関する有用な情報を財務諸表利用者に報告するために，企業が適用しなければならない原則を定めることである。（IFRS15.1）

　IFRS第15号の一義的な目的は，収益に関する包括的な単一の会計基準を定めることである。IAS第18号「収益」ではガイダンスが不十分，不適切であった問題点を解決するとともに，より有用な情報提供が可能となるフレームワークを構築することを目標として開発された。

　IAS第18号からIFRS第15号へ移行したことによる変更点は多岐にわたるが，前述の基本原則を定め，その達成の手段として5つのステップを明確化し，それぞれのステップにおける検討事項を定めたことは重要な変更点である。また，収益認識の基礎が財またはサービスに係る「リスクと経済価値の移転」というIAS第18号の概念から財またはサービスに対する「支配の移転」という概念に変更されたことに加えて，より有用な情報の提供を注記の面からサポートするものとして，開示の拡充が図られたことも重要な変更点である。

第1章　IFRS第15号の概要　5

3 範　　囲

1 IFRS第15号における収益の定義

　IFRS第15号は，（広義の）収益と収益をそれぞれ次のように定義している。

（広義の）収益（income）（IFRS15.A）
資産の流入もしくは増価又は負債の減少という形での当会計期間中の経済的便益の増加のうち持分の増加を生じるもの（持分参加者[注]からの拠出に関連するものを除く）

（注）通常は株主が持分参加者に該当すると考えられる。

収益（revenue）（IFRS15.A）
（広義の）収益（income）のうち，企業の通常の活動の過程で生じるもの

　このうち，IFRS第15号が主に適用対象として想定しているのは，狭義の収益である。IFRS第15号において収益の定義に含まれる，「通常の活動」の具体的な定義はなされておらず，企業およびその事業活動の性質を十分に考慮して，個々の状況に照らして判断をすることが求められている（☞【Q1】通常の活動かどうかの判定）。

2 IFRS第15号の適用対象となる契約

　IFRS第15号は，顧客と締結されたすべての契約について適用されるが（IFRS15.5, 6），IFRS15.Aでは顧客および契約を，次のように定義している。

顧客（IFRS15.A）
企業の通常の活動のアウトプットである財又はサービスを対価と交換に獲得するために企業と契約した当事者

> 契約（IFRS15.A）
> 強制可能な権利及び義務を生じさせる複数の当事者間の合意

次の項目はIFRS第15号の適用範囲から除かれる（IFRS15.5）。

- IFRS第16号「リース」の範囲に含まれるリース契約
- IFRS第4号「保険契約」の範囲に含まれる保険契約
- IFRS第9号「金融商品」，IFRS第10号「連結財務諸表」，IFRS第11号「共同支配の取決め」，IAS第27号「個別財務諸表」およびIAS第28号「関連会社及び共同支配企業に対する投資」の範囲に含まれる金融商品および他の契約上の権利または義務
- 顧客または潜在的顧客への販売を容易にするための，同業他社との非貨幣性の交換。例えば，2つの石油会社の間で，異なる特定の場所における顧客からの需要を適時に満たすために石油の交換に合意する契約

また，金融収益のうち，配当に関してはIAS第18号において会計処理のガイダンスが定められていたが，IFRS第15号では配当に関するガイダンスが含まれておらず，IFRS第9号「金融商品」に含められたことに留意が必要である（IFRS9.5.7.1A）。

設例1-1　同業他社との間で行う製品の交換

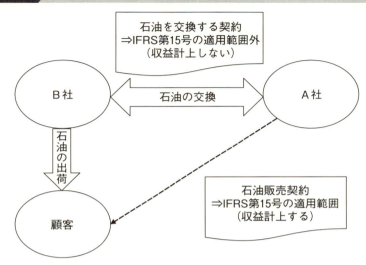

　石油卸売会社A社が，関東に保有する石油と同業B社が名古屋に保有する石油とを同量交換し，B社の拠点である名古屋から名古屋近辺に所在する顧客に出荷する場合，A社とB社が石油を交換する契約はA社およびB社の収益を生み出す契約ではなく，IFRS第15号の適用範囲外となる。一方で，A社が顧客に石油を販売する契約は収益を生む契約となる。

3 複数の基準が適用される契約

契約の一部がIFRS第15号の適用対象となり，残りの部分は他のIFRSの適用対象となるケースがある。他のIFRSで契約の区分や当初測定方法が規定されているときには，当該規定を適用して対象となる契約の区分や当初測定を行い，取引価格から除外する。取引価格の残りの部分については，IFRS第15号を適用して，履行義務およびその他の部分に配分する（IFRS15.7(a)）。

また，契約の区分や当初測定方法が他のIFRSで規定されていない場合には，IFRS第15号を適用して契約の各部分の区分や当初測定を行う（IFRS15.7(b)）。

設例1－2 複数の基準が適用される契約

前提条件

A社は，建物を顧客に5年間にわたり賃貸する契約をX社との間で締結する。A社は，この契約の一部として，建物の清掃サービスを1年間にわたり提供することを約束した。

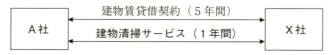

分析

A社がX社と締結する建物の賃貸契約は，「資産を使用する権利を一定期間にわたり対価と交換に移転する契約」（IFRS16.A）であるため，IFRS第16号「リース」の適用対象となるが（IFRS16.3），清掃サービスはリースの定義に該当しない。

IFRS第16号には契約の構成部分の分離に関する定めがあるため，原則としてリース要素部分と非リース要素部分とを区分して会計処理することが求められる（IFRS16.12）。すなわち，建物の賃貸と清掃サービスを，IFRS第16号に従い原則として区分して会計処理することになり，建物の賃貸についてはIFRS第16号が，清掃サービスにはIFRS第15号が適用されることとなる（ただし，借手は，IFRS第16号第15項において，非リース要素部分とリース要素部分とを区別せずに，各リース要素部分および関連する非リース要素部分を単一のリース要素部分として会計処理する簡便法が認められている）。

なお，IFRS第16号は，IFRS第15号に基づき，独立販売価格の比率によって，リース要素部分に取引価格を配分することを貸手に求めている（IFRS16.17）。すなわち，貸手がIFRS第16号に基づいて，契約をリース要素部分と非リース要素部分に区分する場合でも，取引価格の配分までのステップはIFRS第15号の枠組み内で行われ，その後はじめてリース要素部分と非リース要素部分とで，適用すべきIFRSが分かれる。

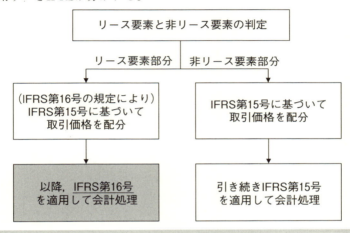

4　顧客との契約以外の契約

IFRS第15号は，契約の相手方が顧客である場合にのみ適用され，契約の相手方が顧客でない場合には適用されない（IFRS15.6）。

契約の相手方が顧客であるかどうかを判断する際には，相手方が獲得する財またはサービスが企業の通常の活動のアウトプットであるか否かが判断規準となるため（IFRS15.A），これが契約にIFRS第15号を適用すべきか検討するにあたってのポイントとなる。

設例 1 － 3　提携契約における顧客かどうかの判断

　製薬企業A社は，他の製薬企業X社と新薬を共同で開発する契約を締結した。A社にとってX社は新薬開発の協力者であり，X社の当該提携の目的は，A社による研究開発サービスを受領することではなく，研究の過程で生じる開発中止等のリスクと開発成功に伴う便益を共有することである。このような場合，X社はA社の通常の活動のアウトプットを獲得するために契約した当事者とはいえず，顧客には該当しない。

　一方で，企業が提携契約を締結する場合でも，契約の相手方が顧客となり，IFRS第15号の顧客の定義を満たすケースも考えられる。

　例えば上記のケースで，A社が研究開発サービスを本業の１つとして提供しており，X社がそのサービスを受けるために当該提携契約を締結するような場合は，X社が当該契約で獲得するサービスはA社の通常の活動のアウトプットであるため，X社はA社の顧客に該当し，IFRS第15号の顧客の定義を満たす。

　このように，契約の相手方が顧客に該当するか否かによって，IFRS第15号の適用範囲となるかどうかが異なるため，慎重な判断が必要となる。なお，顧客か否かの検討に際しては，すべての関連性のある事実および状況を考慮して判定することが求められる（IFRS15.BC54）。

Point & 分析　顧客との契約ではない契約にIFRS第15号を適用するケース

　顧客との契約ではない契約についても，IFRS第15号を適用するケースが考えられる（IFRS15.BC56）。IAS第8号は，取引その他の事象または状況に具体的に当てはまるIFRSが存在しない場合において，類似，関連する事項を扱うIFRSのガイダンスと概念フレームワークとを参照して，利用者の経済的意思決定のニーズに対し目的適合性があり，信頼性がある会計方針を策定し適用することを求めているためである（IAS8.10, 11）。【設例 1 - 3 】においても，共同開発契約が特定のIFRSの適用対象とならない場合に，IAS

第8号に基づき検討した結果，IFRS第15号の適用が適切となるケースもあると考えられる。

5 企業の通常の活動の一部ではない売却

　企業の通常の活動の一部ではない非金融資産の売却または移転を行う場合，IFRS第15号の支配の移転に関するガイダンス（第2章**5**4「一時点で充足される履行義務」参照）を用いて，支配が受手に移転した時点で資産の認識を中止する。例えば，有形固定資産の処分にあたって，認識の中止時点の決定および取引価格の測定についてはIFRS第15号に従う旨のガイダンスがIAS第16号第69項および第72項に定められている。また，無形資産，投資不動産についてもそれぞれIAS第38号第114項および第116項，IAS第40号第67項および第70項において同様の定めがある。

　結果として生じる利得または損失は，IFRS第15号のステップ3における取引価格の算定のガイダンスを用いて測定される取引価格と，資産の帳簿価額との差額である。取引価格（およびその後の取引価格の変動）を算定する際に，企業は変動対価の測定に関するガイダンス（第2章**3**2「変動対価」参照）も併せて検討する。また，当該利得または損失は顧客との契約から認識した収益とは区別して，例えば「その他の収益」として表示する。その後の調整（例：変動対価の測定結果の変動によるもの）も同様に表示する。

　なお，子会社または関連会社の売却または移転に係る利得または損失を算定する際には，企業は引き続き，親会社が子会社または関連会社に対する支配を喪失した場合を扱うIFRS第10号第B98項〜第B99A項と，持分法の使用の中止などを扱うIAS第28号第22項〜第25項をそれぞれ参照する。

6 ポートフォリオ・アプローチ

　IFRS第15号は，個々の契約に適用される。しかし，簡便法として，特性が類似する契約（または履行義務）のポートフォリオ（集合体）に適用することも認められる。ただし，この実務上の簡便法を適用するためには，ポートフォリオに適用した場合と，ポートフォリオの中の個別の契約（または履行義務）に適用した場合とを比較して重要性のある相違を生じさせないことが合理的に

12

見込まれなければならず，ポートフォリオの規模と構成を反映するような見積りと仮定を使用して会計処理することが求められる（IFRS15.4）。

なお，ポートフォリオの組成にあたって適用すべき具体的なガイダンスは存在せず，判断が求められるが，その判断および相違の重要性の判断にあたっては次の要素を考慮することが考えられる。

- 顧客の種類（例えば，規模，業種，所在地，取引年数，信用力）
- 契約条件（例えば，配送条件，契約期間，キャンセル規定，返品権）
- 履行義務（例えば，製品保証，重要な権利，ロイヤルティ・プログラム，割引とインセンティブ）
- 同様の性質を持つ契約の量（例えば，過去から頻繁に結ばれている大量の契約）

7 顧客との契約に関連するコスト

IFRS第15号は収益に関する基準ではあるが，IFRS第15号の範囲に含まれる顧客との契約に関連するコストの一部についても，会計処理を定めている。顧客との契約獲得の増分コストおよび顧客との契約を履行するためのコストについては，それらが別のIFRS（例：IAS第2号「棚卸資産」等）の範囲に含まれない場合にIFRS第15号の適用範囲に含まれ（IFRS15.BC307），資産計上されたのち，関連する財またはサービスの顧客への移転パターンを基礎として償却される（IFRS15.8, 99）。会計処理の内容については，第3章「契約コスト」で詳述する。

4 発効日および経過措置

1 発効日

　IFRS第15号は，2018年1月1日以後開始する会計年度から適用しなければならない。したがって，例えば3月決算の会社の場合，2019年3月期の第1四半期からIFRS第15号を適用して財務報告を行わなければならない。ただし，一定の開示を行うことを条件として，早期適用も認められる（IFRS15.C1）。

2 経過措置

(1) 経過措置として認められる方法

　従前の収益基準および解釈指針（IAS第11号「工事契約」，IAS第18号「収益」，IFRIC第13号「カスタマー・ロイヤルティ・プログラム」，IFRIC第15号「不動産の建設に関する契約」，IFRIC第18号「顧客からの資産の移転」およびSIC第31号「収益－宣伝サービスを伴うバーター取引」）からIFRS第15号への移行に際しては，図表1－3に示すいずれかのアプローチを適用する（IFRS15.C2～C9）。なお，経過措置の適用にあたって，「適用開始日」および「完了した契約」の定義が重要となる。「適用開始日」とは，企業がIFRS第15号を最初に適用する報告期間の期首であり，「完了した契約」とは，IAS第11号「工事契約」，IAS第18号「収益」および関連する解釈指針に従って識別された財またはサービスのすべてを企業が移転した契約である（IFRS15.C2(a), (b)）。

14

図表 1 － 3 ／ 経過措置

遡及 アプローチ	原　則 （全面 的遡及 ア　プ ロ　ー チ）	IAS第8号「会計方針，会計上の見積りの変更及び誤謬」に従い，IFRS第15号を遡及適用する（IFRS15.C3(a)）。
	簡便法 （部分 的遡及 ア　プ ロ　ー チ）	基本的にはIFRS第15号を遡及適用するが，以下の実務上の簡便法を選択適用する。企業が1つ以上の簡便法を採用する場合は，表示されているすべての比較期間にその簡便法を適用する（IFRS15.C5, C6）。 • 同一年度に開始して終了した契約，および表示される最も古い報告年度の期首までに完了している契約については，修正再表示する必要はない。 • 完了した契約に変動対価が含まれる場合は，比較年度における変動対価を見積もらずに契約が完了した日の取引価格を用いることができる。 • 表示される最も古い期間の期首よりも前に行われた契約変更の影響を，IFRS第15号第20項および第21項の規定を適用して修正再表示する必要はない。その代わりに，企業は以下の手続を実施する際に，表示される最も古い期間の期首よりも前に発生したすべての契約変更の合計の影響を反映しなければならない。 ✓　充足した履行義務と未充足の履行義務の識別 ✓　取引価格の算定 ✓　充足した履行義務と未充足の履行義務への取引価格の配分 • 表示される適用開始日前の各報告期間については，残存する履行義務に配分された取引価格の金額，およびその金額をいつ収益として認識すると見込むかに関するIFRS第15号第120項の説明を開示する必要はない。
累積的 キャッチ・ アップ・ア プローチ		適用開始日において，すべての契約に対して，または，従前の基準のもとで未完了の契約のみに対してIFRS第15号を適用し，適用による影響額を，適用開始日を含む事業年度の期首利益剰余金（または，適切な場合には，資本の他の内訳項目）で調整する（IFRS15.C3(b), C7）。契約変更の影響については，表示する最も古い期間の期首より

第1章　IFRS第15号の概要　15

> も前に発生したすべての契約変更，または適用開始日よりも前に発生
> したすべての契約変更，のいずれかについて，次の簡便法を適用する
> こともできる（IFRS15.C7A）。
> ● 契約変更をIFRS第15号第20項および第21項の規定を用いて別個に
>   評価する必要はない。その代わりに，企業は次の手続を実施する際
>   に，表示する最も古い期間の期首または適用開始日よりも前に発生
>   したすべての契約変更の影響の合計を反映しなければならない。
> ✓　充足した履行義務と未充足の履行義務の識別
> ✓　取引価格の算定
> ✓　充足した履行義務と未充足の履行義務への取引価格の配分
> なお，企業がこの簡便法を用いる場合には，当該簡便法をすべての
> 契約に一貫して適用しなければならない。

図表1-4　／　経過措置のスケジュール

	比較年度期首	適用開始日
遡及アプローチ	IFRS第15号（選択した実務上の簡便法を除く）	IFRS第15号
累積的キャッチ・アップ・アプローチ	従前のGAAP	IFRS第15号（期首利益剰余金で適用による影響額を調整）
	比較事業年度	当事業年度
	2017年1月1日　　　　　　2017年12月31日	2018年12月31日

(2)　経過措置に関する開示項目

　企業が1つまたは複数の簡便法を適用する場合は，企業は以下の情報を開示
する必要がある（IFRS15.C6）。
　　● 適用した簡便法
　　● 合理的に可能な範囲で，簡便法ごとに見積もった，適用による影響の定性
　　　的評価
　また，会計方針の変更に関する開示規定（IAS8.28）（財務諸表項目の修正額
および1株当たり利益への影響を含む）を遵守する必要がある。ただし，
IFRS第15号を遡及アプローチによって適用する企業は，会計方針の変更が影

響を受ける財務諸表項目および1株当たり利益に与える影響（IAS8.28(f)）を直前期だけ表示すればよい（IFRS15.C4）。

なお、累積的キャッチ・アップ・アプローチを適用する企業は、以下の情報の開示も求められる（IFRS15.C8）。

- 従前のIFRSにおける報告数値と比較して、当報告期間においてIFRS第15号の適用によって影響を受ける財務諸表の各表示科目の金額
- 上記で識別された著しい変動の理由の説明

3 初度適用

IFRS初度適用企業は、IFRS移行日よりも前（表示される最も古い期間よりも前）に完了した契約について、修正再表示する必要はない。IFRS初度適用企業にとって、完了した契約とは、従前の会計原則において識別した財またはサービスを企業がすべて移転した契約をいう（IFRS1.D35）。

初度適用企業は、2(1)の図表1－3で説明した経過措置のうち、遡及アプローチにおける実務上の簡便法（IFRS15.C5）を適用することができる。この簡便法を適用する際には、「適用開始日」を「IFRS初度適用年度の期首」と読み替える（IFRS1.D34）。IFRS初度適用企業が簡便法を適用する場合には、以下の事項を開示する（IFRS1.D34, IFRS15.C6）。

- 適用した簡便法
- 合理的に可能な範囲で、簡便法ごとに見積もった、適用による影響の定性的評価

図表1－5　IFRS初度適用企業のスケジュール

注 (a) IFRS移行日

第2章

5つのステップ

本章のまとめ

IFRS第15号では，顧客との契約から生じる収益を認識・測定するにあたって，5つのステップを踏んで会計処理を行うことが求められている。具体的な流れとしては，まずステップ1「顧客との契約の識別」，ステップ2「履行義務の識別」において会計単位の識別を行い，ステップ3「取引価格の算定」，ステップ4「履行義務への取引価格の配分」において会計単位の測定額を決定し，ステップ5「履行義務の充足による収益の認識」においていつどのように収益を認識するのかを検討することとなる。

ステップ1－顧客との契約の識別

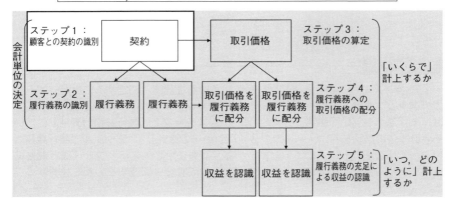

図表2－1 「ステップ1－顧客との契約の識別」の位置づけ

1 対象となる契約の要件

　契約とは，強制可能な権利および義務を生じさせる複数の当事者間の合意である（IFRS15.A）。IFRS第15号を適用する最初のステップは，IFRS第15号の適用対象となる契約を識別することである。

　契約における強制力の有無は法律の問題である。契約は，文書によらず口頭や取引慣行により合意される場合もあり，強制可能な権利および義務を生じさせているか否か，またその時期はいつであるかの判断に際しては，契約の成立に関する取引慣行やプロセスを考慮して判断しなければならない。当該取引慣行やプロセスは，法域，業種，企業により異なることも考えられ，また，同一企業でも顧客の階層や約束した財またはサービスの性質によって異なる場合がある（IFRS15.10）。

第2章　5つのステップ　19

(1)　IFRS第15号の適用対象となる契約の成立要件

　まず，IFRS第15号の適用対象となるために契約が満たすべき要件は，次のとおりである（IFRS15.9）（☞【Q2】基本契約の取扱い）。

(a)　各契約当事者が契約を承認し（文書の場合に加え，口頭によるものやビジネス上の慣行によるものも含まれる），それぞれの義務の充足を確約している。

(b)　企業が，移転すべき財またはサービスに関する各契約当事者の権利を識別できる。

(c)　企業が，移転すべき財またはサービスに関する支払条件を識別できる。

(d)　契約に経済的実質がある（すなわち，契約により，企業の将来キャッシュ・フローのリスク，時期または金額が変動すると見込まれる）。

(e)　企業が，顧客に移転すべき財またはサービスと交換に，権利を得ることとなる対価を回収する可能性が高い。

　顧客との契約がこれらの要件に該当する場合には，事実および状況に重大な変化の兆候がある場合にのみ当該要件の再判定を行う（IFRS15.13）（☞【Q3】再判定すべき重大な変化の兆候の例）。

　なお，その場合，すでに移転した財またはサービスに係る部分については再判定せずに，残りの財またはサービスに係る部分について再判定を行う。したがって，再判定の結果，すでに認識した債権，収益または契約資産の戻入れが生じることはない（IFRS15.BC34）。

①　対価の回収可能性の評価

　前述の契約の成立要件の最後の要件である対価の回収可能性の評価では，対価（財またはサービスの顧客への移転と交換に企業が権利を得ると見込む対価（第2章 3 「ステップ3－取引価格の算定」参照））を回収する可能性が高いか否かを判定する（☞【Q4】回収可能性が高いと判断する水準，【Q5】ポートフォリオレベルでの回収可能性の評価，【Q6】提供を停止したサービスに係る対価の回収可能性評価における取扱い）。

　この判定では，対価に対する顧客の支払能力およびその意思のみを考慮することが求められており，次の両方を考慮することにより回収可能性を評価する（IFRS15.BC45）。

(a) 企業が移転する財またはサービスと交換に権利を得ることとなる対価の金額を顧客が支払う能力（すなわち，財務的能力）

(b) 顧客が当該金額を支払う意図。顧客の意図の評価には，企業が事実および状況のすべて（当該顧客または顧客クラスの過去の慣行を含む）を考慮することが必要となる。

企業が権利を得ることになる対価の金額は，企業が顧客に価格譲歩を提供する可能性があること等により対価に変動性がある場合には，契約に記載された価格よりも低くなることがある。価格譲歩は，ステップ3で取り上げる対価の変動要因の1つであり，IFRS第15号は，対価の変動性が契約に明記されている場合，または次の状況のいずれかが存在する場合には，対価の測定にあたり変動性を考慮するものとしている（IFRS15.52）。

- 企業の取引慣行，公表した方針または具体的な声明によって，契約に記載された価格よりも低い対価の金額を企業が受け入れるであろうという期待を顧客が有している。
- 他の事実および状況によって，顧客との契約を締結する際に，顧客に価格譲歩を提供する企業の意図が示されている。

このような場合には，企業は対価の回収可能性を評価する際に，価格譲歩を考慮した後の金額に対して，評価を行うこととなる。

Point & 分析	対価の回収可能性の要件を満たさない契約の収益計上

契約の成立要件の判定において，対価の回収可能性の要件を満たさないことによりIFRS第15号を適用すべき契約が存在しないと判断した場合，要件を満たすようになったか否かについて引き続き評価しなければならない（IFRS15.14，第2章①1(2)「IFRS第15号の適用対象となるための要件を満たさない契約の処理」参照）。その場合，通常，顧客に移転した財またはサービスに関する，まだ受け取っていない対価に係る債権は計上しないと考えられる。

成立要件を満たすと判断された契約は，ステップ2「履行義務の識別」にて履行義務を識別したのち，ステップ3「取引価格の算定」において取引価格が算定されるが，取引価格の算定においては顧客の信用リスクの影響を取引価格に調整しないこととされている（IFRS15.BC185）。すなわち，ステップ1において契約成立の要件を満たしているならば，顧客の信用リスクが存在する場合

でも、ステップ3において当該リスクに対応する取引価格が減額されることはなく、取引価格の全額が債権計上されることとなる（ただし、契約が重大な金融要素を含んでいる場合は、適用すべき割引率を算定する際に信用リスクを考慮する（IFRS15.64, 第2章 3 3「重大な金融要素」参照））。

認識された顧客に対する債権は、IFRS第9号の債権の減損に関するガイダンスに従い回収可能性を評価することとなる（IFRS9.5.5.15）。この結果、債権の減損として回収不能と判断された不足額は収益から控除されるのではなく、費用として計上される。一方で、不足額であっても、これが、追加的な価格譲歩を提供すると決めたことに基づく場合、それによる回収不足額は取引価格および収益の減額として処理される（IFRS15.9(e), 52）。このように、回収不足額が発生する場合には、その事由によって処理が異なるため、留意が必要である。

設例2－1　価格譲歩と回収可能性の評価

前提条件

A社は自社製品をX社に10の固定価格で1,000単位販売する契約を締結した。X社は契約にかかわらず20％の値引きを要求することが頻繁にあり、これが両者間での慣行となっている。

※X社は契約にかかわらず20％の値引きを要求することが頻繁にあり、値引きは両者間での慣行となっている

分析

顧客であるX社が、財またはサービスと引き換えにA社に支払うべき契約上の額は10,000であり、価格譲歩等特段の事情がない場合は、この10,000に対する回収可能性を評価するべきである。しかしながら、本ケースでは、A社がX社に20％の値引きを行うことが実務慣行となっており、実際に回収する額は8,000であることが見込まれている。この場合、ステップ1で契約の成立要件を判定する際に回収可能性を評価する対価の金額は、契約上の金額10,000ではなく、実際の回収が見込まれる価格譲歩考慮後の金額8,000である。したがって、A社はこの8,000について回収可能性を評価したうえで、その他の契約の成

立要件も併せて満たす場合には，当該契約をIFRS第15号の適用対象と判断する。

そして，上記の結果8,000が債権として認識され，その後の再評価においてA社が8,000よりも多い8,500を回収すると評価した場合は，その超過額500を収益として認識する。一方で，債権の減損に関するガイダンスを用いて評価した結果，8,000よりも少ない7,500しか回収できないと評価した場合には，当該回収不足額500を貸倒費用として認識する。

なお，同じようにA社が8,000のうち7,500しか回収できなかった場合においても，これが追加的な価格譲歩を提供すると決めた結果に基づくときは，当該回収不足額500は取引価格および収益の減額として処理する。

(2) IFRS第15号の適用対象となるための要件を満たさない契約の処理

顧客との契約が未だ(1)の要件を満たさない場合には，要件を満たすようになったか否かについて引き続き評価しなければならない（IFRS15.14）。未だ契約の成立要件を満たしていないにもかかわらず，企業が顧客から対価を受け取る場合には，収益を認識するのではなく，(1)の要件を満たすまで，受領した対価の金額により負債を認識する（IFRS15.16）。

ただし，契約の成立要件を満たしていなくても，次のいずれかの事象が発生した場合には，受け取った対価を収益として認識する（IFRS15.15）（☞【Q7】契約の存在以前に移転された財またはサービスの取扱い）。
(a) 顧客に財またはサービスを移転する義務が企業に残っておらず，かつ，顧客が約束した対価のすべてまたはほとんどすべてを企業が受け取っていて返金不要である。
(b) 契約が解約されており，顧客から受け取った対価が返金不要である。

なお，上記(b)について，顧客が支払を行わないために企業が財またはサービスの移転をやめた場合においても，その時点で契約が解約されたとみなされ

第2章　5つのステップ　23

る。解約前に顧客に移転した財またはサービスに係る債権の回収を企業が引き続き行うか否かは，契約の解約のタイミングに係る判断において問題とならない（IFRS15.BC46H）。

2 ｜ 契約期間

　IFRS第15号は，当事者が現在の強制可能な権利および義務を有している期間に適用される（IFRS15.11）。第2章 1 1 「対象となる契約の要件」において記載のとおり，強制可能な権利および義務を有している期間がどの期間であるのかの判断に際しても，契約の成立に関する取引慣行やプロセスを考慮して判断しなければならず，法域，業種，企業により異なることも考えられ，また，同一企業内でも顧客の階層や約束した財またはサービスの性質によって異なる場合がある（IFRS15.10）。

　契約期間をどの期間とするかの判定は，取引価格の測定および配分，回収可能性の評価，返金不能の前払報酬に関する収益認識の時期，契約変更および重要な権利の識別といったIFRS第15号のさまざまな局面に影響を及ぼす可能性があり，重要である（☞【Q8】契約期間満了後にサービス提供を継続する場合の契約の取扱い）。

Point & 分析	解約時に支払われる対価の契約期間の判定への影響

　他の当事者がペナルティ（違約金）を支払うことにより契約を解約でき，ペナルティに対する権利が実質的なものとみなされる場合，契約上明示されている期間と他の当事者へペナルティを支払うことなく契約を解約できるようになる時点までの期間のいずれかが契約期間であると考えられる。

　ペナルティに対する権利が実質的なものであるか否かを評価する際に企業は，解約に関するペナルティに対する権利の法的な強制可能性を含む，関連する要因をすべて考慮する（☞【Q9】契約違反の場合のみ行使可能な解約権の取扱い）。

　なお，解約時に他の当事者に支払うペナルティは，解約日までに移転した財またはサービスに対する対価を除く，すべての金銭の支払およびその他の価値の移転（例：株式の付与）が含まれ，解約ペナルティと明確に示された支払のみに限定されない（☞【Q10】重要な前払報酬の没収と解約ペナルティ）。

Point & 分析	**自動更新契約の取扱い**

契約期間の判定において，各期間に（例：月次）解約ペナルティを負うことなくいずれの当事者も解約できる自動更新契約は，各期間に契約更新の選択（例：新たに注文する，新たな契約に署名する）を当事者に要求するよう組成された契約と同じである。これらの状況において，契約が現在の期間（例：当月）を超えて延長されると自動的にみなしてはならない。このような場合においても，自動更新契約という契約形態のみに着目をするのではなく，契約の成立に関する取引慣行やプロセスを総括的に考慮したうえで当事者が現在の強制可能な権利および義務を有している期間がどの期間であるかを判断することが重要である。

Point & 分析	**一定の時点で，いずれの当事者も契約を解約できる場合の取扱い**

一定の時点で，いずれの当事者も重大な解約ペナルティを負うことなく解約できる契約を顧客と締結した場合，（当該一定の時点までの）解約不能期間に係る契約としてその権利および義務を会計処理する。したがって，契約において明示されている期間よりも契約期間が短くなる場合がある。例えば，企業が顧客と３か月のサービス提供契約を締結するが，前月の末日までに通知すれば企業も顧客も重大な解約ペナルティを負わずに翌月の契約を解約できる場合，契約を１か月単位で区分して取り扱う。すなわち，顧客が前月までに契約を解約せず，月初において企業が履行を開始した時に，その１か月に係る契約を識別し，企業はそのサービスの対価に対して強制可能な権利を獲得する。

Point & 分析	**顧客だけが解約する権利を有する場合の取扱い**

顧客だけがペナルティを負うことなく解約する権利を有し，企業は特定の期間が終了するまで履行し続ける義務を負う場合，顧客は当該特定の期間にわたって，企業から財またはサービスを取得するかどうかを選択することができるため，この解約権は追加的な財またはサービスに対する顧客のオプションに該当することがある。したがって，顧客だけが解約する権利を有する場合には，契約を評価し，当該解約権が顧客に重要な権利を与えるものであるか否かを判定する（第４章 4 「追加的な財またはサービスに対する顧客のオプション」参照）。

なお，契約当事者それぞれが，他の当事者に補償することなく完全に未履行の契約を解約する一方的で強制可能な権利を有する場合には，IFRS第15号の適用の目的上，契約は未だ存在していないと判断する点に留意が必要である。

ここで完全に未履行な契約とは，次の両方の要件に該当する場合をいう（IFRS 15.12）。

(a) 企業がまだ，約束した財またはサービスを顧客に移転していない。

(b) 企業が，約束した財またはサービスと交換に，いかなる対価もまだ受け取っておらず，受け取る権利もまだ得ていない。

3 契約の結合

IFRS第15号は通常，識別した単一の契約に適用される。しかし，複数の契約を単一の契約と扱って会計処理すべき場合もある。同一の顧客（またはその関連当事者）と同時またはほぼ同時に締結した複数の契約が次の要件のいずれかに該当する場合に，結合して単一の契約として会計処理する（IFRS15.17）（☞【Q11】異なる顧客との契約の結合の可否）。

(a) 複数の契約が，単一の商業的な目的を有するパッケージとして交渉されている。

(b) 1つの契約で支払われる対価の金額が，他の契約の価格または履行に左右される。

(c) 複数の契約で約束した財またはサービス，または，各契約で約束した財またはサービスの一部が，単一の履行義務（第2章 **2**「ステップ2－履行義務の識別」参照）である。

なお，「同時またはほぼ同時」の要件の判定に際しては判断を要するとされ，契約と契約の間の期間が長いほど，交渉に影響を与える経済的環境が変化している可能性は高いと考えられている（IFRS15.BC75）（☞【Q12】「同時またはほぼ同時」の要件の評価）。

Point & 分析　関連当事者の範囲について

　IFRS第15号は複数の契約を結合する対象を，同一の顧客または顧客の関連当事者と締結したものとしているが，関連当事者の範囲については，IAS第24号「関連当事者についての開示」に従って判定する必要があるとされている（IFRS15.BC74）。IAS第24号第9項では関連当事者を「財務諸表を作成する企業と関連のある個人または企業をいう」と定義しており，同項において詳細な範囲が定められている。

4 契約の変更

契約変更は，契約の範囲または価格（あるいはその両方）の変更であり，契約の当事者が強制可能な権利および義務を新たに創出することを承認した場合，または既存の強制可能な権利および義務を変更することを承認した場合に生じる（☞【Q13】契約範囲が縮小する契約変更の取扱い）。契約変更は，契約の識別と同様に，口頭での合意や取引慣行による含意で行われる場合もある（☞【Q14】契約変更の承認時期）。

強制可能性の判定に際しては，関連する事実と状況をすべて考慮することが求められる。例えば，契約範囲の承認が先行し，範囲の変更に応じた価格の変更が未だ承認されていない場合にも，契約変更は生じうる。その場合には，変動対価を見積もることが求められる（IFRS15.18〜19）（☞【Q15】価格未決定の注文変更の判断）。

契約変更が既存の契約との関係でどのように扱われるかをまとめると，図表2−2のようになる（IFRS15.20〜21）。

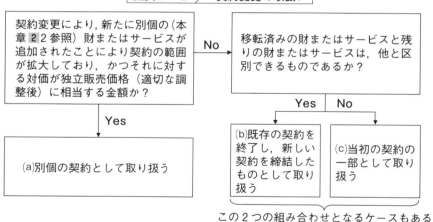

図表2−2　契約変更の取扱い

第2章　5つのステップ　27

　図表2－2において，契約変更を(a)(b)(c)のどれに従って取り扱うか決定したのち，下記のとおり会計処理を行う。

図表2－3／契約変更の会計処理の概要

会計処理のパターン	イメージ図	会計処理の内容
(a)別個の契約として取り扱う（IFRS15.20）	既存　追加 別個の契約	既存の契約に基づき，すでに認識した収益は修正されない。
(b)既存の契約を終了し，新しい契約を締結したものとして取り扱う（IFRS15.21(a)）	完了していない履行義務　既存　追加 新たな契約	既存の契約に基づき，すでに顧客に移転された財またはサービスについて認識した収益は修正されない。既存の契約で顧客が約束した対価のうち，取引価格の見積りに含まれていて，収益として認識していなかったものと，契約変更によって約束された対価の合計額が新たに締結したとみなされる変更後の契約の対価となる。 （☞【Q16】新たな契約の締結として会計処理する場合の契約資産の取扱い）
(c)当初の契約の一部として取り扱う（IFRS15.21(b)）	変更前 進捗度50% 変更前・変更後も単一の履行義務　既存　追加 変更後 進捗度25% ・既存の契約に統合する ・進捗度の再測定	残りの財またはサービスが，契約変更日現在で部分的に充足されている単一の履行義務の一部を構成する場合には，完全な充足に向けての進捗度の測定値が変更されることになる。当該変更の影響は，契約変更日において収益の増額または減額として認識されることになる（累積的にキャッチアップして修正される）。

28

設例2－2　別個の契約として取り扱う場合

前提条件

　4月10日に，A社は，X社に対しパソコン200台を1台当たり10万円で引き渡す契約を締結した。4月30日に50台引き渡したところで，残り150台に追加して同一のパソコン60台を1台当たり8万円で引き渡すように契約が変更された。4月30日におけるこのパソコンの独立販売価格は8万円である。

分析

　契約変更により追加された60台の契約は，別途新規に契約したとして取り扱う。このため，4月10日に締結した契約の会計処理に影響させず，変更前の契約により納品する150台の製品の対価は10万円，追加された60台の製品の対価は8万円として会計処理を行う。

```
PC販売契約
台数　200台
単価　@10万円
```

```
追加販売契約
台数　60台
単価　@8万円
独立販売価格　8万円
```
別個の契約

設例2－3　既存の契約を終了して，新たな契約を締結したものとして取り扱う場合

前提条件

　4月10日に，A社は，X社に対しパソコン200台を1台当たり10万円で引き渡す契約を締結した。4月30日に50台引き渡したところで，残り150台に追加して60台を1台当たり8万円で引き渡すように契約が変更された。4月30日におけるパソコンの独立販売価格は10万円である。

分析

　当初契約において，すでに引き渡された50台と，残りの150台とは別個のものである。また，4月30日に追加された60台に係る契約の対価（1台当たり8万円）は，独立販売価格（1台当たり10万円）に相当する金額ではない。こ

第2章 5つのステップ　29

のため，当初の契約が4月30日に解約され，未だ引渡しがされていない製品150台と，新たに追加された60台を合計19,800,000円（10万円×150台と，8万円×60台の合計）で納入する契約をしたものとして会計処理を行う。

```
┌─────────────────────────┐  ┌──────────────────────────┐
│ PC販売契約              │  │ 追加販売契約             │
│ 台数  200台             │  │ 台数  60台               │
│ 単価  @10万円           │  │ 単価  @8万円             │
│ 販売金額  20,000,000円  │  │ 販売金額  4,800,000円    │
│ 独立販売価格  10万円    │  │ 独立販売価格  10万円     │
│                         │  │                          │
│  ┌──────────────────────┤  │                          │
│  │ 引渡し未了           │  │                          │
│  │ 150台                │  │                          │
│  │                      │  │                          │
│  └──────────────────────┤  └──────────────────────────┘
│ 新たな契約                                               │
│ 台数  210台                                              │
│ 販売金額  19,800,000円 （10万円×150台＋8万円×60台）     │
└──────────────────────────────────────────────────────────┘
```

設例2−4　当初の契約の一部として取り扱う場合

前提条件

3月末決算であるA社は，3月1日にX社が所有する土地の上に建物を500百万円で建設する契約を締結した。この契約は，一定の期間にわたり充足される単一の履行義務として会計処理される。

前期末3月31日における進捗は10％と見積もられた。その後，当会計年度において，6月30日に建物の仕様変更が行われ，契約額が580百万円へと変更された。また，第1四半期末6月30日における仕様変更後の進捗度は40％と見積もられている。

分析

3月31日において進捗の見積りは10％と見積もられていたため，当初の見積りに基づき，収益は50百万円（500百万円の10％）と測定され，前期において計上した。当第1四半期では，6月30日における進捗度の見積りに基づき，認識すべき累積の収益の額は232百万円（580百万円の40％）と測定し，前期における既計上額を控除した金額，すなわち182百万円（232百万円−50百万円）の

収益を計上した。

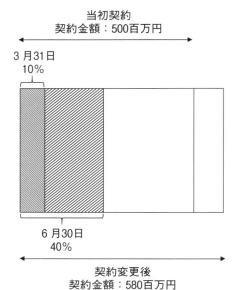

> **Point & 分析**
>
> **契約上のクレーム（追加請求）の会計処理**
>
> 契約上のクレーム（追加請求）とは，施工者が顧客またはその他の当事者に要求する合意された契約価格を超過する金額（または当初の契約価格に含まれていない金額）をいう。クレームは，顧客に原因がある遅延，使用や設計の誤謬，範囲や価格に争いがある注文変更，または，その他予想されない追加的なコストを施工者に生じさせる他の理由により，発生する可能性がある。
>
> IAS第11号「工事契約」には，このクレームに関するガイダンスが含まれていたが，IFRS第15号には，具体的なガイダンスがないため，契約上のクレームは，契約変更に関するガイダンスを用いて評価することになる（IFRS15.BC39）。契約変更に該当するかどうかを判断するうえでは，そのクレームが，顧客またはその他の当事者に承認されているかどうか，または，法的強制力があるか否かの判定が重要となり，これらに該当しない場合には，通常，契約変更は発生していないものと考えられる。その場合，当該クレームが承認されるか，法的な強制力が確立するまで追加的な収益を認識しない。

Point & 分析	**契約変更承認前に発生したコストの会計処理**

　契約変更が承認される前に発生したコストの会計処理は，コストの内容によって方法が異なる。まず，IAS第2号「棚卸資産」やIAS第16号「有形固定資産」等の特定の他のガイダンスの適用対象になる場合は，当該ガイダンスに基づいて処理される。一方，当該コストが，契約に直接関連しておりIFRS第15号第95項の契約を履行するためのコストに該当すると判断した場合には，このガイダンスに基づき，当該コストを資産化するか否か検討することになると考えられる。そして，契約コストのガイダンスの適用対象とならない場合には，基本的にそれらのコストは発生時に費用処理するものと考えられるが，コストの発生が見込まれるものの取引価格がそれに応じて増加しないときには，不利な契約に関する引当金の認識が要求されるか否かについての検討が必要となることがある（IAS37.5(g)）。

ステップ2－履行義務の識別

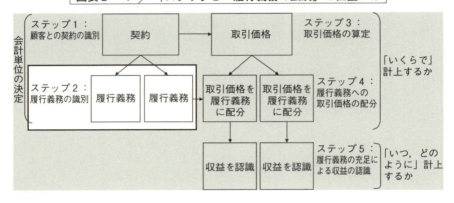

図表2－4　「ステップ2－履行義務の識別」の位置づけ

1　履行義務とは

　財またはサービスの顧客への移転を描写するように収益を認識するためには，収益測定の前提として，認識の会計単位を適切に識別する必要がある。

　ステップ1にて契約が識別されたのち，収益認識の単位として，履行義務を識別することとなる。IFRS第15号において，履行義務とは「財またはサービスを顧客に移転するという当該顧客との契約における約束」と定義されており（IFRS15.A），顧客との契約の中で約束した財またはサービスを契約開始時に評価し，次のいずれかを，履行義務として識別する（IFRS15.22）。

① 　別個の財またはサービス（あるいは財またはサービスの束）
② 　顧客への同一の移転パターンを有し，かつ，ほぼ同一である，一連の別個の財またはサービス

以降では，履行義務のそれぞれの種類について解説する。

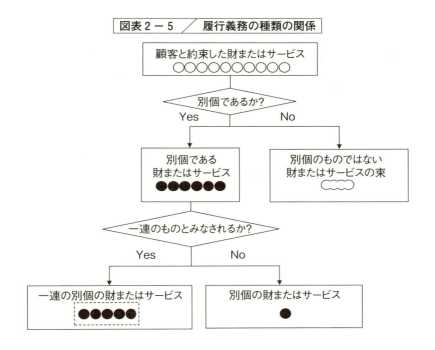

図表2-5　履行義務の種類の関係

| Point & 分析 | 収益認識単位の重要性判断 |

　IFRS第15号の適用に関してIASBに設けられた移行リソースグループ（TRG）では、履行義務の識別に関して多くの疑問が寄せられたが、その中には、重要でない履行義務まで識別する必要があるのか、という疑問も含まれていた。

　IFRS第15号とほぼ同じ内容であるTopic 606を公表した米国財務会計基準審議会（以下FASB）は、契約に含まれる重要でない履行義務について識別する必要がないこと、そして、重要でないために履行義務として識別されなかった約束について、識別された履行義務が充足されたときに収益計上する場合には、履行のための将来のコストを引き当てる必要があることを明確にした（Topic 606-10-25-16A）。すなわち、米国基準では契約レベルで履行義務の重要性の判断が行われることとなる。

　一方、IASBは、重要性に関する一般規定があることを理由として、このような改訂は行っておらず、IAS第8号「会計方針、会計上の見積りの変更および誤謬」に基づいて、履行義務が財務諸表に対して重要性があるものかどうかを判断することとなる。両基準の相違によって、契約に複数の履行義務が存在し、重要でない履行義務が一部含まれている場合に、IFRS

を適用した場合と米国基準を適用した場合で相違が生じる可能性がある。

2 別個の財またはサービス

　顧客との契約において移転することを約束した財またはサービス（あるいは，財またはサービスの束）が，図表2－6の要件の両方を満たす場合，「別個のもの」，すなわち，契約内の他の財またはサービスと区別されるものとなり，通常，その財またはサービスは1つの履行義務として識別される（IFRS15.22(a)，27）。

図表2－6 ／ 別個の財またはサービスであるための要件

要件	概要
①顧客が，財またはサービスからの便益を，それ単独でまたは顧客にとって容易に利用可能な他の資源と一緒に組み合わせて得ることができる（すなわち，当該財またはサービスが別個のものとなりうる）。	財またはサービスそのものの特性として，別個のものであるか否かを判定するための要件である。顧客は，財またはサービスを使用，消費，スクラップ価格より高い価格で売却，あるいは経済的便益を創出するその他の方法で保有することにより，財またはサービスから便益を得ることができる。 容易に利用可能な資源とは，次のものをいう（IFRS15.28）。 • 企業または他の企業が独立に販売している財またはサービス，あるいは • 顧客が企業からすでに入手している資源（☞【Q17】財またはサービスの提供の順番），または • 他の取引もしくは事象から得ている資源
②財またはサービスを顧客に移転する約束が，同一契約の中の他の約束と区分して識別できる（すなわち，当該財またはサービスを移転する約束が契約の観点において別個のものである）。	財またはサービスを移転するという約束が，契約に含まれる他の財またはサービスを移転する約束と区分して識別可能であるか，あるいは，一体として識別されるのかを，契約の文脈において判定するための要件である。区分して識別できないことを示唆する指標としては，次のものが挙げられる（IFRS15.29）。 • 企業が，契約に含まれる財またはサービスを他の財またはサービスと統合する重要なサービスを提供している。 • 財またはサービスが，契約に含まれる他の財また

はサービスを大幅に修正またはカスタマイズしている。
- 財またはサービスが，契約に含まれる他の財またはサービスに対して相互依存性や相互関連性が高い（個々の財またはサービスが，契約の中の他の単一または複数の財またはサービスから，重要な影響を受ける）。

別個の財またはサービスは，例えば次のようなものである（IFRS15.26）。これらの財またはサービスは単独で，または組み合わされて顧客に提供される。

- 製造する財。例：製造業者にとっての棚卸資産
- 購入する財。例：小売業者の商品
- 購入した財またはサービスに対する権利。例：企業が，代理人としてではなく本人として再販売するチケット
- 顧客と合意した作業
- 財またはサービスを顧客に提供できるように待機するサービス（☞【Q18】性質が待機義務である履行義務）
- 別の当事者が財またはサービスを顧客へ移転するように，代理人として手配するサービス
- 顧客の代わりに資産を建設，製造，開発するサービス
- ライセンス
- 追加の財またはサービスを購入するオプション

設例 2 − 5　履行義務の識別—製品と据付サービス

前提条件

- A社は，設備の提供と据付サービスの提供を含む契約をX社と締結する。設備は大幅な修正やカスタマイズなしに機能し，据付けも簡単であるため他の業者も提供可能である。
- 契約上，X社はA社の据付サービスを利用しなければならない。

| A社 | 設備の提供・据付サービス → | X社 |

36

分析

図表2-6の①の要件について

　X社は，設備の使用またはスクラップ価値よりも高い価格での売却によって，設備から単独で便益を得られ，また，企業が独立に販売している設備と併せることで据付サービスからも便益を得られる。したがって，図表2-6の①の要件は満たされるとA社は結論づけた。

図表2-6の②の要件について

　企業は，図表2-6の②の諸指標を考慮して，次のように判断した。

　据付けは設備を大幅に修正またはカスタマイズするものではなく，重大な統合サービスでもない。設備は据付けとは別々に提供でき，また，（X社が設備を別の業者から購入したとすれば，）据付サービスも設備の提供とは関係なく提供できる。したがって，設備と据付サービスは，相互依存性が高くないことから，契約の観点において別個に識別できるとA社は結論づけた。

　なお，契約によりXはA社の据付サービスを利用しなければならないが，そのことをもって，設備または据付サービス自体の特性が影響されることもなければ，契約における設備または据付サービスの位置づけが変わることもない。そのため，設備と据付サービスは別個のものであるとする結論には影響を及ぼさない。

　以上から，A社は設備と据付サービスという2つの履行義務を識別する。

──────────────────────────────────────

　【設例2-5】では，購入した財の据付けについて，売手の据付サービスを利用することが要求される契約上の制限が設定されているケースを例示している。このように，企業と顧客との間の契約には，実務上，何らかの制限または禁止条項が含まれることが多い。しかしながら，契約上の制限が存在したからといって，それがただちに財またはサービスが別個であるか否かの判断を結論づけるものではなく，必ずしも財またはサービスが別個ではないと判断するわけではない（IFRS15.IE58E, IE58F）。

　契約の制限は，財またはサービスが別個であるか否かの判断において，間接的な要因とはなっても，直接的に決定的な要因とはならない。財またはサービスが別個のものであるか否かは，履行義務の識別要件，すなわち図表2-6の要件①，②を実質的に満たしているかどうかで判定する必要がある。

　なお，図表2-6の要件②の「概要」において示した指標は例示であり，こ

れらに限定されない。したがって、この指標に該当しないが、財またはサービスを一体として判定することが適切と考えられる場合がありうる。この判断に際しては、財またはサービスを個別に移転するのか、あるいは、複数の財またはサービスを結合したものを移転するのかについて、顧客との約束の性質を検討する（IFRS15.29）。

> **Point & 分析　別個のものではない財またはサービス**
>
> 　約束した財またはサービスが別個のものではない場合、別個の財またはサービスの束を識別するまで、その財またはサービスを他の約束した財またはサービスと結合する。場合によっては、契約に含まれている約束した財またはサービスのすべてが単一の履行義務になることもある（IFRS15.30）。

設例2－6　契約に含まれる複数の財またはサービスを統合する重要なサービス

　病院を建設する契約を例として検討する。建設契約の中には、設計、現場の清掃、基礎工事、調達、軀体の建設工事、配管および配線、設備の据付け、仕上げといった多数の財およびサービスが含まれる。

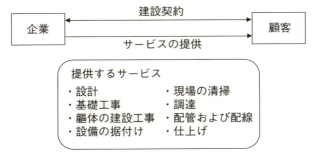

　これらの財またはサービスは、その性質上別個であることが多いと考えられる。しかしながら、企業が建設プロジェクトの全般的な管理に責任を負う場合には、当該管理が複数の財またはサービスを統合する重要なサービスに該当するものと考えられる。その場合には、個々の財またはサービスは履行義務とならず、それらの財またはサービスが一体となった病院を顧客に提供するという約束が、単一の履行義務として識別される（IFRS15.IE45〜IE48）。

3　一連の別個の財またはサービス

　契約の中に，上記2の「別個の財またはサービス」が複数ある場合で，それらが顧客への同一の移転パターンを有し，かつ，ほぼ同一（例えば，繰り返し提供される1年間の清掃サービスや取引処理サービス等）であるときには，それらを一連の別個の財またはサービスとして，単一の履行義務とする（IFRS15.22(b)）（☞【Q19】「ほぼ同一」の要件と活動が同一であることの関係）。

　なお，顧客への移転パターンが同一とは，別個の財またはサービスのそれぞれについて，次の両方の要件を満たす場合をいう（IFRS15.23）。

- 一定の期間にわたり充足される履行義務の要件（第2章 5 2「一定の期間にわたり充足される履行義務（要件）」参照）を満たす。
- それらを移転する履行義務の充足に関する進捗度の測定方法（第2章 5 3「一定の期間にわたり充足される履行義務（進捗度の測定）」参照）が同じである。

　したがって，一連の別個の財またはサービスであると判断するための要件は，次のとおりである（☞【Q20】提供される財またはサービスの連続性）。

図表2－7　／　一連の別個の財またはサービスの要件

```
┌─────────────────────────────────────┐
│     財またはサービスがほぼ同一である         │
└─────────────────────────────────────┘
                    ＋
┌─────────────────────────────────────┐
│ 一連の別個の財またはサービスは，一定の期間にわたり充足される │
│              履行義務である                │
└─────────────────────────────────────┘
                    ＋
┌─────────────────────────────────────┐
│ 一連の別個の財またはサービスの充足に向けての進捗度の測定に， │
│           同一の方法が用いられる             │
└─────────────────────────────────────┘
                    ＝
┌─────────────────────────────────────┐
│             単一の履行義務                │
└─────────────────────────────────────┘
```

この一連の別個の財またはサービスに関するガイダンスの適用は任意ではなく，これに関する免除規定は設けられていない。したがって，顧客との契約が，上記を満たす場合には，一連の別個の財またはサービスとして処理をしなければならない。

Point & 分析 **一連の財またはサービスに関するガイダンスの意義**

IASBは，一連の別個の財またはサービスが実質的に同一である場合，特定の要件を満たせば，単一の履行義務として会計処理するとしたが，このIFRS第15号第22項(b)のガイダンスを設けた意図は，収益認識モデルの適用が簡略化されるとともに，反復的なサービスを提供する契約における履行義務が一貫して識別できるようになることであると考えられている（IFRS15.BC113）。当該ガイダンスがなければ，例えば，企業は清掃サービス契約においてサービスを提供した時間または日数それぞれに対価を配分することが必要となり，実務上の負担が高くなるとともに，対価の配分が首尾一貫しなくなるおそれがある（IFRS15.BC114）。

---

4 履行義務を識別する際の留意点

履行義務の識別にあたっては，まず契約の中に含まれる財またはサービスをすべて識別する。財またはサービスは，契約において明確な記載があり，識別が容易な場合もあるが，判断を要する場合もあるため，識別に際しては次の点に留意する。

(1) 契約に明示されていない財またはサービス

顧客との契約では，財またはサービスが明示されることが一般的であるが，明示されることなく企業の取引慣行等により含意される場合もある（IFRS15.24）。

契約締結時において，契約に明示されておらず法的な強制力がなくても，財またはサービスを顧客に移転するであろうとの妥当な期待を顧客が有する場合には，当該財またはサービスを履行義務として識別する必要がある（IFRS15.BC87）。明示されていない財またはサービスを履行義務として識別しない場合には，企業が顧客との契約に関して残存する（黙示的な）約束を引き続き有しているにもかかわらず，契約の対価のすべてを収益として認識してしまい，顧

客との契約から生じる収益が適切に財務諸表に表されない可能性がある。そのため、契約に明示されていない黙示的な財またはサービスも履行義務となりうる可能性に留意することが必要となる。

なお、企業は、製品の販売を促進するため、顧客の最終顧客（エンドユーザー）にインセンティブとして財またはサービスを無償で提供することを約束する場合がある。IFRS第15号では、これが顧客との契約に含まれる履行義務であるか否かを判定するために、企業はエンドユーザーへの約束を評価することが要求されている。したがって、上記の契約に明示されていない履行義務は、直接の顧客に対してだけでなく顧客の顧客に対しても識別される可能性がある点にも留意しなければならない（IFRS15.BC92）（☞【Q21】最終顧客へ無料で提供するサービスの取扱い）。

設例2－7　顧客の顧客に対する履行義務の識別とインセンティブ通知のタイミング

前提条件

自動車メーカーであるA社は、顧客であるディーラーB社との間に車両の販売契約を締結する。その後、ディーラーB社はエンドユーザーXに対して当該車両の販売を行う。

- （ケース1）A社は、ディーラーB社のエンドユーザーに対して、2年間のメンテナンスを無料で行う慣行を有する。このことは、契約上には明記されていないが、A社の広告には通常記載されている（すなわち、インセンティブの通知がディーラーB社への車両の販売前に行われたケースである）。

（ケース1）

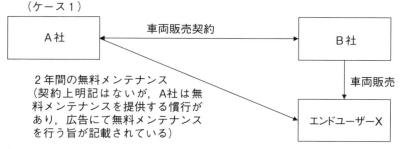

- （ケース2）A社は、ディーラーB社のエンドユーザーに対して、無料メンテナンスのインセンティブを提供する慣行を有していない。しかしながら、

ディーラーB社への車両の販売後に期間限定で販売インセンティブとして無料メンテナンスを提供することをディーラーB社に通知した（すなわち、インセンティブの通知が販売後に行われたケースである）。

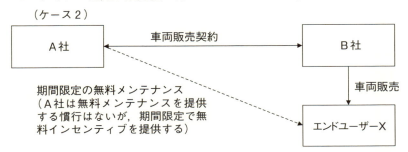

分析

（ケース1）

エンドユーザーXはA社の直接の顧客でなく契約も存在しないものの、A社がメンテナンスサービスをディーラーB社のエンドユーザーに無料で提供するという慣行が確立されているため、A社は当該サービスを履行義務として識別するものと考えられる。この結果、ディーラーB社と締結した契約に関して、車両の引渡しとメンテナンスサービスの履行という2つの履行義務を識別することになり、車両の販売から生じる収益は、車両の支配がディーラーB社に移転した時点で認識され、メンテナンスの提供から生じる収益は、メンテナンスがエンドユーザーXに提供されるにつれて認識される。

（ケース2）

A社は、無料メンテナンスをディーラーB社のエンドユーザーに提供する慣行がないため、ディーラーB社への車両販売時点では、車両の引渡しのみを履行義務として識別する（事後的に発生する無料メンテナンスを別個の履行義務として識別しない）。この結果、A社は車両の支配がディーラーB社に移転した時点で収益を全額認識する。その後、A社が事後的にインセンティブを提供することを通知した時点で、A社はディーラーB社へ支配を移転した車両のメンテナンスを提供する義務に係るコストを見積もり、IAS第37号に従って引当金および費用を計上する。

(2) 顧客に財またはサービスが移転しない活動

企業が契約を履行するために必要な活動であったとしても，その活動により顧客に財またはサービスが移転しないのであれば，その活動は履行義務に含まれない（IFRS15.25）。

履行義務は，財またはサービスを顧客に移転する約束である。このため，たとえ移転に付随した必要な活動であったとしても，その活動により財またはサービスが移転しない場合には，顧客に対する約束として履行義務を識別することはない（☞【Q22】管理作業と履行義務の識別）。

設例2－8　契約をセットアップするための管理作業

前提条件

A社は，ソフトウェアを販売しており，X社にオペレーティング・システム・ソフトウェアに関するライセンスを供与し移転する。このソフトウェアは，A社が提供するキーがなければロックを解除できず，X社のコンピュータのハードウェア上で機能しないが，このキーを受け取るためにはX社がA社にハードウェアのシリアルナンバーを提供する必要がある。X社はA社以外の業者からハードウェアを購入する。X社はA社からソフトウェアが引き渡された時点でまだハードウェアを受け取っておらず，ソフトウェアのロックを解除できていない。しかし，X社からA社への支払はキーの引渡しを条件としておらず，X社はソフトウェアが引き渡された時点でオペレーティング・システム・ソフトウェアについて支払義務を負う。

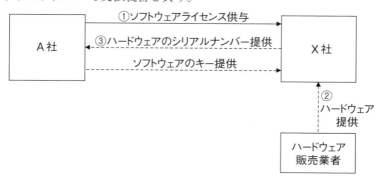

第2章 5つのステップ 43

分析

　A社によるキーの引渡しは，ハードウェアのシリアルナンバーを提供するというX社の行動のみを条件とする管理作業であり，これ自体が財またはサービスを移転する活動には該当せず，キーの引渡しは契約で約束されたサービスとは考えられない。したがって，キーの引渡しは履行義務として識別されず，他の収益認識要件（X社がソフトウェアの支配を獲得していることを含む）がすべて満たされる場合，A社はソフトウェアの引渡時に収益を認識する（ライセンスに関する具体的な会計処理は第4章7「ライセンス供与」参照）。

　また，顧客に財またはサービスが移転しない管理業務は，後述する進捗度の測定にも反映されないため，この点にも留意が必要である（IFRS15.42）（第2章5 3「一定の期間にわたり充足される履行義務（進捗度の測定）」参照）。

　なお，顧客に財またはサービスが移転しない活動に伴うコストが，将来履行義務の充足に使用される資源を生じさせるものであって，かつ，回収が見込まれる場合には，資産としての認識要件を満たすことになる（IFRS15.95，第3章2「契約履行コスト」参照）。

　IFRS第15号の適用指針のうち，履行義務の識別に関連するその他のガイダンスについては，関連する以下の各セクションで詳しく解説している。

- 製品保証（第4章2参照）
- 本人・代理人（第4章3参照）
- 追加的な財またはサービスに対する顧客のオプション（第4章4参照）
- ライセンス供与（第4章7参照）

3 ステップ3－取引価格の算定

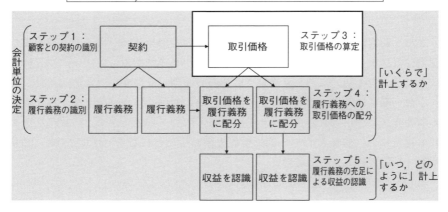

図表2－8　「ステップ3－取引価格の算定」の位置づけ

1 取引価格とは

IFRS第15号では，取引価格は以下のように定義されている。

> 取引価格（IFRS15.A）
> 約束した財またはサービスの顧客への移転と交換に企業が権利を得ると見込んでいる対価の金額（第三者のために回収する金額を除く）

顧客との契約において約束された対価は，固定の場合もあれば変動の場合もあり，その両方が含まれる場合もある。企業は，取引価格を算定するために，契約条件および自らの取引慣行を考慮しなければならない（IFRS15.47）。

なお，取引価格の算定において，上記に加えて考慮すべき事項のうち重要なものとして以下が挙げられる。

・財またはサービスが現行の契約に従って約束どおりに顧客に移転され，契

約の取消し，更新または変更はないものと仮定しなければならない（IFRS15.49）。

- 顧客の信用リスクは取引価格に調整されないが（IFRS15.BC185），契約が重大な金融要素を含んでいる場合には，後述3に解説するとおり，取引価格を調整する際に適用する割引率に顧客の信用リスクを加味する（IFRS15.64，第2章[1]「ステップ1－顧客との契約の識別」参照）。

2 変動対価

契約で約束された対価が変動する場合，企業は，約束した財またはサービスの顧客への移転と交換に権利を得ることとなる対価の金額を見積もらなければならない。こうした変動対価には，値引きやリベート，返金，業績に基づく追加報酬，インセンティブ，ペナルティーなどが含まれることに留意が必要である（IFRS15.50～51）（☞【Q23】購入数量に基づく値引きやリベート）。

また，契約に明示されていなくとも，次に示すような価格譲歩も，変動対価として扱われる（IFRS15.52）。

- 企業の取引慣行，公表した方針または具体的な声明に基づき，企業が価格譲歩するであろうという期待を顧客が有している（これらは，値引き，リベート，返金またはクレジットと呼ばれることがある）。
- 他の事実および状況により，契約を締結する際に，顧客に価格譲歩を提供する企業の意図が示されている。

(1) 変動対価の見積り

変動対価は，「期待値」と「発生の可能性が最も高い金額」のいずれか，企業が権利を得ると見込む対価の額をより適切に予測できる方法により見積もる（IFRS15.53）。

図表2-9	変動対価の見積方法

方法	概要
期待値	考えうる対価の金額の範囲における確率加重金額の合計。期待値は、企業が特徴の類似した多数の契約を有している場合には、変動対価の金額のより適切な見積りとなる。 (☞【Q24】取引価格の見積りと起こりうる結果の関係)
発生の可能性が最も高い金額	考えうる対価の金額の範囲における単一の最も可能性の高い金額(すなわち、契約から生じる単一の最も可能性の高い結果)。最も可能性の高い金額は、契約で生じうる結果が2つしかない場合(例えば、企業が業績に基づく追加報酬を達成するかしないかのいずれかである場合)には、変動対価の金額のより適切な見積りとなる。

　変動対価の金額に関する不確実性の影響を見積もるために、契約全体を通じて1つの方法を首尾一貫して適用することが求められる(IFRS15.54)。ただし、単一の契約の中に異なる不確実性が存在する場合まで、1つの方法を使用するように強制するものではない。異なる不確実性には異なる方法を使用できる(IFRS15.BC202)。また、見積りの方法を選択するに際しては、類似の契約に同一の方法を首尾一貫して適用しなければならない(IFRS15.BC195)。

　測定に際しては、合理的に利用可能な情報をすべて考慮し、考えうる対価の金額を識別することが求められる。ただし、ここで合理的に利用可能な情報とは、通常、経営者が受注プロセスや価格設定において使用する情報であって、すべての可能性を詳細に検討することまで求めているものではない(IFRS15.54, BC201)。

Point & 分析　販売時点で販売価格が確定しない場合の取扱い

　企業が顧客に財またはサービスを提供する時点において、取引価格が未確定である場合がある(例:製造業の企業が、販売後に判明する原材料価格の連動指標に基づいて製品の販売価格を設定する契約)。このような場合、財またはサービスを移転した時点で企業が権利を得ると見込んでいる仮単価に基づいて、変動対価として取引価格に含めて会計処理することが考えられる。しかしながら、後述のとおり、取引価格に含めることができる変動対価は、収益変動に関する不確実性がその後解消される際に、それまで認識した収益の累計額に重大な戻入れが生じない可能性が非常に高い

第 2 章　5 つのステップ　47

と判断される範囲に制限されているため，当該可能性の検討が必要となる。

Point & 分析	**外貨建取引の為替変動は変動対価を構成しない**

外貨建ての契約では，収益の認識額を企業の機能通貨で測定する場合，為替レートの変動がその認識額に影響を及ぼす可能性がある。しかし，この変動性は対価の形態（すなわち通貨）のみに関連して生じるため，IFRS第15号の適用上，変動対価ではない。

企業は，外貨建ての残高および取引を換算するか否かおよび換算する場合はその換算方法を決定するのに，外貨建取引および換算に関するガイダンスを適用する。

Point & 分析	**過去の経験の変動対価の見積りへの利用**

企業は変動対価を見積もる際に，特に期待値法のもとでは，類似する取引のグループから証拠を得られる場合がある。

例えば企業が，契約条項に，業績に基づくボーナスが含まれる，多数の類似した契約を締結していることがある。個々の契約単位で見れば，企業は100のボーナスを受け取るか，ボーナスをまったく受け取らないかのいずれかとなる。企業は過去の経験から，同種の契約のうちの60％で100のボーナスを受け取ると予測している。そのため，これに類似する将来の個々の契約の取引価格について，企業は過去の経験を考慮し，ボーナスの期待値を60と見積もる。このように，企業が期待値法を用いる場合，個々の契約に係る取引価格の算定結果は，実際に対価として受け取る可能性がある金額と異なることがある。

類似する取引の数が，契約の取引価格の最善の見積りとなる期待値を算定する基礎として十分であるか否か，および変動対価の見積りの制限（第2章 3 2(2)「変動対価の見積りの制限」参照）を適用すべきか否かを判定する際には，判断を用いることが必要となる。

設例2-9　変動対価の見積り―期待値による方法

電気製品製造業者A社は小売業者X社に1,000台のテレビを販売する契約を締結した（1台当たり50千円，合計50,000千円）。その後6か月の間に，A社とX社との間で当該テレビの販売価格の値下げが合意された場合には，値下げの影響を全販売台数（1,000台）の対価に反映することに合意した。A社は類似の契約に関する十分な経験に基づき，以下のように見積もった。

今後6か月間における 価格の引下げ	発生可能性
0	70%
5千円	20%
10千円	10%

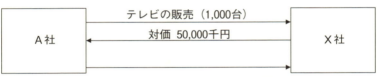

今後6か月間の値下げの影響を補填

A社は，関連する事実および状況をすべて考慮し，権利を得ることとなる対価の金額を最も適切に予測できるのは期待値法であると判定した。したがって，収益認識累計額の制限の考慮前の金額として（第2章3 2(2)「変動対価の見積りの制限」参照），テレビ1台当たりの取引価格を48千円と見積もった（すなわち，（50千円×70%）＋（45千円×20%）＋（40千円×10%））。

設例2-10　変動対価の見積り―最も可能性の高い金額による方法

建設業者A社は建物を建設する契約を顧客と締結した。建設の完了時期に応じて，A社は110,000千円と130,000千円のいずれかを受け取る。

結果	対価	発生可能性
期日までに完成する	130,000千円	90%
完成が遅延する	110,000千円	10%

　この契約のもとでは生じうる結果が2つしかないため，A社は，権利を得ることとなる対価の金額を最も適切に予測できるのは最も可能性の高い金額であると判定した。A社は，収益認識累計額の制限の考慮前の取引価格を（第2章 ③ 2(2)「変動対価の見積りの制限」参照），最も可能性の高い金額である130,000千円と見積もった。

(2) 変動対価の見積りの制限

　変動対価の額を見積もった場合には，測定値の一部に不確実性が高すぎる部分が含まれ，見積もった額が対価の忠実な描写とならない可能性が考えられる。この可能性を排除するために，IFRS第15号には見積りの制限が設けられている。すなわち，収益変動に関する不確実性がその後解消される際に，それまでに認識した収益の累計額に重大な戻入れが生じない可能性が非常に高いと判断される範囲でのみ変動対価を取引価格に含めなければならない（IFRS15.56）（☞【Q25】変動対価の見積りの制限を判断する単位）。

　この判断に際しては，収益の戻入れが起こる確率と，収益の戻入額の金額的重要性の両方を検討する必要があるが，この分析は必ずしも定量的である必要はない（IFRS15.57, BC212）。なお，戻入れの確率や金額の大きさを増大させる可能性がある要因として，次の事項が例示されている（IFRS15.57）（☞【Q26】市場価格や変動性の影響と変動対価の見積り）。

- 企業の影響力が及ばない要因の影響を非常に受けやすい。例えば，市場の変動性，気象状況といった要因の影響を対価が受ける場合が考えられる。

- 不確実性が解消されない期間が長い。
- 類似した種類の契約に関する企業の経験（または他の証拠）が少ないか，またはその経験（または他の証拠）の予測価値が限定的である。
- 類似の状況での類似の契約で，広い範囲の価格譲歩や支払条件の変更を行う慣行がある。
- その契約には，生じうる対価の金額が多数あり，金額の幅が広い。

　知的財産のライセンス契約において，対価の全部または一部が顧客の売上高または使用量に基づき変動する場合にも，対価の見積りに重大な不確実性が存在する。このため，ライセンス契約については適用指針で特にガイダンスが設けられた（IFRS15.58, B63, 第4章 **7** 2「売上高ベースまたは使用量ベースのロイヤルティに関する例外規定」参照）。

Point & 分析	「可能性が非常に高い」という判断

　「可能性が非常に高い」とは，「可能性が高い」よりも著しく可能性が高い場合をいう。この「可能性が非常に高い（highly probable）」という用語は，IFRS第5号「売却目的で保有する非流動資産および非継続事業」において定義されており（IFRS5.A），IFRS第15号においても同じ用語が同様の意味で用いられている（IFRS15.BC211）。これは，当該水準を明示することにより，財務諸表作成者にとって変動対価の見積りの制限に係る判断が明瞭となり，当該ガイダンスが，より首尾一貫して適用されるようになると判断したためである。

　この水準を満たすかどうかは，判断が要求される領域であり，企業は当該判断について，判断基準，プロセス，および内部統制を整合させる必要がある。また，実務上は判断基準を文書化することも重要である。

Point & 分析	収益認識を慎重に行うガイダンスの背景

　変動対価の見積りの制限に関する規定により，見積りの下方バイアスがもたらされ，企業は収益認識額の算定にあたり慎重になることが要求される（すなわち，非中立的な見積りが要求される）（IFRS15.BC207）。これは，収益認識モデルおよび中立的な見積りを要求するIASBの概念フレームワークの規定の例外であり，多くの財務諸表利用者および規制当局が収益の戻入れに対し敏感であることが反映されている。

(3) 変動対価の再測定

変動対価の見積りは，制限の有無の評価を含め，各報告期間の末日で状況の変化を反映するように見直す必要がある（IFRS15.59）。

再測定による変動は，契約開始時と同じ基礎に基づき，原則として契約の中に含まれるすべての履行義務に配分しなければならない。すでに充足した履行義務に配分される額は，変動した期間に認識する（IFRS15.88）。会計処理の詳細については 4 5 で詳述する（☞【Q27】重大な収益の戻入れを伴う見積りの変化）。

(4) 返金負債

顧客からすでに受け取った対価の一部または全部を顧客に返金すると見込む場合には，返金負債を認識しなければならない。返金負債は，顧客から対価を受け取っているにもかかわらず，企業が権利を得るとは見込んでいない金額（すなわち，取引価格に含まれない金額）で測定される（☞【Q28】返金負債と契約負債）。

なお，返金負債は，各報告期間末に状況の変化について見直さなければならない（IFRS15.55）。

返金負債の会計処理に関連するガイダンスについては，第4章 1 「返品権付きの販売」を参照されたい。

3 ┃ 重大な金融要素

顧客への財またはサービスの移転の時期と，契約上で合意された対価の支払時期が異なること（前払いまたは後払い）により，企業または顧客が著しい財務上の便益を得る（すなわち，重大な金融要素が契約に含まれる）と判断された場合には，貨幣の時間価値を反映するように取引価格を調整する（IFRS15.60）。なお，契約に重大な金融要素が含まれるかどうかの判断は，類似した契約のポートフォリオの単位で評価するのではなく，契約単位で評価することが求められている（IFRS15.BC234）（☞【Q29】ポートフォリオへの単一の割引率の適用）。

対価を調整する目的は，約束した財またはサービスが顧客に移転された時に，その財またはサービスについて現金で支払う場合の金額（すなわち，現金販売価格）で収益を認識することにある。契約が金融要素を含んでいるか否かを評価するに際しては，次のようなすべての関連性のある事実と状況を考慮しなければならない（IFRS15.61）。

(a) 約束した対価の金額と，約束した財またはサービスの現金販売価格との差額

(b) 次の2つの影響を組み合わせて検討する
- 約束した財またはサービスを顧客に移転する時点と，支払を行う時点との間の予想される期間はどの程度の長さであるか
- 関連性のある市場での実勢金利

ただし，次のいずれかに該当する場合には，重大な金融要素は存在しない（IFRS15.62，BC233）。

図表2−10 ／ 重大な金融要素が存在しない場合

要　　因	例
企業は前払いを受け取っているが，財またはサービスの顧客への移転の時期は顧客の裁量で決まる	プリペイドのテレフォンカード，カスタマー・ロイヤルティ・ポイント
対価のうち相当な金額に変動性があり，その対価の金額または時期に，顧客または企業の支配が及ばない	対価が販売に基づくロイヤルティである取引
約束した対価と約束した財またはサービスの現金販売価格との差額が，金融要素以外の理由から生じている	相手先が契約上の義務を完了しないことに対する保証

なお，金融要素の調整は後払いに限定されていない（IFRS15.BC238）。前払いであっても後払いであっても検討が求められる点に留意が必要である。

実務上の簡便法として，財またはサービスを移転する時点と対価の支払時期の期間が1年以内の場合は，貨幣の時間価値を反映させないことが認められている（IFRS15.63）（☞【Q30】簡便法の事後的な適用の可否の見直し，【Q31】複数年にわたる契約への簡便法の適用）。ただし，簡便法を採用した場合には

その旨の開示が求められる (IFRS15.129)。

取引価格を調整するに際しては，契約開始時点において企業と顧客との間で独立した金融取引が行われると仮定した場合に用いられるであろう割引率（顧客の信用状況を反映した率）を用いる (IFRS15.64)（☞【Q32】リスクフリー・レートの使用の適否，【Q33】契約に明記されている割引率の使用の適否）。

その後の状況の変化，例えば顧客の信用リスクが変化したとしても，割引率の見直しは行わない (IFRS15.64, BC243)。

なお，金利利息に関する表示と開示については，後述する第5章「表示および開示」で解説している。

設例2－11　契約に重大な金融要素が含まれるか否かの判断－前払い可能なケース

IT企業A社は，3年間の共有サーバーの提供サービス（以下，「ホスティング・サービス」）に関する解約不能の契約をX社と締結した。X社は以下のいずれかから支払方法を選択できる。

① 1月当たり140千円を月初に支払う（合計支払額は5,040千円）
② 契約期間の開始日に4,200千円を前払いし，その後は月次の支払をしない

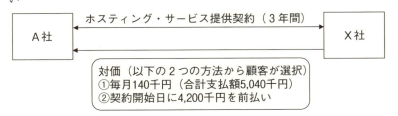

①と②の価格の差から，②の支払方法の主な目的はA社がX社から金融上の便宜を享受することであり，この契約に金融要素が含まれていることがわかる。月次の支払額140千円は月次のホスティング・サービスがX社に提供されるにつれて支払われる金額であるため，現金販売価格となる。

①と②の2つの支払方法を比較すると，金利費用の総額が840千円であることがわかる。それと同時に，3年間にわたる各月支払額140千円の割引現在価値が，契約期間の開始日に一括で前払いする場合に支払う金額である4,200千

円と一致する割引率が13％と計算されることから，黙示的な割引率が13％であることがわかる。

| 月次支払
5,040千円 | 差額840千円＝金利費用 |
| | 契約開始時前払い
4,200千円 |

次に，A社は当該金融要素が重大であるかを検討する。現金販売価格の総額5,040千円と金融要素を考慮した金額4,200千円の差額が840千円であり，融資を含む金額の20％に該当するため，A社は金融要素が重大であると判定する。したがって，X社が②の支払方法を選択し，契約開始時に前払いする場合は，貨幣の時間価値を反映させるための調整が必要となる。

また，A社は，黙示的な割引率13％が，信用格付けが自社と同等である企業の市場金利と整合しているか否かを評価する。整合している場合，A社は，履行義務の充足に比例して契約期間にわたって5,040千円の収益を認識し，実効金利法を用いて840千円の金利費用を認識する。各期間に認識する金利費用の金額は，契約負債の見積額に基づいている。契約負債は対価を受け取ったがまだ義務を履行していない場合に生じる。当該見積額は，サービスの提供に応じて減少し，金利の発生に応じて増加する。

以下の表で，実効金利法のもとでの金利費用の算定方法の一例を示す。

（単位：千円）

期間	契約負債－月初	取引価格／サービスの引渡し	月次金利1.083％（13％÷12）での金利費用	契約負債－月末
	A	B	$(A-B) \times 1.083\% = C$	$A-B+C$
1	4,200	140	44	4,104
2	4,104	140	43	4,007
3	4,007	140	42	3,909
4	3,909	140	41	3,810
5	3,810	140	40	3,710
		以下同様		
36	140	140	0	0

第2章 5つのステップ　55

　上記の例で，黙示的な割引率13%が市場金利よりも高いと判定される場合，A社の信用度に基づき，市場金利を反映するように取引価格を調整する。黙示的な割引率と市場金利との差異は，融資以外の目的で顧客に付与された値引きを表している。

4 ┃ 現金以外の対価

　財またはサービスの対価が現金以外（例えば株式）の場合，当該対価は公正価値で測定される。ただし，合理的に対価の公正価値を見積もれない場合は，財またはサービスの独立販売価格を参照することで間接的に対価を測定する（IFRS15.66〜67）。なお，測定された対価の公正価値は，対価の形態によって変動する可能性がある（例：対価を株式で受け取る契約における株価の変動）。このような現金以外の対価の公正価値が，形態だけではなく，企業の履行等その他の理由によって変動する場合には，第2章 **3** 2(2)「変動対価の見積りの制限」を検討しなければならない（IFRS15.68）。例えば，企業が，顧客からサービス提供の対価として株式を受け取るが，受け取る当該株式数は，所定の目標の達成度合いに応じて変動する業績に基づく場合，目標の達成度合いに応じて変動する部分については変動対価の見積りの制限（IFRS15.56〜58）を適用しなければならないが，株価の変動に応じて変動する部分は当該制限が適用されない。

　また，現金以外の対価の価格は，公正価値によって測定されるが，IFRSではこの測定日をいつとするかは明示されておらず，契約締結時，現金以外の対価の受取時，または現金以外の対価を受け取る時点と関連する履行義務が充足される時点のいずれか早いほうを測定日とする方法も考えられる（IFRS15.BC254B〜BC254E）。

　なお，顧客が，企業による契約の履行を容易にすることを目的として，材料，設備，労務等を企業に拠出することがある。その場合，拠出された材料や労務等の財またはサービスに対する支配を企業が獲得したか評価することが求められる。企業が支配を獲得したと評価された場合には，それらの財またはサービスは現金以外の対価として取り扱われる（IFRS15.69）。

5 顧客に支払われる対価

企業が顧客に何らかの対価を支払う場合には，それが取引価格の減額であるか，または他の別個の財またはサービスに対する支払であるか，あるいはそれらの組み合わせであるかを評価し，適切に会計処理する必要がある（IFRS15.70）。取引価額の減額に際しては，次の事象のうち遅いほうが発生した時点で（または発生するにつれて），収益の減額を認識する（IFRS15.72）（☞【Q34】変動対価と顧客に支払われる対価）。

- 企業が，関連する財またはサービスの顧客への移転についての収益を認識した時点
- 企業が対価を支払うかまたは支払を約束する時点

図表2－11 ／ 顧客に支払われる対価の会計処理（IFRS15.70～71）

ケース		会計処理
取引価格の減額である場合（例：リベート）		取引価格から控除する
別個の財またはサービスに対する支払である場合	原則	仕入先からの他の購入と同じ方法で会計処理する
	支払対価が受領する財またはサービスの公正価値を上回る場合	公正価値を超える部分は，取引価格の減額とする
	受領する別個の財またはサービスの公正価値を合理的に見積もることができない場合	支払対価の全額を取引価格の減額とする

支払先は必ずしも直接の顧客に限定されない。顧客から企業の財またはサービスを購入する他の当事者に対する支払であっても，顧客に支払われる対価となる。例えば，自動車メーカーが，ディーラーを通して最終消費者に自動車を販売する取引を考える。この場合に，自動車を購入する最終消費者に対して自動車メーカーが支払を行うならば，自動車メーカーはその金額を「顧客に支払われる対価」として会計処理することとなる可能性がある。

また，支払う対価は，現金に限定されず，顧客が債務金額に充当できるクーポンや引換券といったものも含まれる点に留意が必要である（IFRS15.70）。なお，これらが顧客に対して重要な権利を付与するものである場合は，第4章**4**「追加的な財またはサービスに対する顧客のオプション」で解説するガイダン

スが適用され，履行義務として識別すべきことが考えられるため，その要否を検討しなければならない。

顧客に支払われる対価に変動性のある金額が含まれている場合には，第2章 ③ 2「変動対価」に記載の事項を考慮して，取引価格の見積りを行わなければならない（IFRS15.70）。

設例2－12　顧客への支払－取引価格の減額

前提条件

消費財製造業者A社は，小売業者X社に製品を1年間販売する契約を締結した。X社は1年間で少なくとも15,000千円の製品を購入することを確約している。A社は，X社の商品陳列棚をA社の製品のために整える作業の見合いとして，契約開始時にX社に150千円の返金不能の支払を行った。ただし，A社はX社に対して商品陳列棚の使用方法を指図することはできない。

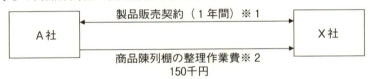

※1　X社は1年間で少なくとも15,000千円の価値の製品を購入することを確約している
※2　A社はX社に対して商品陳列棚の使用方法を指図することはできない

分析

A社は商品陳列棚に対する支配を獲得しないため，X社への支払は別個の財またはサービスとの交換ではないと結論づける。したがって，A社は150千円の支払を取引価格の減額であると判定し，製品の移転について収益を認識するにつれて，支払った対価を取引価格の減額として会計処理する。例えば，最初の月において，企業が契約した額の20％である3,000千円分の製品を顧客に移転した場合には，企業は当該金額から，これに対応する取引価格の減額30千円（150千円×20％）を控除した2,970千円を収益計上する。

4 ステップ4－履行義務への取引価格の配分

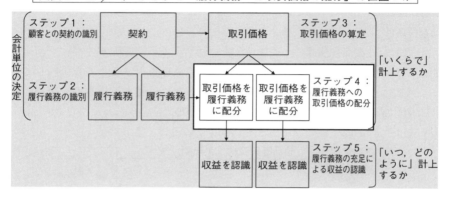

図表2－12 「ステップ4－履行義務への取引価格の配分」の位置づけ

1 履行義務への取引価格の配分

　収益は履行義務単位で認識されるため、契約の中に複数の履行義務が含まれている場合は、契約の取引価格を各履行義務に配分する必要がある。配分の目的は、それぞれの履行義務を、企業が約束した財またはサービスを顧客に移転するのと交換に権利を得ると見込んでいる対価の金額で描写することであり（IFRS15.73）、必ずしも履行義務に配分された取引価格が、契約に定められた金額と一致するとは限らない。IFRS第15号は、各履行義務の基礎となる財またはサービスの契約開始時点における独立販売価格の比率に基づき、取引価格の配分を行うと定めている（IFRS15.74, 76）。

　なお、IFRS第15号は、独立販売価格を以下のように定義している。

独立販売価格（IFRS15.A）
企業が約束した財またはサービスを独立に顧客に販売するであろう価格

第2章 5つのステップ 59

| 2 | 独立販売価格に基づく配分 |

　独立販売価格の最良の証拠（裏付け）となるものは，同様の状況下で同様の顧客に財またはサービスを企業が独立に販売する場合の，当該財またはサービスの観察可能な価格である（☞【Q35】市場で観察可能な価格と独立販売価格，【Q36】複数の独立販売価格が存在する可能性）。財またはサービスについて契約に記載された価格や定価は，当該財またはサービスの独立販売価格である可能性があるが，そうであると推定してはならない（IFRS15.77）（☞【Q37】公表されている価格表の利用，☞【Q38】独立販売価格の合計が契約額を下回る可能性）。

　なお，財またはサービスの独立販売価格は時の経過とともに変動するが，個々の履行義務への取引価格の配分は契約開始時点で行い，その後は，財またはサービスの独立販売価格が変動したとしても，各履行義務へ配分する基礎の見直しは行わない（IFRS15.88）。契約変更の結果，取引価格が変動した場合は，契約の変更における処理のガイダンスに基づいて会計処理が行われる（第2章1　4「契約の変更」参照）。

　取引価格を配分する際に用いる独立販売価格が直接観察できない場合には，図表2－13に示した方法などを用いて，その価格を見積もる必要がある。見積りに際しては，市場の状況，企業固有の要因，顧客に関する情報など，合理的に利用可能な情報をすべて考慮することが求められる（IFRS15.78）。

図表2－13／IFRS第15号における独立販売価格の見積方法の例示（IFRS15.79）

アプローチ	見積方法
調整後市場評価アプローチ	財またはサービスを販売する市場における顧客が，その財またはサービスに支払うであろう金額を見積もる方法。企業の競争相手の価格をもとに，企業固有のコストやマージンを調整して見積もる方法も含まれる。
予想コストにマージンを加算するアプローチ	履行義務の充足に必要なコストを予測し，それに適切なマージンを加算する方法
残余アプローチ	契約に含まれる他の財またはサービスの観察可能な独立販売価格の合計額を，取引価格の総額から控除した額を参照して，独立販

売価格を見積もる方法。次のいずれかに該当する場合にのみ用いることができる。

- 企業が財またはサービスを（同時またはほぼ同時に）異なる顧客に異なる金額で販売しており，その金額幅が大きい。すなわち，代表的な独立販売価格が識別できず価格の変動性が高い。
- 財またはサービスの価格が未だ確立されておらず，かつ過去に独立して販売されたことがない。すなわち，販売価格が不確定である。

Point & 分析	独立販売価格の見積りに係る考慮要素

独立販売価格は，図表2－14の合理的に利用可能な情報を考慮して見積もることとなる。

図表2－14	独立販売価格の見積りにおいて考慮する情報（IFRS15.BC269）

情報	例
合理的に入手可能なデータ	財またはサービスの独立販売価格，財またはサービスを製造または提供するために発生するコスト，利益マージン，価格表，競争相手の価格または業界価格，同一の契約における他の財またはサービスの価格設定
市場の状況	市場の需要，競合他社，市場の制限，製品の認知度，市況
企業固有の要因	価格戦略および目標，市場シェア，契約に複数の財またはサービスが含まれる場合の価格づけの慣行
顧客または顧客層に関する情報	顧客の種類，地理的属性，販売チャネル

(1) 調整後市場評価アプローチ

調整後市場評価アプローチのもとで，どのように独立販売価格を算定するかについて，具体的な規定はないが，図表2－14に記載した情報のうち関連するものについて検討する必要がある。調整後市場評価アプローチについて，IFRS第15号第79項は競争相手の価格を参照する方法を記載しているが，この方法に限られるものではない。例えば，自社の既存製品の廉価版を新発売する場合，既存製品の販売価格をもとに市場の需要，顧客の種類等を加味して見積

もることが考えられる。

(2)　予想コストにマージンを加算するアプローチ

予想コストにマージンを加算するアプローチに係る具体的算定方法は基準上，明らかではないが，当該アプローチにおける，履行義務の充足に必要なコストおよびそれに加算される適切なマージンの算定を，以下のように行うことが考えられる。

①　履行義務の充足に必要なコスト

どのコストを履行義務の充足に必要なコストであるとして，独立販売価格の見積りに含めるべきか判断する際には，コストが契約に直接関連するかどうかを判断する際の例示であるIFRS第15号第97項および第98項を参考にしながら判断を行うことが考えられる。

図表2－15／独立販売価格の見積りにおける予想コストの性質別の判断

見積りに含める直接関連するコスト	見積りに含めないコスト
• 直接労務費（例：従業員の給料） • 直接材料費（例：消耗品） • 契約に直接関連するコストの配分額 　（例：減価償却費や償却費） • 契約に基づいて顧客に明示的に請求可能なコスト • 契約を締結したことだけを理由として発生したその他のコスト 　（例：外注先への支払）	• 一般管理費 　（明示的に請求可能なコストを除く） • 仕損した原材料，労働力または他のコストのうち，契約の価格に反映されなかったもの • すでに充足した履行義務に関連するコスト • 未充足の履行義務に関連するか明確でないコスト

②　加算される適切なマージン

適切なマージンを見積もるうえで，例えば以下のような要素を考慮することが考えられる。以下のうち，いずれか1つが決定的な要素になるわけではなく，各企業の状況によって重視すべき情報は異なる。また，いずれの場合でも，観察可能なインプットを最大限利用することが必要となる。

• 企業の製品またはサービスの種類別の平均利益マージン情報。ただし，例えば，同種の製品であっても，製品の型式によって利益率に相違がある場

合には，型式ごとに異なるマージンを適用する。

- 類似する財またはサービスに関する競合他社の利益マージン情報。企業のマーケットシェア，製品機能性の高低，競合他社のコスト構造等を加味して，必要に応じて調整する。
- 第三者機関または業界団体が公表する平均利益マージン情報。市場の状況や企業特有の事情を加味し，必要に応じて調整する。
- 別個に販売されている財またはサービスに関する企業の価格決定プロセス。当該プロセスによりマージンが決定される方法を，別個に販売されていない財またはサービスのマージンの算定に利用する。

(3) 残余アプローチ

残余アプローチは，１つまたは複数の財またはサービスについて独立販売価格の変動性が高いか，または販売価格が不確実であり，その契約で約束した他の財またはサービスについて観察可能な独立販売価格を見積もることができる場合にのみ，適切となる。

残余アプローチのもとでは，企業は財またはサービスの独立販売価格を，取引価格の総額と，同一の契約に含まれる他の財またはサービスの観察可能な独立販売価格との差額に基づいて見積もる。

企業は残余アプローチを用いて契約に含まれる履行義務の独立販売価格を見積もる際に，例えば次のように，複数の方法を組み合わせて用いることが必要となることがある（☞【Q39】残余アプローチが適切と考えられる場合，【Q40】財またはサービスに配分される対価がゼロになる場合）。

- 独立販売価格の変動性が高いかまたは不確実である約束した複数の財またはサービスの総額の見積りに，残余アプローチを用いる。
- 残余アプローチで算定した複数の財またはサービスの独立販売価格総額の見積りに対して，別の方法を利用して個々の財またはサービスの独立販売価格を見積もる。

設例2－13　独立販売価格の見積り－残余アプローチ

前提条件

ソフトウェアの売手A社は，ライセンスSとライセンスTを3年間使用する権利と，これらのライセンスの両方に関するサポートサービスを提供する契約を締結した。

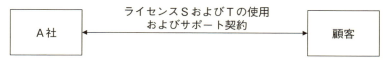

サポートサービスは，それぞれのライセンスについての電話による技術サポートで構成される。A社はこの契約には，ライセンスS，ライセンスSの技術サポート，ライセンスT，ライセンスTの技術サポートの4つの履行義務が含まれていると判定した。個々のライセンスに関する技術サポートの独立販売価格は，別個に販売されているサービスの価格から入手可能であり，12,500千円である。しかし，A社によるライセンスSおよびライセンスTの販売価格は，過去の販売実績データによると，20,000千円から100,000千円と販売価格の変動性が非常に高く，直接観察可能ではないと判断している。また，複数のライセンスをセットにして販売した場合の値引きのレベルは，個々の顧客との交渉に基づくためさまざまである。

分析

A社はまず，販売価格の変動性が高く，独立販売価格を直接観察できない製品の束（ライセンスSおよびライセンスT）について，残余アプローチを用いて独立販売価格の合計額を見積もる。

A社は，ライセンスSの技術サポートおよびライセンスTの技術サポートの独立販売価格に基づきライセンスSおよびライセンスTの独立販売価格合計額を見積もり，この契約に含まれる各履行義務の独立販売価格を以下のように見積もった。

（単位：千円）

製　　品	独立販売価格	アプローチ
ライセンスSとライセンスT	75,000	残余アプローチ（100,000－12,500－12,500）

ライセンスSの技術サポート	12,500	直接観察可能な価格
ライセンスTの技術サポート	12,500	直接観察可能な価格
合計	100,000	

　ライセンスSとライセンスTは，それぞれ別の時点で顧客に移転するため，A社は次に，個々のライセンスの独立販売価格を見積もる。A社は，過年度における各ライセンスの平均販売価格の比率に基づいて75,000千円をライセンスSおよびライセンスTに配分することにより，独立販売価格を以下のように見積もる。

（単位：千円）

製　　品	販売価格の平均	比　率	配分額	計　　算
ライセンスS	40,000	40％	30,000	（75,000×40％）
ライセンスT	60,000	60％	45,000	（75,000×60％）
合計	100,000		75,000	

3　値引きの配分

　複数の財またはサービスが含まれる契約で値引きが行われた場合には，独立販売価格に基づいた配分を行う（IFRS15.81）。ただし，次のすべての要件を満たす場合には，契約に含まれる一部の履行義務のみに値引額を配分する（IFRS15.82）。

　(a)　契約の中の別個の財またはサービス（あるいは別個の財またはサービスの束）のそれぞれを，通常，単独で販売している。

　(b)　当該別個の財またはサービスのうちのいくつかをまとめたものを，それらの個々の独立販売価格の合計よりも値引きして，通常，販売している。

　(c)　(b)の値引きが，契約で提供される値引きとほぼ同額であり，かつ，契約で提供される値引きの全体がどの履行義務に属するのかの観察可能な証拠がある。

　なお，要件に該当し一部の履行義務にのみ値引きを配分する場合で，残余アプローチを使用して残りの財またはサービスの独立販売価格を見積もるときには，企業は残余アプローチを使用する前に値引きの配分を行わなければならな

い（IFRS15.83）。

設例2－14　値引きの配分——部の履行義務への配分を行うケース

前提条件

- 小売業者A社は10千円の製品の購入について1ポイントを顧客に付与するカスタマー・ロイヤルティ・プログラムを有している。ポイントは、顧客が将来A社の製品を購入した時に1ポイント当たり1千円値引きすることで償還される。
- 報告期間において、顧客Xは製品とギフトカードを合計1,200千円で購入した。
- 対価は固定であり、購入物の独立販売価格は1,200千円（製品およびギフトカードについてそれぞれ1,000千円、200千円）である。
- 顧客Xは将来の購入に充当可能なポイントを100ポイント獲得した（ギフトカードの購入にはポイントは付与されない）。
- A社は95％のポイントが償還されると見込んでおり、A社はこの償還の可能性に基づいて、1ポイント当たり950円の独立販売価格を見積もる。
- A社は、ギフトカードとロイヤルティ・ポイント付きの製品のいずれも、日常的に単独で販売している。ギフトカードに支払われる金額は、その独立販売価格に等しい。A社はまた、製品とロイヤルティ・ポイントのセットを、通常、今回の契約と同様の値引き条件で販売している。

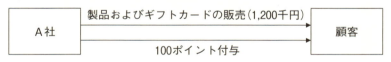

分析

このロイヤルティ・ポイントは顧客Xに、契約を締結しなければ受け取ることができない重要な権利を提供している。したがって、A社は将来においてロイヤルティ・ポイントと交換に、今回の製品とは別の財またはサービスを提供する約束を履行義務として識別する。

独立販売価格の合計1,295千円（製品、ギフトカード、ロイヤルティ・ポイントについて、それぞれ1,000千円、200千円、95千円）は約束した対価1,200千円を超過している。A社はこの値引きを、履行義務のすべてに配分するか、一部に配分するかを決定することが必要となる。

A社は，製品とロイヤルティ・ポイントのセットを通常，今回の契約と同様の値引き条件で販売しているため，A社は値引きのすべてを，製品とロイヤルティ・ポイントを移転する約束にのみ配分し，ギフトカードには配分するべきではないと考えられる。

その結果，A社は取引価格を，製品，ギフトカード，ロイヤルティ・ポイントに以下のように配分する。

(単位：千円)

履行義務	独立販売価格	配分価格	計算
製品	1,000	913	$(1,200 - 200) \times (1,000 \div 1,095)$
ロイヤルティ・ポイント	95	87	$(1,200 - 200) \times (95 \div 1,095)$
ギフトカード	200	200	
合計	1,295	1,200	

4 変動対価の配分

契約の中で約束された変動対価は，以下のいずれかに配分される（IFRS15.84）。

- 契約に含まれる履行義務のすべて
- 契約に含まれる履行義務のうちの1つまたは複数（ただし全部ではない）
  （例：約束した財またはサービスを所定の期間内に移転することを条件とするボーナス）
- 単一の履行義務の一部を構成する一連の別個の財またはサービスにおいて，約束した別個の財またはサービスのうちの1つまたは複数（ただし全部ではない）
  （例：ビル管理契約において，インフレーション指数に連動する清掃サービスの価格の1年ごとの増加）

次の両方の要件を満たす場合には，変動対価の金額（および当該金額のその後の変動）の全体を，契約中の1つの履行義務だけに配分する（IFRS15.85）。

- 変動対価の支払条件が，当該履行義務の充足のためまたは当該別個の財またはサービスを移転するための努力（あるいはそれらの充足または移転か

ら生じる特定の結果）に個別に関連している。
- 契約の中の履行義務および支払条件のすべてを考慮すると，変動対価の金額の全体を，当該履行義務または当該財またはサービスだけに配分することが，変動対価の配分の目的（IFRS15.73）に合致する（第2章 4 1「履行義務への取引価格の配分」参照）。

上記の要件の両方に該当しない残りの変動対価は，第2章 4 2「独立販売価格に基づく配分」の記載のとおり，原則として独立販売価格により配分を行う（IFRS15.86）。

設例2−15　取引ごとに対価が発生する変動対価の各期への配分

前提条件
- A社は，X社に取引処理システムの利用を提供する契約を1年にわたって締結している。
- A社は，1年間にかかる固定手数料として100千円を契約締結時に受領するとともに，取引処理1件につき0.1千円を受領する。
- 顧客の取引処理件数の実績および発生した対価は以下のとおりである。

（単位：千円）

会計期間	処理件数	発生した対価
第1四半期	1,000	100
第2四半期	750	75
第3四半期	1,500	150
第4四半期	1,250	125

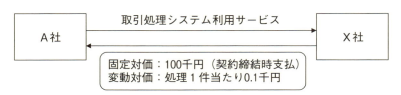

分析
A社は，X社が取引処理システムを利用できるように待機する義務を自社が負っているものと判断した。これは，提供する量はX社の裁量によって決定さ

れ，契約時点で提供するサービスの量は決まっていないため，当該履行義務の性質は，特定の量のサービスを引き渡すことというより，むしろ，一定の期間にわたって単一のサービスを提供できるように待機することであると判断したためである。また，契約期間にわたって，日々提供するサービスはほぼ同一であり，顧客への移転パターンは同一であるため，一連の別個のサービスであると判断した（第2章 2 3「一連の別個の財またはサービス」参照）。

この分析に基づき，A社は固定対価を1年間にわたって期間按分する一方，変動対価については1日当たりの取引処理件数に応じて，日々の待機義務に按分することとした。なぜならば，契約において変動対価は処理された取引件数に比例しており，したがって，その日に企業が権利を得る変動対価は，1日の待機義務を充足した結果に個別に関連しているからである。そのため，固定対価とは異なり，未履行のものを含めた別個の履行義務全体（1年間）に配分することは適切でないと考えられる（IFRS15.BC285）。したがって，当該変動対価はサービスが提供されたそれぞれの日付に配分されるべきであると考えた。

上記の検討の結果，A社は以下のとおり，変動対価および固定手数料を認識することとした。

（単位：千円）

会計期間	固定手数料	変動対価	合計
第1四半期	25	100	125
第2四半期	25	75	100
第3四半期	25	150	175
第4四半期	25	125	150
年間合計	100	450	550

5 取引価格の事後変動

取引価格の事後的な変動（例えば，変動対価の見積りの事後的な変動）は，契約開始時と同じ基礎で契約の中の履行義務に配分する。その際に用いる配分の基礎は，契約開始時の独立販売価格を用いなければならない（第2章 4 2「独立販売価格に基づく配分」参照）。

取引価格の変動のうち，すでに充足されている履行義務に配分された金額は，収益（または収益の減額）として，取引価格が変動した期間に認識する（IFRS15.87〜88）。

なお，第2章 4 4「変動対価の配分」で特定の契約の一部に変動対価を配分した場合には，その事後変動を関連する履行義務にのみ配分する（IFRS15.89）。

契約変更の結果として取引価格が変動した場合には，第2章 1 4「契約の変更」に記載したように会計処理する。ただし，取引価格が契約変更後に変動した場合には，企業は，次のうちどちらか適用可能な方法で取引価格の変動を配分しなければならない（IFRS15.90）。

- 企業は，取引価格の変動が契約変更前に約束された変動対価の金額に起因していて当該契約変更を既存の契約を解約して新契約を締結したかのように会計処理（IFRS15.21(a)）している場合，その範囲で，取引価格の変動を契約変更前に契約の中で識別された履行義務に配分しなければならない。
- 契約変更を独立の契約として会計処理（IFRS15.20）しなかった他のすべての場合においては，企業は取引価格の変動を変更後の契約の中の履行義務（すなわち，契約変更直後に未充足または部分的に未充足であった履行義務）に配分しなければならない。

ステップ5－履行義務の充足による収益の認識

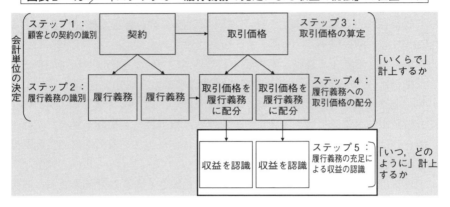

図表2－16　「ステップ5－履行義務の充足による収益の認識」の位置づけ

1　支配の移転と支配の定義

　収益は，約束した財またはサービス（すなわち，資産）を企業が顧客に移転することにより履行義務を充足した時点で（または履行義務を充足するにつれて）認識される。財またはサービスが顧客に移転したか否かは，財またはサービスに対する支配が顧客に移転したか否かで判断することになる(IFRS15.31)。

　ここで，財またはサービスの「支配」とは，財またはサービスの使用を指図し，その財またはサービスからの残りの便益のほとんどすべてを獲得する能力をいい，他の企業が財またはサービスの使用を指図して便益を得ることを妨げる能力も含まれる。また，財またはサービスの便益とは，直接または間接に獲得可能な潜在的キャッシュ・フロー（インフローまたはアウトフローの節減）であり，その便益を獲得する方法として次のような例が挙げられる(IFRS15.33)。

- 財の製造またはサービスの提供のための当該資産の使用
- 他の資産の価値を増大させるための当該資産の使用

第2章　5つのステップ　71

- 負債の決済または費用の低減のための当該資産の使用
- 当該資産の売却または交換
- 借入金の担保とするための当該資産の担保差入れ
- 当該資産の保有

　なお，顧客が資産に対する支配を獲得しているかどうかを評価する際に，企業は，当該資産を買い戻す契約（第4章 **8** 「買戻し契約」参照）を考慮しなければならない（IFRS15.34）。

Point & 分析　**収益認識への支配概念の導入**

　IAS第18号では，収益認識に際して「リスクと経済価値の移転」に着目するアプローチが採られていたが，IFRS第15号では，支配の概念が導入されている。企業はまず，財またはサービスの支配が一定の期間にわたって顧客に移転するか否かを判定する。財またはサービスの支配が顧客に一定の期間にわたって移転するならば，その一定の期間にわたる支配の移転がどのように行われるかを判断する。一方で，一定の期間にわたって移転しないならば，財またはサービスの支配は一時点で顧客に移転すると判断する。IFRS第15号において，顧客がいつ支配を獲得するのかに基づいて財またはサービスの移転を評価することになったことにより，従来のIAS第18号における検討の結果と相違する可能性があり，収益認識のタイミングが従来から大きく変更される可能性がある。IASBは，所有に伴うリスクと経済価値が顧客に移転したか否かを判断するのは容易ではないため，支配に基づくモデルを適用することにより，収益認識の時期に関する決定がより首尾一貫したものとなりうると考えている。

---

2 一定の期間にわたり充足される履行義務（要件）

　第2章 **2** 「ステップ2－履行義務の識別」で識別された履行義務のそれぞれについて，企業は，契約開始時に，次のいずれに該当するかを決定しなければならない（IFRS15.32）。

- 企業が履行義務を一定の期間にわたり充足する（第2章 **5** 3 「一定の期間にわたり充足される履行義務（進捗度の測定）」参照）
- 企業が履行義務を一時点で充足する（第2章 **5** 4 「一時点で充足される履行義務」参照）

まず，履行義務の充足パターンを識別する流れと，それに基づく収益認識のパターンについて概要を解説する。

履行義務の充足パターンの識別においては，図表2－17の3要件に基づいて，履行義務が一定の期間にわたり充足されるのか否かを判断する（IFRS15.35, B2）。

図表2－17 ／ 一定の期間にわたり充足される履行義務の要件

	要　件	想定される取引の例
1	履行につれた便益の享受と消費 企業の履行につれて，履行による便益を顧客が受け取ると同時に消費する。	経常的に，または反復して実施されるサービス（例：清掃サービス）
2	資産の創出と顧客による支配 企業の履行により，資産が創出または増価し，かつ，資産の創出または増価につれて顧客がその資産を支配する。	顧客の敷地内における建物の建設
3	他に転用できる資産の非創出と支払を受ける強制可能な権利 企業の履行により企業にとって他に転用できる資産が創出されず，かつ，現在までに完了した履行に対する支払を受ける強制可能な権利を有する。	企業が完了した履行に対する顧客からの支払いを強制できる，その顧客のみが使用できる特殊仕様の資産の製造

この3要件のいずれかを満たす場合には，一定の期間にわたり支配が移転し，履行義務が充足されるものとして，一定の期間にわたり収益を認識する。一方で，これらの要件のいずれも満たさない場合には，一時点で支配が移転し，履行義務が充足されるものとして，当該時点を決定したうえで，一時に収益を認識する。

なお，履行義務が知的財産のライセンスである場合は，一定の期間にわたり充足するか，一時点で充足するかについて，特別な取扱いがある（第4章7「ライセンス供与」参照）。

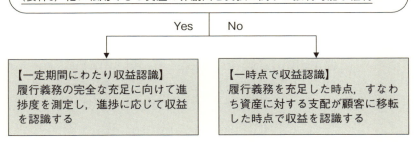

履行義務の充足パターンおよび収益の認識パターンの判定の全体像は上記のとおりであるが、以下では「一定の期間にわたり」履行義務を充足すると判定するかどうかの要件について、より詳細に解説する。

(1) （要件1）履行につれた便益の享受と消費

企業の履行につれて顧客に提供された便益を、顧客が受け取ると同時に消費すると認められる場合には、履行義務が一定の期間にわたり充足されると判断する。

当該要件は、企業の履行を、顧客がただちに消費する典型的なサービス契約を想定した要件である。例えば、顧客の建物を定期的に清掃するサービス契約では、企業が清掃作業を行うにつれて、顧客は企業の清掃により提供された便益をただちに消費していると考えられる（IFRS15.B3）。

この要件の判断に際しては、仮に他の企業が残りの義務を履行するとした場合に、当該他の企業は、企業がそれまでに完了した作業を実質的にやり直す必要があるかを検討する。他の企業が実質的にやり直す必要がない場合には、顧客はそれまでの企業の履行による便益を受け取っていると考えられる。例えば運送サービスを考えた場合、目的地に到達していなくても、中間地点まで運送しており、他の企業が運送サービスを引き継いだと仮定したときに出発地点まで戻す必要がないときには、完了した作業を実質的にやり直す必要はなく、企

業は便益を受け取り，消費していると考えられる（IFRS15.BC126）。なお，この検討に際しては，次の両方を仮定する（IFRS15.B 4 ）。

- 残存する履行義務について，他の企業に移転することを妨げるような契約上，または実務上の制限は無視する。例えば，上述の運送サービスにおいて，契約上または実務上，企業が他の企業に運送サービスを途中で引き継ぐことが許されていなかったとしても，そのような制限は無視して，（要件 1 ）履行につれた便益の享受と消費に該当するか検討する。
- 残存する履行義務を履行する他の企業は，履行義務が移転したとしても，企業が引き続き支配し続ける資産の便益を有しない。例えば，上述の運送サービスにおいて，企業が提供する運送サービスの途中で別の企業に履行義務を引き継ぐ場合，当該別の企業はその時までに企業が完了した運送サービスの便益を有しないと仮定して，（要件 1 ）履行につれた便益の享受と消費に該当するか検討を行う。

(2) （要件 2 ）資産の創出と顧客による支配

　企業の履行によって，顧客が支配する資産が創出されるか増価し，当該資産の創出または増加につれて，顧客がそれを支配する場合には，履行義務が一定の期間にわたり充足されると判断する。当該判断については，企業の履行により増価する資産を，増価につれて顧客が支配するか否かについて，第 2 章 **5** 1 「支配の移転と支配の定義」および，後述第 2 章 **5** 4 「一時点で充足される履行義務」の支配の考え方に照らして判断する。創出または増価される資産は，仕掛工事のように有形資産である場合もあれば，無形資産の場合もありうる（IFRS15.B 5 ）。

　例えば，企業が顧客の土地の上に建物を建設し，顧客が企業の履行につれてその仕掛中の建物に対する支配を有するようなケースが該当する（IFRS15.BC129）。

(3) （要件 3 ）他に転用できる資産の非創出と支払を受ける強制可能な権利

　企業の履行により他に転用できる資産が創出されず，それと同時に，企業が現在までに完了した履行に対する支払を受ける強制可能な権利を有している場合には，履行義務が一定の期間にわたり充足されると判断する。この要件は，

要件2と同様に企業の履行によって資産が創出または増価されるが，その資産を顧客が支配していることが，要件2の場合のように明確ではないケースでの判定に用いられる。例えば，顧客固有の事実および状況に関して専門的意見を提供するコンサルティング・サービスや，高度にカスタマイズされたオーダーメイドの製品を製造する場合には，検討対象となると考えられる（IFRS15.BC132）（☞【Q41】契約によって結論が相違する可能性）。

　この要件の中の「他に転用できる」と「企業がそれまでの履行について支払を受ける強制可能な権利」について，以下のとおり詳細なガイダンスが設けられている。

①　「他に転用できる」の意義

　資産の支配の移転を検討するにあたって，資産の転用可能性を検討する理由は，資産の支配が一定の期間にわたり顧客へ移転しないことが明らかな取引を検討の対象から排除するためである（IFRS15.BC134）。すなわち，顧客と結んだ約束以外に対して転用が可能な資産ならば，容易に顧客以外の第三者に提供されうるため，顧客が当該資産を支配していることにはならないと考えられるからである。ある財が「他に転用できる」ケースの例としては，どの顧客との契約にも転用可能な設備を自社工場で製造するような場合が挙げられる。企業が当該設備を別の顧客向けに使用する自由裁量がある場合には，顧客は当該設備（資産）を支配していないと考えられる。

　企業の履行によって創出される資産は，契約開始時に次のいずれかに該当する場合に，企業が「他に転用できない」ものとされる（IFRS15.36, B6）。

図表2－19／他に転用できるか否かの要件

異なる用途に対する契約	資産の創出または増価の過程で，資産を（契約とは）異なる用途に使用することが容易にはできないよう，契約で制限されている。 契約上の制限は，実質的でなければならない。すなわち，企業が異なる用途に資産を使用しようとした場合に，顧客が当該資産に対する権利を行使してそれを阻止できなければならない（IFRS15.B7）。例えば，企業が土地付きの住宅を開発・販売しており，ある顧客に対して販売した区画と他の顧客に販売した区画を，契約上，顧客らの同意なく代替することができない場合，当該区画に建築された住宅は他に転用できる資産ではない。 他方，顧客が資産の法的所有権を有する場合であっても，それが単に企業の

上の制限	清算が生じたときに顧客を保護することを目的とした防御的な権利を提供するものであって，コストがほとんど生じることもなく物理的に交換して他の顧客に提供できるようなときには，契約上の制限は実質的とはいえない（IFRS15.BC138）。
異なる用途に対する実務上の制限	完成した状態の資産について，（契約とは）異なる用途に使用することが容易にはできないよう，実務上制限されている。 実務上の制約は，完成した状態の資産を（契約とは）異なる用途に使用しようとすると，企業に重大な経済的損失（重大な手直しコストや重大な売却損失が生じるなど）が生じる場合に存在する。設計の仕様が顧客固有である場合や，資産が遠隔地にある場合等，（契約とは）異なる用途で使用することへの実務上の制約がある場合がある（IFRS15.B8）（☞【Q42】他に転用するためにかかるコストの重要性の評価）。 例えば，企業が顧客から要求された特殊仕様の工作機械を製造する場合，当該機械を他の顧客に転用・売却することは禁じられていないが，その際に大幅な手直しが必要となるときは，この重大な手直しコストの発生が実務上の制約に該当するものと考えられ，他に転用できる資産ではない。

なお，他に転用できるか否かの評価は契約開始時に行い，その後は評価を見直してはならない。ただし，契約の当事者が，履行義務を著しく変更するような契約変更を承認した場合（第2章①4「契約の変更」参照）は除く（IFRS15.36）。

② 「完了した履行に対する支払を受ける強制可能な権利」の意義

支配が移転したと判定するには，資産に転用可能性がないことに加えて，企業が契約により約束した義務を履行できなかったこと以外の理由で顧客または他の当事者が契約を解約する場合に，少なくとも企業が現在までに完了した履行に対する補償となる金額に対する強制可能な権利を有しなければならない（IFRS15.37）。

(a) 現在までに完了した履行に対する補償となる金額

この金額は，それまでに移転済みの財またはサービスの販売価格に近似した額を意味する。契約の解約により企業に生じる不都合や潜在的な喪失利益だけを補償するためのものではない点に留意する必要がある。販売価格に近似した額とは，例えば，発生したコストに合理的な利益マージンを加えたものである

とされ，次の金額のいずれかに対する補償でなければならない（IFRS15.B 9 ）。

- 顧客または他の当事者による解約の前の契約に基づく企業の履行の程度を合理的に反映すると見込まれる利益マージンの一定割合
- 契約固有のマージンが，企業が同様の契約から通常生み出すリターンよりも高い場合には，同様の権利についての企業の資本コストに対する合理的なリターン，または同様の契約についての企業の通常の営業マージン

すなわち，この利益マージンは，必ずしも契約マージンではないが，予想される利益マージンの合理的な一定割合または資本コストに対しての合理的なリターンに基づくものであると考えられている。なお，交渉の後に最終的に決済すると見込まれる額ではなく，解約の際に権利を得るであろう金額について，この検討を行う点も留意が必要である（IFRS15.BC144）。

(b) 支払を受ける強制可能な権利

支払を受ける権利は強制可能でなければならない。すなわち，契約が解約された場合（企業による不履行が理由である場合を除く）に，それまでに企業が実施した履行に対する支払を要求する，またはいつでも要求できる状態にする強制可能な権利でなければならない。ただし，当該支払を受ける権利は，支払に対する現在の無条件の権利である必要はない。多くの場合，企業は，合意された達成目標に到達した時点または履行義務を完全に充足した時点ではじめて，支払に対する無条件の権利を有する。そのため，現在までに完了した履行に対する支払を受ける権利を有しているかの評価に関しては，企業が履行義務を果たすことが可能である前提で，契約が完了前に解約された場合に，現在までに完了した履行に対する支払を要求する，またはいつでも要求できる状態にする強制可能な権利を有するかどうかを考慮する必要がある（IFRS15.B10）。

また，強制可能な権利の有無を評価するときに，企業は，契約条件に加え，以下の要因を評価しなければならない（IFRS15.B11 ～ B13）。

図表 2 － 20 ／ 強制可能な権利の有無の評価に考慮する要因

| 契約条項 | • 顧客がその時点で解約する契約上の権利を有していないにもかかわらず，契約の解約に向けて行動する場合，契約条項により，約束した財またはサービスを引き続き移転し，それらと交換に約束された対価を支払うように顧客に要求する権利 |

法令または判例	・契約上は権利について明記されていない場合であっても、法令、実務または判例により権利が企業に与えられることがある。 ・対照的に、判例により、類似する契約において支払を受ける権利に法的拘束力がないことが示される場合がある。また、支払を強制してこなかったという企業の事業慣行により、その法的環境ではその権利を強制できなくなる場合がある。 ・しかしながら、企業が同様の契約で支払を受ける権利を放棄することを選択する場合があるとしても、顧客との契約で、現在までの履行に対する支払を受ける権利が依然として強制可能であるときには、企業は現在までの履行に対する支払に対する権利を引き続き有することになる。
支払スケジュール	・支払スケジュールがあるからといって、企業が必ずしも現在までに完了した履行に対して支払を受ける強制力のある権利を有するとはいえない。

設例2-16 完了した履行に係る支払を受ける強制可能な権利 (IFRS15.BC145)

前提条件

A社は、コンサルティング・サービスを提供する契約を顧客X社との間で締結した。このサービスではX社の固有の事実および状況に基づき、A社が専門的な見解を提供することとなっており、対価は確定しているが、報告書の提出がなければX社は支払を行わない。また、A社が約束したとおりに履行義務を果たしている場合には、仮にX社が途中で理由なく解約したときでも、A社は、現在までに完了した作業について契約に基づきコストに20%のマージンを加算した金額の支払をX社に請求できる。なお、20%のマージンは、他の同様の契約におけるマージンに類似している。

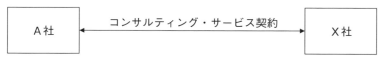

※X社は、A社が報告書を提出した場合に対価の支払を行う
X社が途中で解約した場合であっても、A社が約束どおり履行義務を果たしている場合には、解約時までに完了した作業についてX社に請求できる

第2章 5つのステップ　79

分析

　この設例では，報告書の提出が支払条件であり，かつ，評価時点では報告書は未だ提出されていないため，評価時点においてA社は，支払に対する無条件の権利を有していない。しかし，契約の定めにより，A社は現在までに完了した作業に係るコストに，予想される利益マージンの合理的な一定割合を加算した金額にて，X社に対して支払を強制できるため，支払を受ける強制可能な権利を有すると考えられる。また，前提条件のとおり，A社が提供する専門的な見解は，X社固有の事実および状況に基づいて提供されるものであり，他に転用できる資産とは認められない。したがって，第2章⑤2「一定の期間にわたり充足される履行義務（要件）」に記載の「（要件3）他に転用できる資産の非創出と支払を受ける強制可能な権利」に該当すると考えられ，A社は当該コンサルティング・サービスに関連する収益を一定の期間にわたって認識する。

Point
&
分析

一定の期間にわたり充足される履行義務の判定で用いる仮定の相違

　IFRS第15号第B4項では，一定の期間にわたり充足される履行義務に該当するかを判断する要件の1つである「（要件1）履行につれた便益の享受と消費」に関して，企業が現在までに完了した作業について他の作業が大幅なやり直しをする必要がないかどうかの判断に，契約上の制限または実務上の制限は無視することが求められている。一方で，IFRS第15号第B6項〜第B8項では，「（要件3）他に転用できる資産の非創出と支払を受ける強制可能な権利」に関して，企業の履行により，転用できる資産が創出されないかの判定の際に，契約上の制限または実務上の制限をともに考慮することが求められている。両者の検討における仮定の相違は，矛盾のように思われるが，要件1と要件3の目的は，どのような場合に支配が一定の期間にわたり移転するのかを評価することであり，両者は異なるシナリオに適用されることが想定されているため，契約上の制限および実務上の制約の検討について相違が生じるのである。したがって，これらの差異は適切である（IFRS15.BC139）。

　要件1の検討の際には，他の企業が残りの履行義務を引き継ぐ場合を仮定し，その充足のために，他の企業が何をする必要があるかを検討する必要がある。すなわち，この検討において，実際に企業が契約上の制限や実務上の制約を負っているかどうかを考慮して判定する必要はない。

　対照的に，要件3は契約が履行されたと仮定し，完成した資産を別の用途に向ける企業の能力に焦点を当てている。そのような能力は，契約上の

制限および実務上の制約から直接影響を受けるため，これらを考慮して判定を行う必要がある。

ただし，要件3のもとで企業が支払に対する権利を有するか否か評価する際には，契約の解約に関する企業の権利を考慮する。

図表2-21／契約上の制限および実務上の制約の取扱い

	契約上の制限を考慮するか	実務上の制約を考慮するか	潜在的な解約について考慮するか
他の企業が大幅なやり直しをする必要がないかの判定（要件1）	No	No	Yes
企業の履行により，転用できる資産が創出されないかの判定（要件3）	Yes	Yes	No*

*上記要件3の他の条件である「強制可能な権利の獲得」に関しては潜在的な解約に対する企業の権利を考慮する必要がある。

Point & 分析

インプットとして使用される標準的資材の支払に対する強制可能な権利

他に転用できない財を製造または建設する顧客との契約において，標準的な原材料や部品を，製造または建設される製品へのインプットとして使用することが必要な場合がある。多くのケースでは，それらのインプット（仕掛品を含む）は，顧客の製品に組み込まれるまで，他の製品と交換可能である（すなわち，それらは他に転用できる）。また，標準的なインプットが顧客の製品に組み込まれるまで，企業はこれらに対して支払を受ける強制可能な権利を有しないことが多いが，そのことをもって，契約開始時に「（要件3）他に転用できる資産の非創出と支払を受ける強制可能な権利」が満たされないと判断すべきことにはならない。企業が支払を受ける強制可能な権利を有しているかは完了した履行について評価する。標準的な資材は，製造プロセスに組み込まれた時にはじめて完了した履行の一部となるため，その時点で企業が，支払に対する強制可能な権利を有しているかを検討することが，他に転用できない財を標準的な原材料を用いて製造または建設される顧客との契約において，要件3を満たすかどうかの判断基準となる。

3 一定の期間にわたり充足される履行義務(進捗度の測定)

一定の期間にわたり充足される履行義務については，履行義務の完全な充足に向けた企業の進捗度を測定し，それに基づいて収益を認識する(IFRS15.39)。

進捗度を測定する目的は，顧客への財またはサービスの支配の移転の履行を適切に描写することにあり，この目的と整合する進捗度の測定方法を適用しなければならない（IFRS15.BC159）。また，履行義務のそれぞれについて単一の進捗度の測定方法を適用しなければならず，類似する履行義務および状況について首尾一貫して適用することが求められる（IFRS15.40）。進捗度の測定方法としては，アウトプット法とインプット法が挙げられるが，何が適切であるかは，顧客に移転することを約束した資産の性質により判断することが求められる（IFRS15.41, B14）。

なお，第2章**2**4「履行義務を識別する際の留意点」にて前述したとおり，進捗度の測定方法を適用する際に，企業は，進捗度の算定上，企業が顧客に支配を移転しない財またはサービスを除外しなければならない（IFRS15.42）。

> **Point & 分析　単一の履行義務に適用する進捗度の測定方法**
>
> 企業は同一の履行義務について同一の進捗度の測定方法を適用する必要がある。しかし，単一の履行義務に，さまざまな期間にわたって移転する複数の財またはサービスの約束が含まれる場合に，単一の進捗度を適用することは困難となりうる。例えば，ある履行義務によってライセンスとサービスや，財の販売と設計または据付サービスが結合される場合がこれに該当する。
>
> 状況によっては重要な判断を要求される場合もあり，合理的な測定方法を選択するためには，顧客への約束の包括的な内容を理解することが重要となる。
>
> 単一の進捗度の測定方法を決定するのが困難な場合，企業は履行義務の判定を見直し，別個の履行義務が複数存在しないか，再検討することが必要なことがある。ただし，単一の進捗度の測定方法を識別することが困難だからといって，必ずしも，約束した財またはサービスが単一の履行義務ではないということにはならない。

(1) アウトプット法

アウトプット法とは，契約で約束した財またはサービスの顧客にとっての価

値を直接的に測定して収益認識を行う方法であり，現在までに移転した財またはサービスと残りの財またはサービスとの比率に基づいて行われる（IFRS15.B15）。ここで「顧客にとっての価値」とは，契約における企業の履行の客観的な測定値を指しており，契約で約束した個別の財またはサービスの独立販売価格等を参照することは意図していない点に留意が必要である（IFRS15.BC163）。

図表２－22 ／ アウトプット法の概要

進捗度の測定方法	例　　示	特　　徴
アウトプット法	• 現在までに完了した履行の調査 • 達成した成果の鑑定評価 • 達成したマイルストーン • 引渡単位数または生産単位数 • 経過期間，等	• 顧客に移転した財またはサービスの価値を直接測定するものであるため，概念的には企業の履行の最も忠実な描写である（IFRS15.BC164）。 • アウトプットが直接的に観察できない場合，情報収集に過大なコストが必要となることがある（IFRS15.B17）。 • 請求する権利を有している金額で収益を認識できる簡便法が認められる場合がある（後述）。

　引渡単位法または製造単位法に基づくアウトプット法を適用するに際しては，未だ引渡しまたは製造が完了していないが，顧客にすでに支配されている資産が創出されたときに，企業の履行が適切に描写されない可能性に留意する。これは，引渡単位法または製造単位法が，顧客に属する仕掛品を無視しており，すでに顧客が支配している資産であっても，一定の引渡しまたは製造が完了する前ならば，収益を認識しないことになるためである。したがって，顧客に属する仕掛品が契約または財務諸表全体に重要性がある場合には，これらの方法は認められない（IFRS15.BC165）。

　また，建設，航空宇宙，防衛，請負製造，およびエンジニアリングといった産業において一般的に見られるように，設計と製造の両方を行い，それらが単一の履行義務となっている契約においては，生産されたまたは引き渡された１

つひとつの項目が，顧客に対して等しい価値を移転していない可能性があるため，引渡単位数または製造単位数に基づく方法が適切ではない場合がある（IFRS15.BC166）。

　さらに，マイルストーンに基づくアウトプット法では，履行パターンが適切に描写されない場合がある。例えば，マイルストーンが点在しマイルストーン同士の間が長い場合は特に，履行が忠実に描写されるか否かを検討する必要がある。一般的に，履行義務が一定の期間にわたり充足される場合，支配が一般的に，個々の離散した時点にではなく，企業が履行するにつれて継続的に移転するためである。通常，マイルストーン法に基づく場合には，企業の履行を忠実に描写するために，マイルストーン間の進捗度の測定も併せて行うことが必要となる。なお，一定の期間にわたり充足される履行義務の仕掛品は，まばらな時点でなく，それが生産されるにつれ，その支配が顧客に移転されるため，通常，発生時に費用化される。ただし，他に転用可能な複数の契約で用いられる棚卸資産は，それらが特定の契約に組み込まれるまで，資産として認識する。

> **Point ＆ 分析　簡便法による進捗度の測定**
>
> 　限定されたケースではあるが，簡便法による進捗度の測定も認められる（IFRS15.B16）。その簡便法とは，企業が請求する権利を有している対価の金額で収益を認識する方法であり，企業が請求する権利を有する対価の額が，企業が現在までに完了した履行に直接対応する場合に認められる。例えば，サービスの提供において時間当たり固定単価が定められているようなケースが挙げられる（IFRS15.BC167）。

(2)　インプット法

　インプット法とは，契約で約束した財またはサービスを移転するために企業が投入したインプット（発生したコスト等）が，履行義務の充足に必要と予想されるインプット合計に占める割合に基づいて収益認識を行う方法をいう（IFRS15.B18）。

84

図表2－23 ／ インプット法の概要

進捗度の測定方法	例　　示	特　　徴
インプット法	・発生したコスト ・投入した労働時間 ・機械使用時間 ・経過期間，等	・アウトプット法に比して低コストで，進捗度の測定のための合理的な数値を提供する可能性がある（IFRS15.BC164）。 ・契約の価格に反映されていなかった仕損コストなど，財またはサービスの移転を描写しない企業のインプットの影響を除外する必要がある（後述）。 ・インプットが均等に費消される場合には，収益を定額で認識することが適切となることがある（IFRS15.B18）。

　インプット法を採用した場合，インプットの発生と，資産に対する支配の顧客への移転との間に直接的な関係がないために，インプットの発生をそのまま使用して進捗度を測定すると，財またはサービスの移転の適切な描写とならないことがある。そのような場合には，企業の履行義務の充足を描写しないものの影響を除外することが求められる。これは，次のような場合である（IFRS15. B19）。

- コストの発生が，履行義務の充足における企業の進捗度に寄与しない。例えば，天災によって発生した原材料や労働時間等のコストは，想定外の要因から生じた重大な非効率によるコストと考えられ，進捗度に寄与しないため進捗度の測定上インプットから除外することが必要と考えられる。
- コストの発生が，履行義務の充足における企業の進捗度に比例しない。例えば，契約開始時に次の条件のすべてが満たされると見込んでいる場合には，財のコストが発生した範囲で収益を認識することで，履行義務の充足を適切に描写できる可能性がある。

　✓　履行義務の識別において，財は別個のものではない。

　✓　顧客が，財に関連するサービスを受け取るより相当前にその財に対する支配を獲得すると見込まれる。

　✓　移転した財のコストの予想総コストに占める割合が重大である。

　✓　企業は，財を第三者から本人として（代理人としてではなく）調達しており，その財の設計や製造に深く関わっていない。

設例2－17　コストの発生が履行義務の充足における企業の進捗度に比例しないケース

前提条件

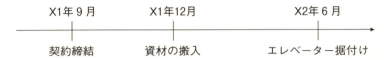

- A社（12月決算）は，X1年9月に顧客であるB社が所有する建物の改装（エレベーターの新設を含む）契約を締結する。改装サービス（エレベーターの設置を含む）は，一定の期間にわたり充足される単一の履行義務であると判断されている。
- 対価は13百万円である。総原価は8百万円と見込まれており，その内訳はエレベーターが5百万円，その他の原価が3百万円である。
- X1年10月に，A社はエレベーターを第三者であるC社に発注し，11月にエレベーターの支配を獲得した（A社は，顧客の代理人ではなく本人と判断されている）。X1年12月にA社はエレベーターをB社建物に搬入する。その時点で顧客であるB社はエレベーターの支配を獲得するが，エレベーターの設置はX2年6月までなされない。
- エレベーターの調達原価（5百万円）は，履行義務を完全に充足するための合計予想原価（8百万円）の重要な割合を占める。A社はエレベーターの設計や製造には関与しない。
- A社は，進捗度の測定方法として発生原価に基づくインプット法を使用する。

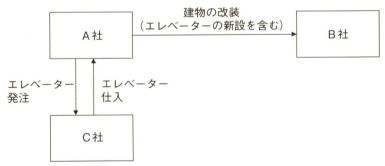

分析

　A社は，エレベーターの調達に係るコストの発生が，建物を改装するという

履行義務を充足する際の進捗度に比例するか評価する。その結果，X１年11月に発生したエレベーターの調達に係るコストの発生を進捗度の測定値に含めると，履行の程度を過大に測定することになると判断する。したがって，A社は進捗度の測定のインプットからエレベーターの原価を除外する。

X１年12月末におけるA社における原価の発生状況は後述のとおりである。

取引価格	13,000,000
予想原価の合計	8,000,000
エレベーター	5,000,000
その他の原価	3,000,000
発生原価の合計	
エレベーター	5,000,000
その他の原価	300,000

A社は，次のように収益を認識した。

エレベーターに関連する収益	5,000,000(*1)
その他に関連する収益	800,000(*2)

＊１ エレベーターの搬入に係る収益は，原価と同額の収益を認識する。

＊２ エレベーターを除いた，その他の収益は次のように算定される。

進捗率　発生原価300,000÷予想原価3,000,000＝10％

その他に関連する収益（13,000,000－5,000,000）×進捗率10％＝800,000

Point & 分析　**未据付資材に係るマージンの認識のタイミングおよびパターン**

企業が据付けを行う前に顧客が財に対する支配を獲得する場合がある。その場合には，その財に係るマージンを受け取る権利を有し，それらが契約条項において明確に識別されていたり，または包括的な取引価格の一部であることがある。IFRS第15号では，そのようなマージンの認識の時期（すなわち，資材が据え付けられた時点で認識するのか，または契約に残存する履行義務についての収益認識の算定に組み込むのか）や，インプットのコストに基づく進捗度の測定方法を用いる場合に，当該コストが進捗度の算定上除外されるのかどうかについて，明確なガイダンスはない。

IASBは，財が据え付けられる前に契約全体の利益マージンを認識すると，企業の履行が過大に測定され，結果として収益が過大となる可能性が

あると考えている。しかしながら，契約全体の利益マージンと異なる利益マージンの見積りを企業に求めるのは複雑であり，事実上別個でない財について新たに履行義務を創出する結果となる可能性があり，その結果，履行義務の識別に関する規定を無視することになる。

そのため，IASBは，所定の状況においては，企業はその財の移転について収益を認識すべきであるが，その財のコストと同額でのみ認識すべきであると決定した。そして，そうした状況では，企業は，原価比例の方法論と整合するように，原価比例法の計算からその財のコストも除外すべきであるとされている（IFRS15.BC171）。

また，発生原価に基づくインプット法により進捗度を測定した場合の未据付け資材についての取扱いは，通常，建設工事契約に含まれる財のグループへの適用が意図されている。すなわち，契約全体に占める相対的なコストが大きい財について，企業が単純な調達サービスを顧客に提供している場合にのみ適用されることが意図されているのである（IFRS15.BC172）。

なお，顧客が財に関連するサービスを受け取る前にその財に対する支配を獲得するケースで，その期間がどれくらい長い場合に上記の考えに基づいて進捗度を見積もるか決定するにあたっては判断が要求される。例えば，上記の【設例2-17】において，エレベーターがX2年6月ではなくX2年2月に据え付けられると見込まれる場合，すなわち，顧客が財に対する支配を獲得してほどなく財に関連するサービスを受け取る場合に，同じガイダンスが適用されるかは不明確である。

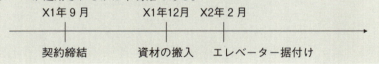

(3) 進捗度の見直し

時の経過とともに状況が変化するに従い，企業は，履行義務の結果の変動を反映するために，進捗度の測定値を見直さなければならない。企業の進捗度の測定値のこうした変更は，IAS第8号「会計方針，会計上の見積りの変更および誤謬」に従って，会計上の見積りの変更として会計処理しなければならない（IFRS15.43）。

(4) 合理的な進捗度の測定ができない場合

合理性のある測定に必要な情報が不足しているために，進捗度を合理的に測定できない場合であっても，履行義務を充足するために発生したコストを回収

できると見込んでいるときには，合理的に測定できるようになるまで，発生したコストの範囲でのみ収益を認識する（IFRS15.45）。一方で，進捗度を合理的に測定できないうえに，履行義務を充足するために発生したコストを回収できると見込まれない場合には，収益は認識されない。

Point & 分析　契約識別前の履行義務の一部充足

企業は以下の時点の前に履行を開始する場合がある。

- 顧客との契約を締結する前
- 顧客との契約が「ステップ１：契約の識別」の要件を満たす前（例：回収可能性が高くない場合）

これらのケースで，履行義務が一定の期間にわたって収益を認識するための要件を満たす場合は，企業は，ステップ１の要件を満たした時点で累積キャッチアップの調整を認識する。すなわち，ステップ１の要件を満たした時点で，その時点における履行義務の完全な充足に向けた進捗度に基づくあるべき収益累積額を一時に認識する。これは，IFRS第15号において，一定の期間にわたり充足される履行義務については，その時点で履行義務の完全な充足に対してどの程度完了しているかを表すように，進捗度に基づいて収益を認識するためである。すなわち，企業が履行義務の一部をすでに充足しているため，当該履行を反映するように収益を認識する。

例えば，不動産開発業者が顧客に，20％完成した時点でマンションを販売し，その契約が収益を一定の期間にわたって認識する要件を満たす場合，その不動産開発業者は契約締結日にその契約の収益の20％を認識する。

さらに，契約が存在する前に発生した履行コストで，他のIFRS（例：IAS第２号「棚卸資産」）の適用範囲に含まれないものが，資産化の要件（第３章**2**「契約履行コスト」参照）を満たす場合には，予測される契約を履行するためのコストとして資産化する。これらのコストが，現在までに顧客に移転したとみなされている財またはサービスについての同日までの進捗に関連する場合は，契約がステップ１の要件を満たした時点で，現在までの進捗に応じた金額を即時に費用処理する。

4　一時点で充足される履行義務

一定の期間にわたり充足される履行義務に該当しない履行義務は，一時点で充足される履行義務である。一時点で充足される履行義務については，財またはサービスの支配が顧客に移転した時点を判断し，その時点で収益を認識する。すなわち，顧客が，財またはサービスの使用を指図し，その財またはサー

ビスからの残りの便益のほとんどすべてを獲得する能力を得た時点で収益を認識することとなる。支配が移転したことを示す指標としては、次のものが挙げられる（IFRS15.38）。

- 企業が資産（契約で移転することを約束した財またはサービス）について支払を受ける現在の権利を有している。
- 顧客が資産の法的所有権を有している。
- 企業が資産の物理的占有を移転した。
- 顧客が資産の所有に伴う重要なリスクと経済価値を有している。
- 顧客が資産を検収した。

これらの指標間に優先順位はなく、また、これらの指標の1つに該当したとしても、そのことをもってただちに支配が移転していると結論づけることは適切ではない。また、これらの指標をすべて満たさなければ支配が移転しないということでもない。これらは、支配を有している場合に存在することが多い要因であり（IFRS15.BC155）、契約内容や財の性質によっては、特定の指標が機能しないこともある。例えば、支払を受ける権利を有しているからといって、債権保護の観点からあえて資産の法的所有権を顧客に移転していない場合には、法的所有権が移転していないことを理由として支配が移転していないと判断することが適切でない可能性がある。また、買戻し条件付売買や、委託販売契約において、顧客が財を物理的に占有していることは、顧客が財を支配していることを必ずしも示していないと考えられる。

IFRS第15号の適用指針のうち、一時点で充足される履行義務の会計処理に関連する次のガイダンスについては、以下のセクションで詳しく解説している。

- 買戻し契約（第4章 **8** 参照）
- 委託販売契約（第4章 **9** 参照）
- 請求済未出荷契約（第4章 **10** 参照）
- 顧客による検収（第4章 **11** 参照）

第3章

契約コスト

本章のまとめ

　IFRS第15号は，契約に関連するコストについても，会計処理および開示を規定している。契約コストは，契約獲得の増分コストと契約履行コストに分類され，それぞれについて，会計処理を規定しているが，特に契約履行コストの性質は多岐にわたり，IAS第2号「棚卸資産」やIAS第16号「有形固定資産」といった他のIFRSの適用範囲に含まれるものも多い。したがって，IFRS第15号の適用範囲かどうかを判断する際には，まず他のIFRSの範囲に含まれるかを判断した後，該当がなければIFRS第15号の範囲に含まれるかを検討する。その後，資産計上された契約コストは，IFRS第15号に従って，償却および減損の検討を行うことが求められる。

1 契約獲得の増分コスト

　契約獲得の増分コストとは、顧客との契約を獲得するために企業に発生したコストであり、企業が顧客との契約を獲得していなければ発生しなかったであろうものである。例えば、顧客との契約が成約した時点で企業が代理店に支払う販売手数料などが挙げられる（IFRS15.92）（☞【Q43】累積的な契約獲得目標の達成時のみに支払われる販売手数料、【Q44】契約変更や契約更新時に支払われる手数料）。

　契約を獲得したか否かにかかわらず発生するコスト（例えば、契約を獲得しなくても発生する入札コスト）は、それを顧客に明示的に請求できる場合を除き、資産として認識できない（IFRS15.93）。

　契約獲得の増分コストは、原則、回収可能と見込まれる場合に資産として認識しなければならないが（IFRS15.91）、資産として認識した場合に適用すべき資産の償却期間（第3章 **3** 「契約コストの償却と減損」参照）が1年以内であるときは、実務上の簡便法として、発生時に費用処理することも認められる（IFRS15.94）。この適用に際しては、以下の点に留意が必要である（☞【Q45】簡便法の適用可否を判断する期間の起算日）。

- 将来に更新が予想される場合、簡便法の適用可否の判断に際しては、更新が予想される契約期間も考慮して償却期間を決定する必要がある。例えば、ケーブルテレビ企業が、当初の契約期間1年間の顧客との契約を獲得する際に増分コストが発生したとき、顧客のうち多くが当初の契約期間末に契約を更新する場合には、企業は簡便法を適用できず、原則どおりに、償却期間を決定しなければならない。
- 簡便法は、選択適用するレベルが関連するIFRSで明記されていない他の会計方針の選択と同様に、その事業単位やセグメントのすべてを含めた企業全体に対して適用される。
- 簡便法を適用できるか否かは契約ごとに評価する。契約に複数の履行義務が含まれ、そのうちの1つまたは複数が1年を超えて充足される予定であ

る場合，簡便法は通常適用されない。

設例3－1　契約を獲得するために発生するコスト

　コンサルティング企業A社は，顧客にコンサルティング・サービスを提供する。A社は競争入札に参加し，新規の顧客にコンサルティング・サービスを提供する契約を獲得する。

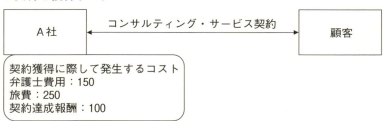

　契約を獲得する際に，A社には次のコストが発生する。

（単位：千円）

デュー・デリジェンスのための外部の弁護士費用	150
プレゼンテーションのための旅費	250
営業担当者に対する契約達成報酬	100
発生コストの総額	500

　営業担当者に対する契約達成報酬は，契約を獲得した場合にのみ支払義務が生じるため，契約を獲得するための増分コストである。したがって，回収可能であることを条件として，A社は営業担当者に対する契約達成報酬100千円について資産を認識する。

　対照的に，外部の弁護士費用および旅費は増分コストであるが，契約を獲得しようとする努力に関連するコストであり，契約が獲得されない場合であっても発生するものである。そのため，弁護士費用および旅費についてA社は発生時に費用として認識する。

| Point
&
分析 | 将来の契約コストの資産計上とその支払の負債計上 |

　顧客と結んだ契約に関して，契約時において，将来における追加的な手数料の支払が取り決められたり，当初の手数料金額が調整される場合がある。例えば，契約更新のために支払う手数料や契約変更に伴って生じる手数料である。企業は，これらに関して，負債の発生時期と，当該手数料を資産化するか否かおよびその金額を決定するために，取決めによって強制可能な権利および義務が創出されるか否かを考慮する。

　例えば，企業が自社の販売員に対し，2年間解約不能の契約の締結時に100千円の手数料を支払い，顧客が2年後にその契約を更新する場合に企業は販売員に対し，さらに100千円の手数料を支払う取決めのとき，企業は契約開始時には通常，当初の手数料である100千円のみ資産化し，契約更新時の手数料については，2回目の手数料の支払が現在の債務となるまで，当該債務を見越し計上しない。これは，当初の契約開始時には，最初の2年間の契約期間についてのみ，強制可能な顧客の権利および企業の義務が創出されるためである。

　一方で，2年間解約不能の契約の開始時に企業が自社の販売員に対し100千円の手数料を支払い，1年後に追加的に100千円の手数料を支払うことに合意する場合，2回目の支払100千円も企業にとっては現在の債務であると考えられ，最初の2年間に創出される強制可能な権利および義務は，2回目の支払も含めた200千円と考えられる。そのため，この場合には，企業は契約開始時に通常，2回目の支払100千円を負債として見越し計上するとともに，これを含めた手数料200千円を資産計上する。

第3章 契約コスト 95

2 契約履行コスト

　顧客との契約を履行するためには，さまざまなコストが発生する。こうした契約を履行するためのコストは，IAS第2号「棚卸資産」，IAS第16号「有形固定資産」やIAS第38号「無形資産」等の他の適用範囲に含まれ，当該IFRSに従って会計処理されることが多いと考えられる。しかしながら，当該IFRSに含まれない場合でも，次のすべての要件を満たすときには，そのコストは将来に履行義務の充足に使用される資源を生じさせ，かつ，回収が見込まれるものであるため，資産の定義を満たしているものとして，IFRS第15号のもとで資産として認識する（IFRS15.95,BC308）。

- 当該コストが契約（または企業が特定できる予想される契約）に直接関連している。
- 当該コストが将来において履行義務の充足に使用される企業の資源を創出または増価する。
- 当該コストの回収が見込まれる。

　以下の表は，特定の要件を満たす場合に資産化されるコストと，費用処理されるコストの例である（IFRS15.97〜98）。

図表3−1 ／ 資産化するコストと費用処理するコストの例示

他の要件を満たす場合に 資産化する直接コスト	発生時に費用処理するコスト
• 直接労務費（例：従業員の給料） • 直接材料費（例：消耗品） • 契約に直接関連するコストの配分額（例：減価償却費や償却費） • 契約に基づいて顧客に明示的に請求可能なコスト • 契約を締結したことだけを理由として	• 一般管理費 　（明示的に請求可能なコストを除く） • 仕損した原材料，労働力または他のコストのうち，契約の価格に反映されなかったもの • すでに充足した履行義務に関連するコスト

発生したその他のコスト（例：外注先への支払）	・未充足の履行義務に関連するか明確でないコスト

　なお，前述①「契約獲得の増分コスト」においては，認識するはずの資産の償却期間が1年以内の場合には，当該増分コストを発生時の費用として認識することができる旨が記載されているが，この契約履行コストについては，そのような簡便法が存在しないことに留意が必要である。

設例3－2　契約を履行するために発生する初期コスト

前提条件

　データ管理サービス企業A社は，新たにITデータセンターを構築し，A社のデータを固定の月額手数料で5年間管理する契約を締結した。サービスを提供する前に，A社はX社のデータを移行しテストするための技術基盤を設計し構築する。この技術基盤はX社に移転せず，別個の履行義務とはならない。この技術基盤を確立するために発生する当初のコストは以下のとおりである。

（単位：千円）

項目	金額
データセンターの設計	400
ハードウェアおよびソフトウェア	2,100
移行およびテスト	1,000
合計	3,500

※技術基盤はX社に移転しない

分析

　上記の初期コストは，主に契約を履行する活動に関連するが，財またはサービスを顧客に移転するものではない。したがって，A社はこれらのコストを関

第3章　契約コスト　97

連するIFRSの有無に応じて，以下のとおり会計処理する。

コストの種類	会計上の取扱い
ハードウェア	有形固定資産に関するIFRSに基づき会計処理する。
ソフトウェア	無形資産に関するIFRSに基づき会計処理する。
データセンターの設計，移行，テスト	IFRS第15号に基づき資産化する。理由は以下のとおり。 • 契約に直接関連している。 • 将来において履行義務を充足するのに使用される企業の資源を創出または増価させる。 • 5年間の契約期間にわたって回収されると見込まれる。

　当初認識後，資産化されたハードウェアおよびソフトウェアのコストは，他の適用可能なIFRSに従って測定する。IFRS第15号に従い資産化されるコストは，IFRS第15号の費用化（償却および減損）に関する規定の対象となる（第3章**3**「契約コストの償却と減損」参照）。

Point & 分析	**取引価格の上限を超過するコスト**

　取引から得られる収益，または履行義務に配分する取引価格が，顧客に移転する財の原価よりも低い金額に制限されることにより，契約の初期に損失が生じる場合がある。このような場合は，他のガイダンスで繰延べを要求していない限り，その初期の損失を繰り延べることは適切ではない。

　例えば，企業が原価100千円の財を120千円で販売するが，将来，値引きが行われるリスクがある場合を想定する。企業は，この契約は不利なものではなく，損失の見越し計上は他の適用されるガイダンスのもとで要求されないと判定した。また，企業は変動対価について検討した結果，取引価格を下げて，90千円の収益については重大な戻入れが生じない可能性が非常に高いと結論づけた。その結果，支配の移転時に，企業は90千円の収益と100千円の原価を認識する。変動対価に伴う不確実性が解消されるまで，この初期の損失が認識されることになる（変動対価および収益認識累計額の制限に関する説明は第2章**3**2「変動対価」を参照）。

| Point & 分析 | **不利な契約に関するガイダンス** |

　従来IAS第11号において，予想される契約損失は，予想される契約コストを参照して識別されていた。しかし，IFRS第15号には不利な契約に関するガイダンスが含まれていないため，IAS第37号の不利な契約に関するガイダンスを適用することとなる（IFRS15.BC296, IAS37.5(g)）。

　なお，IAS第11号では，通常，予想される契約コストの測定金額は，契約を履行するためのコストの全額とされていた（例：帰属可能な間接費を含む）。一方で，IAS第37号においては，不利な契約の識別および要求される引当金の測定に際して，義務を履行するための「不可避的なコスト」を検討することが求められているが，「不可避的なコスト」という文言の意味について，「契約から解放されるための最小の正味コスト」（すなわち，契約履行のコストと契約不履行により発生する補償または違約金のいずれか低いほう）を反映するとした以外の説明はなく，解釈の余地が残っている。

　この不可避的なコストの測定方法について，2017年6月のIFRS解釈指針委員会において，契約が存在するために企業が回避できないコスト（例：契約完了のために発生する一般的費用）を測定するのか，契約がなかった場合には発生しないであろうコスト（例：増分費用）を測定するのかの議論が行われた。その結果，すべての契約に一貫して適用するならば，どちらも認められる旨が暫定的に決定された。しかし，2017年9月のIFRS解釈指針委員会において，この問題に対処するための限定的な基準設定の可能性について調査を行うことが決定されており，今後も動向を注視する必要がある。

第3章 契約コスト 99

3 契約コストの償却と減損

　資産計上した契約コストは，関連する財またはサービスの顧客への移転に合わせて規則的に償却される（☞【Q46】契約コストの償却費の計上区分）。これには，既存の契約に含まれる財またはサービスのみならず，特定の契約に基づいて移転することが予想されるようになった財またはサービスも含まれる（IFRS15.99）。例えば，既存の契約の更新により提供されることが予想される財またはサービスの場合には，予想される提供パターンも考慮のうえで償却を検討する（☞【Q47】反復的に支払われる手数料の償却期間，【Q48】複数の履行義務に関連する契約コストの償却）。

　また，関連する財またはサービスの移転時期に重大な変化がある場合には，資産計上した契約コストの償却方法についてIAS第8号に従い会計上の見積りの変更を検討する（IFRS15.100）。

　なお，当該資産の帳簿価額が以下の(a)から(b)を控除した金額を上回る場合，すなわち契約コストのうち回収可能と考えられる価額を上回る場合，その超過額の範囲で減損損失として純損益に認識する必要がある（IFRS15.101）（☞【Q49】契約コストの減損テストにおける具体的な予想される契約の取扱い，【Q50】減損テストにおいて考慮する将来キャッシュ・フローの範囲，【Q51】減損の評価におけるポートフォリオ・アプローチの適用）。

(a) 当該資産が関連する財またはサービスと交換に企業が受け取ると見込む対価の残額

(b) まだ費用として認識されていない，当該財またはサービスの提供に直接関連するコスト

　なお，(a)において対価の金額を算定する際には，ステップ3の取引価格の算定に関する原則を利用し，顧客の信用リスクの影響を反映することが求められているが，このうち，変動対価の見積りの制限に関するガイダンスは適用されない（IFRS15.102）。

　第91項および第95項に基づき資産計上した契約コストについて減損を認識す

る前に，契約に関連する資産のうち他のIFRS（例えば，IAS第2号「棚卸資産」，IAS第16号「有形固定資産」およびIAS第38号「無形資産」）に従って認識した資産について減損損失があればすべて認識しておく必要がある（IFRS15.103）。

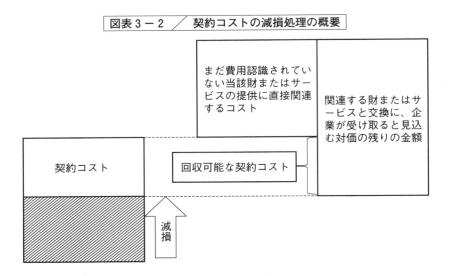

減損の状況が存在しなくなった場合は，減損損失を認識しなかったと仮定した場合の（償却後の）金額を上限として，戻入れを行う（IFRS15.104）。

また，資産として認識された契約コストは，IAS第36号の適用に際し資金生成単位に含めて検討する（IFRS15.103）。

第4章

適用上の論点

本章のまとめ

　第3章までは，IFRS第15号の根幹となる基準本文や用語の定義を示している付録Aを中心に解説をしてきた。IFRS第15号には，基準本文や付録A以外にもいくつかのセクションが含まれているが，次に理解しておくべきは，適用にあたっての実務上の論点を明確にしている付録Bの適用指針であろう。本章では付録Bが提供するそれぞれのガイダンスの内容を解説する。

　IFRS第15号の付録Bには，IFRS第15号の規定をさらに説明するためのガイダンスや特定の取引にどのように適用すべきかに関するガイダンスが14個含まれている。以下では，これらの適用指針について解説を行う。なお，一部の適用指針は他の章において解説しているので下表を参照されたい。

適用指針の項目	パラグラフ	記載箇所
一定の期間にわたり充足される履行義務	IFRS15.B2〜 B13	第2章**5**2
履行義務の完全な充足に向けての進捗度を測定するための方法	IFRS15.B14〜 B19	第2章**5**3
返品権付きの販売	IFRS15.B20〜 B27	本章**1**
製品保証	IFRS15.B28〜 B33	本章**2**
本人なのか代理人なのかの検討	IFRS15.B34〜 B38	本章**3**
追加的な財またはサービスに対する顧客のオプション	IFRS15.B39〜 B43	本章**4**
顧客の未行使の権利	IFRS15.B44〜 B47	本章**5**
返金不能の前払報酬（および一部の関連するコスト）	IFRS15.B48〜 B51	本章**6**
ライセンス供与	IFRS15.B52〜 B63B	本章**7**
買戻し契約	IFRS15.B64〜 B76	本章**8**
委託販売契約	IFRS15.B77〜 B78	本章**9**
請求済未出荷契約	IFRS15.B79〜 B82	本章**10**
顧客による検収	IFRS15.B83〜 B86	本章**11**
分解した収益の開示	IFRS15.B87〜 B89	第5章**2**1

返品権付きの販売

 企業が製品の支配を顧客に移転した後に，製品の返品と次のいずれか（あるいは組み合わせ）を受ける権利を顧客に対して付与する場合がある（IFRS15.B20）。
 (a) 支払った対価の全額または一部の返金
 (b) 企業に対して負っているかまたは負う予定の金額に適用できる値引き
 (c) 別の製品への交換

 このような場合に，企業が顧客に移転した製品のうち，返品が見込まれる部分については，権利を得ると見込まれる対価が生じないため，支配を移転した時点で収益を認識せず，受け取った（または受け取る）対価は返金負債として認識する。

 企業が権利を得ると見込まれる対価の見積りには，変動対価の見積りおよび収益認識累計額の制限に関するガイダンス（第2章 3 「ステップ3－取引価格の算定」参照）を適用する。

 また，企業は，返金負債の決済時に顧客から製品を回収する権利を有しているため，これを資産として認識し，対応する売上原価を調整する（IFRS15.B21, B23）。この資産は，製品の従前の帳簿価額からその製品の回収予想コスト（企業にとっての価値の潜在的な下落を含む）を控除した額を参照して当初の測定を行い，返金負債とは区分して表示しなければならない（IFRS15.B25）。

 その後の各報告期間末において，返金見込額および企業が回収すると見込まれる資産の金額の見直しを行うことが求められるが，返金見込額の調整は返金負債の測定に反映させるとともに収益または収益の減額とし，資産回収見込額の調整は資産の測定に反映させるとともに売上原価または売上原価の減額として認識する（IFRS15.B24～B25）。

 これらをまとめると以下のとおりとなる（☞【Q52】返金する可能性がある対価の債権計上）。

第4章　適用上の論点　103

| 図表4－1 / 返品権付きの販売における各項目の測定方法 |
項　　目	測　　定
収益	取引価格の総額から，（変動対価の見積りおよび収益認識累計額の制限に関するガイダンスを用いて算定した）返品見込額を控除して測定する
返金負債	返金見込額で測定する（すなわち，受け取った（または受け取る）金額と上記により測定した収益との差額）
資産（返品が見込まれる製品）	返品されると見込まれる製品の帳簿価額から予測される回収コストを控除して測定する
販売した財の原価	販売した製品の帳簿価額から上記により測定した資産の金額を控除して測定する
棚卸資産の減額	顧客に移転した製品の帳簿価額で減額する

　なお，返品権付きの販売であっても，例えば色の交換等，同じ種類，品質，状態および価格の別の製品と交換する場合は，IFRS第15号における返品として取り扱われない（IFRS15.B26）。また，購入した製品に欠陥があった場合に正常品と交換できる契約については，後述 **2**「製品保証」で解説するガイダンスに従う（IFRS15.B27）。

設例4－1　返品権付きの販売

前提条件

- A社は，20X1年3月15日に製品を1個当たり30千円で10,000人の顧客に販売し，合計で現金300,000千円を受領した。
- この販売契約では，4月15日までであれば，製品（正常品）をA社に返品し，全額を現金で返金してもらうことができる。
- A社は，返品されると見込みまれる金額を見積もる際に，500人が返品すると見積もった。
- 製品1個当たりの原価は12千円である。
- A社は，製品の回収コストは重要性がないと見積もり，返品された製品は利益が出るように再販売できると予想している。
- 3月末において，200人が返品した。A社は，その後の返品について期待値

で見積もった結果，100人と考えている。

※顧客は販売後1か月間，製品を返品し，全額を現金で返金してもらうことができる

> [分析]
> このケースでは，販売した10,000個のうち500個については返品が見込まれていることから，A社は受け取った対価のうち返品が見込まれる部分については，収益を認識せず，代わりに返金負債として認識する必要がある。なお，残りの9,500個に対して受領する対価については，不確実性が解消した時に重大な収益の戻入れが起こらない可能性が非常に高いと判断しているものとする。

- 20X1年3月15日　製品の販売時　　　　　　　　　　　　（単位：千円）

（借）現金および預金	300,000	（貸）収益	285,000	*1
		（貸）返金負債	15,000	*2

*1　30千円×(10,000−500)個＝285,000千円
*2　30千円×500個＝15,000千円

また，このケースでは，10,000個販売した製品のうちの500個について返品が見込まれていることから，売上原価として認識されるのは，9,500個分のみである。残りの500個については，顧客から製品を回収する権利を資産として認識する。

（借）売上原価	114,000	*3	（貸）棚卸資産	120,000
（借）返品資産	6,000	*4		

*3　12千円×(10,000−500)個＝114,000千円
*4　12千円×500個＝6,000千円

- 20X1年3月末において　200人から返品が行われた。

（借）返金負債	6,000	（貸）現金および預金	6,000
（借）棚卸資産	2,400	（貸）返品資産	2,400

第4章　適用上の論点　105

• 20X1年3月末において報告期間末における返金負債の見直しを行う。見直し前における返金負債の残高は30千円×300人＝9,000千円，回収する権利として認識した資産の残高は12千円×300人＝3,600千円となっているが，その後，見直しを行った結果，今後の返品見込みは100人と見積もられた。そのため，見積り過多となっている200人分の返金負債および返品資産について，取崩しを行う。

| （借）返金負債 | 6,000 | （貸）収益 | 6,000 |
| （借）売上原価 | 2,400 | （貸）返品資産 | 2,400 |

　この結果，3月末には返金負債が3,000千円，回収する権利として認識した資産が1,200千円計上される。

　企業は製品が返品される際に，顧客に返品手数料を請求する場合もある。返品手数料は通常，返品に関連するコスト（例：輸送コストや再梱包コスト）や，企業が当該製品を別の顧客に販売する際に企業が受け取る販売価格の減額を企業に補填することを目的として請求される（米国の通販等で普及している制度）。

　返品手数料が付された返品権は，部分的な返金を行う返品権と類似する。そのため，返品手数料は，支配が移転する時点で取引価格の見積額の一部に含まれ，返金負債は取引価格から返品手数料を控除した金額に基づいて評価することとなる。

　同様に，返品に関連して企業に発生するコストの見積りは，製品の支配が移転した時点で返品資産の測定に反映させる。これは，返品された製品を回収するコストの見積額を，それらの製品を回収する権利について計上した資産の帳簿価額から減額しなければならないとしたIFRS第15号のガイダンスと整合する。

設例4－2　返品関連コストの取扱い

前提条件

　企業が20個の小型装置を1個当たり30千円で顧客に現金で販売し，1個当たりの原価は15千円とする。顧客は小型装置を返品する権利を有しているが，返品に際して販売価格の10％の返品手数料が請求される。返品手数料は通常，返

品のための輸送コストや，返品された製品を企業が再梱包するためのコストといった返品に関連するコストのほか，企業が当該製品を別の顧客に再販売する際の販売価格の減額分を，企業に補塡することを目的としている。

企業は返品された小型装置1個当たり2千円の在庫補充コストが発生すると見込んでおり，企業は返品率を5％と見込んでいる。

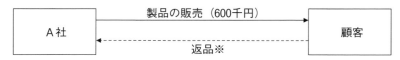

※顧客は返品権を有するが，返品にあたっては10％の手数料を控除した残額が返金される

分析

小型装置の支配が顧客に移転する際に，企業は以下を認識する。

(単位：千円)

勘定科目	内容	金額	計算
収益	返品されると見込まれない小型装置と返品手数料(c)	573	19(a)×30 + 1 × 3(b)
返金負債	返品されると見込まれる小型装置から返品手数料を控除(c)	27	1 ×(30 − 3(b))
返品資産	返品されると見込まれる小型装置の原価から在庫補充コストを控除(d)	13	1 ×(15 − 2)

注：
(a) 返品されると見込まれない小型装置は，販売した小型装置20個から返品されると見込まれる1個（20×5％）を控除して算定する。
(b) 1個当たりの返品手数料は30千円×10％で算定する。
(c) 返品手数料が付された返品権は，部分的な返金での返品権と類似するものであるため，返品手数料は，支配が移転する時点での取引価格の一部に含まれる。したがって，返金負債は取引価格から返品手数料を控除した金額に基づき算定される。
(d) 返品資産は，当該製品の従前の帳簿価額から当該製品の回収のための予想コストを控除した金額で算定される（IFRS15.B25）

以上より，製品の販売時点における仕訳は以下のとおりとなる。

（単位：千円）

| （借）現金および預金 | 600 | （貸）収益 | 573 |
| | | （貸）返金負債 | 27 |

| （借）売上原価 | 287 | （貸）棚卸資産 | 300 |
| （借）返品資産 | 13 | | |

2 製品保証

　企業が販売した製品に付す製品保証は，次の2種類に分けられる（IFRS15. B28）。

- 製品が合意された仕様に従っているという保証を顧客に提供するもの
- 製品が合意された仕様に従っているという保証に加えて，顧客にサービスを提供するもの

　顧客が製品保証を独立で購入するオプションを有している場合には，その製品保証は別個の履行義務として会計処理しなければならない（IFRS15.B29）（☞【Q53】別個に購入できない延長保証）。

　これを図に表すと図表4-2のようになる（☞【Q54】返品権付きの販売と製品保証）。

　製品販売時に付された製品保証が，製品が合意された仕様に従っているという保証に加えて，顧客にサービスを提供するものを検討するに際しては，次の要因を考慮する（IFRS15.B31）。

- 製品保証が法律で要求されているか。法律で製品保証の提供が定められている場合には，その法律は欠陥製品を購入するリスクから顧客を保護するためのものであって，サービスを提供するものではない。
- 保証期間の長さ。期間が長ければ長いほど，単に合意された仕様に従っていることを保証するだけではなくサービスを提供している可能性が高い。
- 約束している作業の内容。合意された仕様に従っているという保証を提供するための作業を行う必要がある場合，その作業は別個の履行義務を生じさせない可能性が高い。

第4章 適用上の論点 109

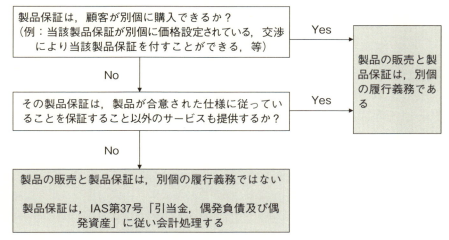

図表4-2 製品保証が別個の履行義務か否かの判断

　製品保証，または製品保証の一部分により，保証に加えて顧客にサービスを提供する場合には，取引価格を製品販売のみでなく，別個の履行義務であるサービスに対しても配分して会計処理を行う。企業が提供している製品保証が，合意された仕様に従っているという保証とそれ以外のサービスの両方を含んでおり，それらを合理的に別個なものとして会計処理できない場合は，それらを一括して単一の履行義務として会計処理する（IFRS15.B29～B30, B32）。
　なお，製造物責任法により，製品が顧客に危害や何らかの損害を生じさせた場合に賠償金の支払が課されることがある。当該法律により生じると予想されるコストについてはIAS第37号「引当金，偶発負債および偶発資産」により会計処理を行うことが明確にされている（IFRS15.B33）。

設例4-3　製品保証

前提条件

　A社は，顧客Bに，製品Xを販売した。販売契約には，次の製品保証およびサービスが含まれる。
・製品Xが合意された仕様に従い製造された製品であり，購入日から1年間意図したとおりに機能することに関する無償の保証と，当該保証期間を2年間延長する有料のオプションが含まれる。1年間の製品保証は業界の慣行とし

110

て確立しており，販売に際して常に顧客に対し付与される。

```
┌──────────┐   製品の販売（1年間の無償保証含む）   ┌──────────┐
│          │ ─────────────────────────────────────→ │          │
│   A社    │                                        │  顧客B   │
│          │ ·······2年間の延長保証（有償オプション）······→ │          │
└──────────┘                                        └──────────┘
```

分析

　A社は，次の分析により，購入日から1年間正常に使用できることに関する保証をIAS第37号に従って会計処理し，その後延長オプションに基づき有料で提供される2年間の保証を別個の履行義務として会計処理すべきであると考えた。

- 顧客Bは，購入日から1年間有効な製品保証を製品と別に購入することはできない。また，当該製品保証は製品Xが意図したように機能することを保証するものであって，それ以外のサービスを含むものではない。

- 保証期間を2年間延長するオプションは，顧客Bが別個に購入できるものであり，購入しなくても顧客Bは製品Xからの便益を受け取ることができる。このため，A社は，保証期間に関する延長オプションは別個の履行義務と結論づけた。

3 本人・代理人

　企業による顧客への財またはサービスの提供に他の当事者が関与している場合，企業は，自社が「本人」であるか「代理人」であるかを判断する必要がある（IFRS15.B34）。本人として契約を締結したか，あるいは代理人として契約を締結したかにより，企業の履行義務の内容に相違が生じ，認識する収益の額が異なることになる。すなわち，代理人であれば，本人の場合と異なり，財またはサービスの提供に対する対価総額でなく，提供するように手配したことに対する対価純額を収益として認識することになる（IFRS15.B35, B36）。

図表4－3 ／ 本人か代理人かの判定による処理フロー

```
┌─────────────────────────┐
│ 顧客に提供される「特定された      │
│ 財またはサービス」を識別する      │
└─────────────────────────┘
              │
              ▼
┌─────────────────────────┐  いいえ   ╭──────────────╮
│ 特定された財またはサービスの     │─────▶│ 本人・代理人の    │
│ 提供に他の当事者が関与する      │       │ 検討は不要      │
│ か？                    │       ╰──────────────╯
└─────────────────────────┘
              │ はい
              ▼
┌─────────────────────────┐
│ 顧客に移転する前に，企業が特     │
│ 定された財またはサービスを支     │
│ 配しているか？              │
└─────────────────────────┘
    │ はい            │ いいえ
    ▼                ▼
╭──────────╮      ╭──────────╮
│ 本人として    │      │ 代理人として   │
│ 収益を総額で認識 │      │ 収益を純額で認識 │
╰──────────╯      ╰──────────╯
```

	履行義務の内容	会計処理
本人	特定された財またはサービスを顧客に提供すること	特定された財またはサービスの提供と交換に権利を得る対価の総額を収益として認識（総額ベースでの収益認識）
代理人	他の当事者が特定された財またはサービスを提供するための手配をすること	他の当事者による特定された財またはサービスの提供の手配と交換に受け取る報酬または手数料の額を収益として認識（純額ベースでの収益認識）

図表4－4　本人と代理人の相違

　本人か代理人かの検討は，別個の財またはサービス（または別個の財またはサービスの束）ごとに行う。したがって，契約ごとに検討するのではない点に留意する必要がある。顧客との契約の中に複数の特定された財またはサービスが含まれている場合には，企業はある特定された財またはサービスについては本人であり，他の特定された財またはサービスについては代理人となることがありうる（IFRS15.B34）。

　本人か代理人かの検討は，支配の原則に基づいて行う（IFRS15.B35）。企業は顧客に提供する特定された財またはサービスを識別したうえで，それぞれの特定された財またはサービスが顧客に移転される前に，企業が当該財またはサービスを支配しているか否かを評価する（IFRS15.B34A）。

　顧客への財またはサービスの提供に他の当事者が関与する場合には，本人である企業は次のいずれかに対する支配を獲得する（IFRS15.B35A）。

- 当該他の当事者からの財またはその他の資産で，後に顧客に支配が移転するもの。
- 当該他の当事者が履行するサービスに対する権利。その権利によって，企業は，当該他の当事者に対し，自身の代わりにサービスを提供するように指示する能力を有する。
- 当該他の当事者からの財またはサービスで，その後に特定された財またはサービスを企業が顧客に提供する際に他の財またはサービスと組み合わせ

第4章 適用上の論点 113

るもの。

IFRS第15号は，企業が，特定された財またはサービスを顧客に移転する前にその財またはサービスを支配し，本人であることを示す以下の諸指標も定めている（IFRS15.B37）。なお，これらの指標は，網羅的なものではなく，特定の指標が他の指標に常に優先するものでもない。個々の状況によって関連性のある指標は異なり，関連しない指標もありうるとされている（IFRS15.B37〜B37A）。

図表4-5 ／ 本人か代理人かの判定に考慮する指標の例示

例示されている指標	留 意 点
特定された財またはサービスの提供に対する主たる責任を，企業が有する。	例えば，財またはサービスについて，顧客の仕様を満たす主たる責任を企業が負っている場合が該当する。
特定された財またはサービスを顧客に移転する前に，または後に，企業が在庫リスクを有している。	例えば，顧客が企業に対する返品権を有している場合，財の移転後に在庫リスクを有する。
特定された財またはサービスの価格決定権を，企業が有している（ただし，代理人が価格決定権を有する場合もありうる）。	企業は，代理人としての収益を獲得するために，ある程度価格決定権を有している場合がある。その場合には，企業が代理人と識別される可能性がある。

なお，履行義務がサービスの提供である場合，顧客に対してサービスを提供する前に支配していたか否かの判断が困難となることも考えられる。企業が，本人としてサービスを提供するシナリオとしては，次のようなものがあると想定されている（IFRS15.BC385U）。

- 他の当事者により提供されるサービスを受ける権利を，企業が顧客に提供する。例えば，ある企業が航空会社（他の当事者）から航空券を大量に安く購入し，売れ残るリスクをとって顧客に販売するビジネスを行っている場合には，当該企業は本人として行動している可能性がある。
- 他の当事者により提供されるサービスが，顧客に提供される財またはサービスと別個でなく，そのサービスと，顧客に提供される特定された財またはサービスとを組み合わせる方法を企業が指示する。例えば，顧客と共同

開発した特別仕様の機器を受注した企業が，仕様に即した製品製造と納品とをサプライヤーに委託したような場合には，企業は本人として行動している可能性がある。
- 企業の代わりに，他の当事者がサービスを提供するように企業が指示する場合。例えば，後述する【設例4－4】では，企業は本人として行動していると考えられる。

仮に，他の企業が契約における企業の履行義務および権利を引き受けることにより，企業が特定された財またはサービスを移転する義務を負わなくなった場合には，企業は本人として行動していない。その場合に，当該他の企業のために契約を獲得する代理人として行動している可能性を評価する必要がある（IFRS15.B38）。

設例4－4　本人に該当するケース

前提条件

- A社は，エレベーターのメンテナンスサービスを提供する契約を顧客と締結し，その契約においてメンテナンスの範囲，価格，支払条件等を定めている。
- A社は，顧客に対するメンテナンスサービスの提供を，第三者であるメンテナンスの専門業者に外部委託する。当該業者との委託契約は，その都度行い，A社は，当該業者の業務提供すべてについて指示する。
- A社は，提供されるメンテナンスサービスについて顧客に対する責任を負う。

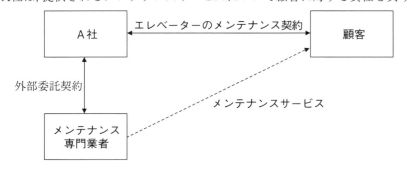

分析

　A社は，当該メンテナンスサービスを本人として会計処理すべきか，代理人として会計処理すべきかを検討するにあたり，まず顧客に提供する特定されたサービスを識別し，そのサービスを顧客に提供する前にA社が支配しているかを評価する。

　A社は，メンテナンスサービスについて指示する権利を有しており，その権利により，メンテナンス専門業者に対し，自身の代わりにサービスを提供するように指示する能力を有する。さらに，A社は，在庫リスクは負っていないが，顧客に提供されるメンテナンスサービスに関する約束の履行に対する主たる責任を負っており，価格の決定権も有している。したがって，A社はメンテナンスサービスが顧客に提供される前に，当該メンテナンスサービスを支配しており，取引における本人であると考えられる。

設例 4 — 5　代理人に該当するケース

前提条件

- A社はネットショッピングのウェブサイトを運営している。
- 顧客はA社のウェブサイトを通じて出品された製品を出品者から直接購入する。
- 代金は前払いで，返金不能である。
- 販売価格は出品者が設定する。A社はその販売価格の10%に相当する手数料に対する権利を得る。
- 製品に問題があった場合の返品・交換の責任については，出品者が負う。

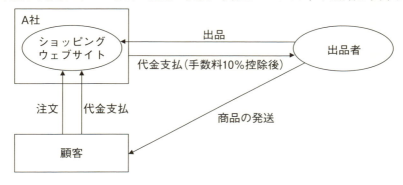

116

解説

　A社は，この取引を本人として会計処理すべきか，代理人として会計処理すべきかを検討するにあたり，まず顧客に提供する特定された財またはサービスを識別し，その財またはサービスが顧客に移転される前にA社が支配しているかどうかを評価する。このケースにおいては，A社が運営するウェブサイトは，出品者が製品を提供し，その製品を顧客が購入する市場として機能している。この取引において提供される財またはサービスとは，出品者が提供する製品であり，A社は，顧客に対してその他の約束をしていない。また，A社は製品の在庫リスクを有しておらず，販売価格の裁量権もない。さらに，製品に対する一義的な責任は，出品者が負っている。以上より，A社は，顧客に製品の支配が移転する前にその製品を支配しておらず，この取引における代理人と考えられる。

　IFRS第15号の設例には，本人・代理人の判定の設例が多く含まれ，理解の一助になると思われるため，ここに設例の概要とポイントを示す。

図表4－6／本人・代理人の設例まとめ

設例	取引概要	特定された財またはサービスとその支配	B37項の指標(注) (a)	(b)	(c)	結論
45	企業は，さまざまな企業から顧客が財を購入できるウェブサイト運営し，財の販売価格の10%を手数料として受領する。	特定された財またはサービス 商店が提供する財 支配の有無 なし。企業は，顧客に移転する財の使用を指示する能力を有さない。	×	×	×	代理人
46	企業は，特注の設備について，顧客と仕様を開発し，設備の製造を供給者にさせ，供給者から直接顧客に設備を引き渡す。	特定された財またはサービス 特注の設備 支配の有無 あり。企業は特注の設備の製造に必要不可欠な重要な組立作業を提供するため，顧客に移転する前に企業が特注の設備を支配	－ ※	－ ※	－ ※	本人

		する。また，供給者は当該設備を顧客に引き渡すが，その使用を指図する能力を有していない。				
46A	企業は，顧客にオフィス・メンテナンス・サービスを提供する。また，企業は，顧客と契約を締結するとともに，オフィス・メンテナンス・サービス供給者に顧客に対して当該サービスを提供させる契約を結ぶ。	特定された財またはサービス オフィス・メンテナンス・サービス 支配の有無 あり。企業は，契約条件に基づいて，供給者に特定のサービスを企業の代わりに提供することを指図する能力を有している。	○	×	○	本人
47	企業は，航空会社と交渉して一般販売よりも低い価格で航空券を購入し，顧客に当該航空券を販売する。	特定された財またはサービス 所定のフライトで飛行する権利 支配の有無 あり。企業は，航空券の購入により在庫リスクを負い，企業が決定した価格で顧客に航空券を販売しており，顧客に移転する航空券の使用を指図する能力を有している。	×	○	○	本人
48	企業は，特定のレストランでの将来の食事の権利を与える引換券を，顧客に要請された時にレストランから購入し，それを顧客に販売する。企業は，引換券の価格の一定割合を対価として得る。	特定された財またはサービス 所定のレストランにおいて食事の提供を受ける権利 支配の有無 なし。引換券は顧客からの要請により購入と同時に販売され，顧客に移転する前には存在しないため，企業は，顧客に移転する引換券の使用を指示する能力を有さない。	×	×	×	代理人
48A	企業は，顧客に潜在的な転職者をターゲットにした採用支援サービスを提供している。企業は，顧	特定された財またはサービス 採用支援サービス 支配の有無 判定不要。当該サービスに関し	−	−	−	本人

客との契約において，自身で候補者の面接や経歴チェックといったサービスを提供しているほか，潜在的な転職者に関する第三者が提供するデータベースのライセンスを顧客が得るように手配する（ライセンス契約は顧客と第三者との間で締結される）。	て，企業以外の第三者が存在しない。 |特定された財またはサービス| データベースへアクセスするライセンス |支配の有無| なし。顧客はデータベース提供者とライセンス契約を直接結んでおり，企業は，データベースへのアクセスを付与したり制限することはできない。したがって，企業は顧客に移転する，提供業者のデータベースへアクセスする権利を支配しておらず，顧客に移転する財の使用を指示する能力を有さない。	×	×	×	代理人

（注）IFRS第15号B37項

(a) 財またはサービスの提供に対する主たる責任を，企業が有する。

(b) 財またはサービスを顧客に移転する前に，または後に，企業が在庫リスクを有している。

(c) 財またはサービスの価格決定権を，企業が有している（ただし，代理人が価格決定権を有する場合もありうる）。

※ 取引の概要から，支配を獲得することが自明であるとされ，IFRS第15号B37項における指標の例示の検討は行われていない。

4 追加的な財またはサービスに対する顧客のオプション

第4章 適用上の論点 119

企業は，顧客に対して，追加的な財またはサービスを無料または値引価格で取得できるオプションを付与することがある。例えば，購入金額に応じて付与されるポイントやマイレージ，契約更新に関するオプション，各種インセンティブ・プランなどがこれに該当する（☞【Q55】更新オプション・解約オプションの取扱い，【Q56】販売時に発行されるクーポン）。

これらのオプションが，契約における別個の履行義務を生じさせるのは，そのオプションによって，契約を締結しなければ受け取ることができない重要な権利を顧客が得ることになる場合である。顧客が追加的な財またはサービスをその独立販売価格で購入するオプションは，企業から顧客への単なる販売提案であり，顧客に重要な権利を付与するものではない（IFRS15.B39～B41）（☞【Q57】オプションが重要な権利に該当するかの評価要素）。

なお，追加的な財またはサービスに対する顧客のオプションを付与するような取引は，販売戦略の一環として，さまざまなスキームによって行われるものであり，それらのスキームが当ガイダンスの適用範囲に該当するかどうかは，後述の判断基準を基礎に，慎重に検討しなければならない（☞【Q58】顧客に付与されるオプションが失効しない場合に適用するガイダンス）。

| Point & 分析 | 累積的な権利を付与する顧客のオプション |

多くのケースで，企業が顧客に付与する権利が，顧客が追加の購入を行うにつれて累積する。例えば，カスタマー・ロイヤルティ・プログラムにおいて，当初の取引で付与されるポイントは通常，その後の取引で付与されるポイントと一緒に使用される。さらに，単一の取引で付与されるポイントの価値が低くても，累積的に行われる取引にわたって付与されるポイントの価値は合計すると，非常に大きくなる可能性がある。そのようなケースでは，累積されるという権利の性質が取決めの不可欠な要素となる。

これらの顧客のオプションが重要な権利であるか否かを判定する際に，

> 企業は取引で受け取る権利,過去の取引から累積された権利,および将来の取引から予測される追加的な権利の価値の累計額を検討する。
> また,企業は関連するすべての定量的および定性的な要因を考慮する。

図表4－7　顧客のオプションが別個の履行義務か否かの判定(IFRS15.B40～B41)

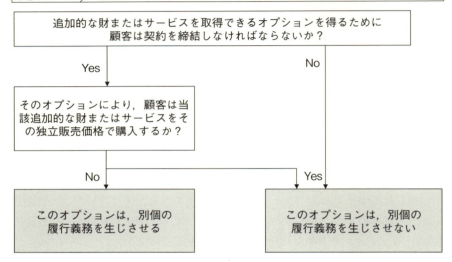

　IFRS第15号は,契約が複数の履行義務で構成されている場合,契約の取引価格を個々の履行義務の基礎となる財またはサービスの契約開始時点における独立販売価格の比率で配分することとしている(IFRS15.74)。したがって,追加的な財またはサービスの取得に係る顧客のオプションについて,それが重要な別個の履行義務を生じさせるものと判断した場合は,そのオプションに対しても取引価格を配分する必要がある(☞【Q59】カスタマー・ロイヤルティ・プログラムと重大な金融要素,【Q60】オプションの行使可能性の変更と重要な権利の独立販売価格の見直し)。

　追加的な財またはサービスの取得に係る顧客のオプションの独立販売価格が直接観察できない場合は,それを見積もる必要がある。その見積りには,顧客がオプションを行使した時に得るであろう値引額に,次の2つの要素を加味したものを反映させる(IFRS15.B42)。

- 顧客がそのオプションを行使しなくても受けられる値引きの額
- 顧客がオプションを行使しない可能性

設例 4-6　値引きクーポンを付して販売される製品

前提条件

- 小売業者A社はコンピュータを顧客Xに2,000千円で販売する。この取決めの一環として、A社はXにクーポンを与える。このクーポンによりXは、60日間にわたり、A社の店舗での購入額が、1,000千円に達するまで、25％の値引きを受けられる。
- A社は毎年恒例のセールとして、今後60日間にわたり全製品の10％の値引きを他の顧客に提示する予定である。A社は通常、Xに販売したのと同型のコンピュータを、クーポンを付さずに2,000千円で販売している。
- X社に提供された25％の値引きクーポンは、今後60日間にわたり実施される10％の値引きと併用することはできない。
- A社はXがクーポンを行使し、値引き前の価格が500千円の製品を追加的に購入する可能性を80％と見積もる。

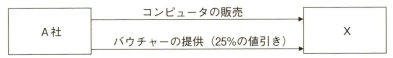

※A社は毎年恒例のセールとして、今後60日間にわたり、全製品の10％の値引きを他の顧客に提示する

解説

　他の顧客に提示されると見込まれる値引きと比較してXが受ける値引率は15％多いため、A社は、Xが当初の販売取引を行わなければ得られなかったであろう重要な権利が、値引きクーポンにより提供されると判定する。したがって、値引きクーポンは別個の履行義務であると判断する。

　A社は取引価格をコンピュータとクーポンとに、独立販売価格の比率に基づき以下のように配分する。

（単位：千円）

履行義務	独立販売価格	配分比率	配分額	計　算
コンピュータ	2,000	97.1%	1,942	(2,000×97.1%)
クーポン	60[(a)]	2.9%	58	(2,000×2.9%)
合計	2,060	100%	2,000	

(a) クーポンの独立販売価格の算定：500千円（購入すると見込まれる製品の価格）×15%（増分値引率）×80%（行使される可能性）

　Xは当初の購入から30日以内に追加の製品（値引前の価格は200千円）を購入し，クーポンによる値引後の150千円を現金で支払う。

　Xはクーポンの失効まで追加の購入は行わない。したがって，失効日にA社はクーポンに配分されていた残余の金額を収益として認識する。

　A社は以下の仕訳を行う。

• コンピュータとクーポンの当初の販売を認識する

（借）現金および預金	2,000	（貸）収益	1,942
		（貸）契約負債	58

• クーポンを用いた販売を認識する

（借）現金および預金	150	*1	（貸）収益	179
（借）契約負債	29	*2		

• クーポンの失効を認識する

（借）契約負債	29	*3	（貸）収益	29

*1　追加の製品の購入の値引後の販売価格：200−(200×25%)

*2　履行義務の部分的な充足：58×(200（購入)÷400（値引き前の価格500×追加購入の可能性80%))

*3　失効時の履行義務の清算：58−29

設例 4 − 7　カスタマー・ロイヤルティ・プログラム

前提条件

• A社は，自社の店舗で商品を購入した顧客向けのポイント制度を導入している。このプログラムでは，顧客は100円購入するごとに5ポイントを付与される。顧客は，このポイントを使用することにより，A社の店舗で将来商品

を購入する際に，1ポイント＝1円の値引きを受けることができる。

- A社は，X1年度に100,000円の商品を販売し，顧客に将来使用可能なポイントを5,000付与した。当該ポイントに関しては直接観察可能な独立販売価格は存在しないため，A社は，顧客に付与したポイントのうち80％に当たる4,000ポイントのみが交換されるという予想に基づき，その独立販売価格を1ポイント＝0.8円と見積もった。ポイントを付与しない場合のこの商品の独立販売価格は，100,000円であるとする。
- X2年度に1,500ポイントが消化され，A社は当初予測どおり合計で4,000ポイントが消化されると予測している。
- X3年度に1,500ポイントが消化され，A社は当初予測の4,000ポイントではなく，合計で4,500ポイントが消化されると予測し，見積りを更新した。

> [!NOTE] 解説

A社が自社の店舗の顧客に付与するポイントは，顧客がA社の店舗で商品を購入した時にのみ付与されるものである。また，顧客は，ポイントを使用することにより，将来A社の店舗の商品を割引価格で購入できる。したがって，A社が顧客に対して付与するポイントは，別個の履行義務を生じさせる重要な権利であると考えられる。

X1年度に，A社は店舗において100,000円を売り上げたが，この取引対価には，商品の販売対価のみではなく，商品の販売対価とは別個の履行義務であるポイントに対する対価も含まれていると考えられる。したがって，A社は，商品とポイントのそれぞれの独立販売価格に基づき，取引価格を次のように配分する。

（単位：円）

履行義務	独立販売価格	配分比率	配 分 額	
製品	100,000(a)	96.2%	96,154	（100,000×96.2%）
ポイント	4,000(b)	3.8%	3,846	（100,000×3.8%）
合計	104,000	100%	100,000	

(a) 製品の独立販売価格
(b) ポイントの独立販売価格（5,000×0.8）

A社はこれらに基づき，後述のとおり，会計処理を行う。

• X 1 年度（製品販売時）

（借）現金および預金	100,000	（貸）収益	96,154
		（貸）契約負債	3,846

• X 2 年度（ポイント消化）

（借）契約負債	1,442	*1	（貸）収益	1,442

*1　ポイント消化に伴う収益の認識
（ポイント配分価格）3,846円×（X 2 年度消化ポイント）1,500÷（予測消化ポイント合計）4,000

• X 3 年度（ポイント消化&ポイント消化予想見直し）

　ポイントの消化予想が変更されても取引価格の配分は見直さない（IFRS15.88）。ただし，オプションに配分された額の認識時期に影響する。

（借）契約負債	1,122	*2	（貸）収益	1,122

*2　ポイント消化に伴う契約負債の取崩し
（ポイント配分価格）3,846円×（X 2 年度およびX 3 年度消化ポイント）3,000÷（見直し後予測消化ポイント合計）4,500－（過年度認識額）1,442

　なお，契約更新に際して値引きが受けられる特典が付与される場合のように，将来の財またはサービスを取得する重要な権利を顧客が有しており，当該財またはサービスが当初の財またはサービスと類似しており，かつ，当初の契約の条件に従い提供される場合には，オプションの見積りに際して代替的方法が認められている。その方法とは，提供すると予想する財またはサービスと，それに対応する予想対価を参照して，取引価格を配分する方法である（IFRS15.B43）。

設例 4 － 8　契約更新に係る簡便法

前提条件

• A社は，X 1 年期首に 1 年間のメンテナンス・サービスを1,000千円で提供する契約を100件別々に締結する。この契約には，X 2 年度およびX 3 年度も当該契約を1,000千円にて更新することができるオプションが含まれている。

第4章 適用上の論点

- もし，X1年度末およびX2年度末に更新をしない場合，同様のメンテナンスサービスを受けるためには，X2年度には3,000千円およびX3年度には5,000千円という著しく高い価格が請求される。
- A社は，X1年度末に90名の顧客（販売した契約の90％）が更新をし，X2年度末に81名の顧客が更新をする（第1年度末に更新した90名の顧客のうち90％）と見込んでいる。
- 発生コストに基づき進捗度を見積もるインプット法による収益認識が，顧客へのサービスの移転を描写すると認められた。なお，予想されるコストおよび，発生可能性を加味した予想コストは以下のとおりである。

（単位：千円）

年度	予想コスト （1契約当たり）	契約更新可能性調整後 （1契約当たり）	
X1年度	600	600	（600×100％）
X2年度	750	675	（750×90％）
X3年度	1,000	810	（1,000×81％）
合計	2,350	2,085	

※メンテナンス・サービス契約には更新オプションが付されている
更新オプションを行使した場合と行使しない場合の価格は以下のとおりとなる

	オプション行使	オプション非行使
更新料	1,000千円	－
X2年度サービス価格	1,000千円	3,000千円
X3年度サービス価格	1,000千円	5,000千円

> [!NOTE] 解説
>
> A社は，顧客がX2年度またはX3年度にだけサービスを購入することを選択する場合には，当該サービスに対する価格が大幅に高くなるため，この更新オプションは，顧客が契約を締結しないと受け取れない重要な権利を顧客に与えており，当該オプションを提供する約束は履行義務であると判断する。ま

た，当該オプションはサービスの継続のためのものであり，そのサービスは既存の契約と同じ条件に基づいて提供される。そのため，企業はIFRS第15号第B43項の簡便法に従って，取引価格の配分を，企業が提供すると予想するすべてのサービスと交換に受け取ると予想する対価を算定することにより行う。これらに鑑みて，各年度の予想コストに応じて予想対価の各年度への配分を行った後，次のように会計処理を行う。

予想対価の配分

（単位：千円）

年度	予想対価の配分 （一契約当たり）	総原価に占める原価割合×予想対価総額
Ｘ１年度	780	$(600 \div 2,085) \times 2,710^{(a)}$
Ｘ２年度	877	$(675 \div 2,085) \times 2,710^{(a)}$
Ｘ３年度	1,053	$(810 \div 2,085) \times 2,710^{(a)}$
合計	2,710	

(a) Ｘ１年度予想対価1,000＋Ｘ２年度予想対価900[b]＋Ｘ３年度予想対価810[c]

(b) Ｘ１年度予想対価1,000×契約更新見込90%

(c) Ｘ２年度予想対価900×契約更新見込90%

Ｘ１年度末（Ｘ１年度中に100,000受け取ったとする）

（借）現金および預金	100,000	（貸）収益	78,000	
		（貸）契約負債	22,000	(差引)

・Ｘ２年度末（Ｘ２年度中に90,000受け取ったとする）

（借）現金および預金	90,000	（貸）収益	87,700	
		（貸）契約負債	2,300	(差引)

・Ｘ３年度末（Ｘ３年度中に81,000受け取ったとする）

（借）現金および預金	81,000	（貸）収益	105,300
（借）契約負債	24,300 (差引)		

第4章 適用上の論点 127

5 顧客の未行使の権利

　企業が商品券や返金不能のチケットを顧客に販売する場合，企業には，将来財またはサービスを顧客に移転する（または移転するために待機する）という履行義務が生じ，顧客には将来財またはサービスを受け取る権利が生じる。企業は，この履行義務を契約負債として認識し，履行義務を充足した時に契約負債の認識を中止して収益を認識する（IFRS15.B44）。顧客は，将来，その権利を使用して財またはサービスを受け取るが，必ずしもそのすべてを行使するわけではなく，一部は行使しないままとなる場合がある（IFRS15.B45）。

　企業はこのような権利の非行使部分につき，次のように会計処理する（IFRS15.B46）。

- 企業が，非行使部分の金額について権利を得ると見込む（収益を認識したとしても，重大な戻入れが生じない可能性が非常に高い）場合，非行使と予想される部分の金額を，顧客が行使する権利のパターンに比例して収益として認識する（☞【Q61】非行使部分の見積りへのポートフォリオデータの利用，【Q62】非行使部分に対して権利を得るかどうかの予測が変化した場合）。

- 企業が，非行使部分の金額について権利を得ると見込んでいない場合（見積りが困難な場合を含む），顧客が残った権利を行使する可能性がほとんどなくなった時点で，非行使と予想される部分の金額を収益として認識する。

設例4－9　非行使部分の権利を見込む場合の収益認識

前提条件

- 小売業者A社はプリペイドカードを顧客Xに販売し，代金100千円を受け取った。

- A社は類似のプリペイドカードに関する過去の経験に基づき，当該金額の

10％が非行使になると見込んでいるが，当該金額をXに返金する必要はない。
- XはX1年度において，このプリペイドカードのうち54千円を利用した。

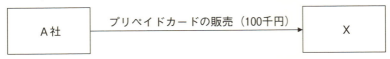

※A社は，販売したプリペイドカードの金額の10％が非行使になると見込んでいるが，当該金額をXに返金する必要はない

> 分析

　A社は予想される非行使部分の金額を合理的に見積もることができ，またその金額を取引価格に含めることにより重大な収益の戻入れが生じない可能性が非常に高いため，当該金額について権利を得ると見込まれるものと判断し，この部分についてもXが行使する権利のパターンに比例して収益認識する必要がある。ここで，XがX1年度において利用したプリペイドカードの金額はA社が見込んだ行使部分の60％である（54千円÷（100千円×90％））。

　そのため，Xの非行使部分である10千円（100千円×10％）の60％，すなわち6千円についても，収益認識を行う必要がある。したがって，行使が見込まれる部分から54千円，および非行使部分から6千円，すなわち，合計60千円が収益認識されることとなる。

設例4－10　非行使部分の権利が見込めない場合の収益認識

> 前提条件

- 小売業者B社はX1年度よりプリペイドカードの販売を開始した。顧客Yに販売し，代金50千円を受け取った。
- B社は行使されなかったカードの価値について政府機関または他の企業に支払う義務を負わない。このプリペイドカードは発行日から2年後に失効する。
- B社は過去に類似のプリペイドカードの販売は行っておらず，過去の情報を有していない。

※B社は行使されなかったカードの価値について政府機関または他の企業に支払う義務を負わない
　このプリペイドカードは発行日から2年後に失効する

> 分析

　B社は自社における固有の十分な情報を有しておらず,他のサービス・プロバイダーの経験についても知識がない。したがって,B社は,取引価格に含めたとしても収益の重大な戻入れが生じない可能性が非常に高い,非行使部分の金額を見積もる能力がないと結論づける。

　そのため,Yが残りの権利を行使する可能性がほとんどなくなった時点で,B社は非行使部分の金額を認識する。これは,プリペイドカードの失効時か,またはYがプリペイドカードの残りの金額を消化する可能性がほとんどなくなったと示す証拠がある場合は,それよりも早期に生じることがある。

- 受領した対価のうち,法律によって他の当事者に支払が求められる場合には,その部分について収益でなく負債を認識する。例えば,国によっては,顧客から未請求の資産に係る法律に従い,未請求部分を政府に支払うことが求められる場合がある（IFRS15.B47）。

6 返金不能の前払報酬

　契約によっては，企業が契約開始時またはその前後において，顧客から返金不能の前払報酬を受け取る場合がある。例えば，スポーツクラブの入会手数料や，電気通信契約の加入手数料，サービス契約のセットアップ手数料などがこれに該当する（IFRS15.B48）。

　このような返金不能の前払報酬をその受取時に収益認識できるか否かは，これらの報酬が，企業が顧客に対して約束した財またはサービスの移転に関するものか否かによる（IFRS15.B49）。

- 返金不能の報酬が約束した財またはサービスの移転に関連している場合には，その財またはサービスを別個の履行義務として会計処理すべきか否かを検討する（IFRS15.B50）。例えば，ケーブルテレビ放送を1年間提供する契約を顧客と締結し，その時点で1年間の返金不能の利用料を受け取る場合，当該サービスを提供する約束は履行義務であり，サービスの移転に応じて収益が認識されるものと考えられる。
- 一方で，返金不能の報酬を受け取ったが，その報酬が約束した財またはサービスの移転に関連するものでなく，契約の履行のために行わなければならない活動に関連する場合，その活動は履行義務には該当せず，管理作業である。企業が行う活動により約束した財またはサービスが顧客に移転しない場合，企業が受け取った返金不能の報酬は将来の財またはサービスの提供のための支払であり，将来実際にその財またはサービスが提供された時点で収益を認識する。

　例えば，ケーブルテレビ放送を1年間提供する契約を顧客と締結したときに，1年間の管理作業の対価として1回限りの前払報酬を受け取る場合，この作業は約束したサービスの移転を生じさせるものではなく，当該前払報酬は将来のサービス提供のための支払である。管理作業は約束したサービスの提供が行われる間提供されるため，サービス提供期間である1年間にわたって収益認識がされるものと考えられる。また，このように履行義

務を充足するものではない活動は，履行義務の完全な充足に向けての進捗度を測定する際に，除外しなければならない。

なお，企業が契約更新のオプションを顧客に付与していて，そのオプションが第4章4「追加的な財またはサービスに対する顧客のオプション」で述べた重要な権利を顧客に提供している場合には，収益認識期間が当初の契約期間を超えて延長される（IFRS15.B49）。例えば，顧客にケーブルテレビ放送を1年間提供する契約において，その契約を締結した顧客にのみ提供される更新オプションが含まれており，これが重要な権利に当たる場合，企業は顧客から受け取る返金不能の前払報酬を，履行義務として認識しているサービスの提供と当該更新オプションのそれぞれに配分する。その結果，当該管理作業の対価の一部は，更新オプションの収益計上を通じて，当初の契約期間を超えて収益として認識されることになる。

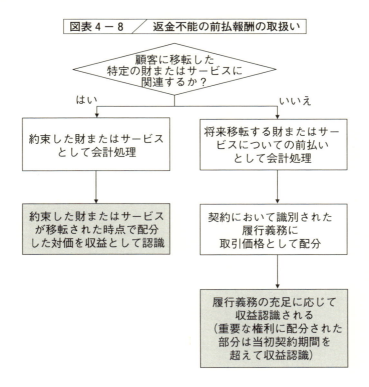

図表4－8 返金不能の前払報酬の取扱い

IFRS第15号においては，履行義務の充足時に（または充足するにつれて）収益を認識することとされている。そのため，契約当初に発生する契約のセットアップコストの見合いとして，企業が受領した返金不能の前払金を受取時点で収益認識することは，当該セットアップ活動それ自体が履行義務に該当しない限りは認められない。なお，それ自体履行義務とならないが，契約を履行するために必要なセットアップ活動のようなコストについては，契約コスト（第3章 2 「契約履行コスト」参照）として資産計上すべきか否かを別途検討する（IFRS15.B51）。

Point & 分析 **返金不能の前払報酬の繰延期間の決定**

　返金不能の前払報酬が，製品またはサービスを再注文するか否かの顧客の決定（例：会員権やサービス契約の更新，追加の製品の注文）に影響を与える可能性が高いほど重要である場合には，当該返金不能の前払報酬は顧客に重要な権利を与えている可能性がある。

　前払報酬の支払により顧客に重要な権利が付与される場合，それが顧客に重要な権利を与えると認められる期間にわたって前払報酬を収益認識する。その期間は，必ずしも契約に記載された期間や企業が過去に収集した情報に基づいて見込まれる期間（例：顧客へのサービス提供期間の平均）であるとは限らないため，その決定には重要な判断が要求される。

　なお，契約コストを資産計上しているケースにおいて，前払報酬が顧客に重要な権利を付与するものとはみなされない場合には，返金不能の前払報酬が収益として認識される期間と契約コストの償却期間が相違する場合がある。そのような状況では，返金不能の前払報酬が収益として認識される期間は当初の契約期間であるのに対して，コストの償却期間が契約に記載された期間よりも長期に決定されるものと考えられるからである。

Point & 分析 **前払報酬の評価に際して考慮する指標**

　顧客が製品またはサービスの購入契約を更新するか否かを決定する際には，返金不能の前払報酬や更新時に必要となる支払額等の定量的な要因のみでなく，企業の製品またはサービスに対する評価等の定性的な要因も考慮すると考えられる。そのため，返金不能の前払報酬により顧客に重要な権利が与えられるか否かを評価する際には，企業は定量的な要因と定性的な要因を両方とも考慮する必要がある。

　なお，定性的な要因には，提供されるサービスの全体的な品質，競合他社が提供するサービスと関連する価格，サービス・プロバイダーを変更することにより顧客が被る不利益（例えば，サービス・プロバイダーへの機

器の返還,新たなプロバイダーによる機器の設置のスケジューリング)などが挙げられる(☞【Q63】顧客に重要な権利を提供するものであるかどうかの評価)。

設例4-11 返金不能の前払報酬—重要な権利に該当しないケース

前提条件
- ケーブルテレビ企業A社は,ケーブルテレビ放送を1年間提供する契約を顧客X社と締結した。A社は月額10千円のサービス手数料に加え,1回限りの前払報酬5千円の支払を顧客に課す。
- ケーブルテレビ放送サービスの提供にあたっては専用機器の設置が必要となるが,企業がXと締結した契約には専用機器の据付サービスの提供も含まれている。
- A社は,据付サービスが,約束した財またはサービスをX社に移転しない管理作業であると判定した。
- 1年経過時にX社は,引き続き月額料金10千円で契約を更新することができるが,更新時に他の手数料は請求されない。
- 類似の契約における顧客の契約期間の平均は3年である。

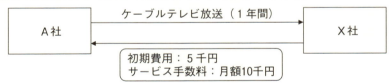

分析
A社は,前払報酬により,X社が前払報酬を回避するために所定の契約期間を超えて契約を更新するインセンティブがもたらされているか否かを判定する際に,定量的な要因と定性的な要因の両方を考慮する。契約を締結するか否かをX社が決定する際にこのインセンティブが重要である場合,重要な権利が生じていると判定される。

まず,A社は前払報酬5千円を取引価格の総額125千円(前払報酬5千円とサービス手数料年額120千円)と比較する。その結果,A社は,返金不能の前払報酬が定量的に重要でないと結論づけた。

次に,A社はX社が更新する定性的な理由を検討する。A社は,更新時に前

払報酬を回避できることをX社は考慮するが，それのみでは当該サービスを更新するか否かのX社の決定に影響を与えないと結論づけた。この結論は，A社の顧客満足に関する調査から，顧客の契約期間の平均が3年である主な要因は，提供するサービスの品質と競合他社の価格であるとのデータに基づいている。

以上より，A社は返金不能の前払報酬が定量的にも定性的にも重要でなく，5千円の前払報酬が重要な権利を顧客に与えないと結論づけた。その結果，当該前払報酬は，契約された1年間のケーブルテレビのサービスについての前払いとして取り扱い，1年間の契約期間にわたり収益として認識する。これにより，1年間の契約について月次の収益は10,417円（125千円÷12か月（小数点以下四捨五入））となる。

設例4－12　返金不能の前払報酬―重要な権利に該当するケース

前提条件

- 電話会社A社は顧客Xと12か月のサービス契約を締結する。Xは月額5千円に加え，返金不能の初期化手数料4千円をA社に支払う。
- A社は初期化が，約束した財またはサービスを顧客に移転しない管理作業であると判定する。
- 契約により，追加の1年間について月額5千円で契約更新する権利がXに与えられる。A社は，同期間において同クラスの顧客に請求する価格は月額5,600円に増加し，顧客の75％が更新すると見積もる。
- A社は，契約に重大な金融要素が含まれていないと判定した。

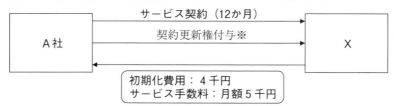

※サービス契約を締結することにより，顧客に追加の1年間について月額5,000円で契約更新する権利が与えられる
　同期間において同クラスの顧客に請求する価格は月額5,600円である

第4章　適用上の論点　135

分析

【設例4-11】と同じ理由でA社は，前払報酬はそれのみでは顧客に重要な権利を与えないと結論づけた。ただし，更新時に予測される値引きが，Xに更新させるインセンティブとして十分であり，契約を締結するとXが決定した1つの要因である可能性が高いため，A社は更新オプションが重要な権利であると結論づける。したがって，この契約には，1年目のサービスと，契約を値引価格で更新する重要な権利の2つの履行義務が存在する。

A社は取引価格64,000円（5千円×12か月＋4千円）をこれらの履行義務に，独立販売価格の比率に基づき配分する。

A社は，当該サービスを購入する顧客は初期化手数料を支払うことが要求されるため，1年目のサービスの独立販売価格を64,000円と算定する。

A社は，重要な権利の独立販売価格を，予測される月次の値引きに，行使される可能性の見積りを掛けて見積もる。したがって，独立販売価格は5,400円（(5,600－5,000)×12)×75%）と見積もられる。

A社は取引価格を以下のように配分する。

（単位：円）

	独立販売価格	配分比率 (小数点以下四捨五入)	配分額
サービス	64,000	92%	58,880
重要な権利	5,400	8%	5,120
	69,400	100%	64,000

1年目にA社は毎月4,907円（58,880÷12（小数点以下四捨五入））の収益を認識する。2年目にXが更新するオプションを行使する場合，A社は毎月5,427円（(5,120＋5,000×12)÷12（小数点以下四捨五入））の収益を認識する。Xが契約を更新しない場合，A社は重要な権利に配分された5,120円をその権利の失効時（すなわち，1年目の末日）に収益として認識する。

なお，本設例では存在しないと仮定しているが，実務上は，契約に重大な金融要素が含まれていないかについても検討する必要がある。

7 ライセンス供与

1 知的財産のライセンス

　知的財産のライセンスの例としては，ソフトウェア，動画，音楽，フランチャイズ，特許権，商標権や著作権等が挙げられる（IFRS15.B52）。ライセンスの供与とともに他の財またはサービスを顧客に移転することもあるため，知的財産のライセンス供与については，まずそれが契約に含まれる他の財またはサービスと別個であるか否かを検討する（IFRS15.B53）（☞【Q64】知的財産のライセンス供与と知的財産の販売）。

　ライセンスが契約に含まれる他の財またはサービスと別個でない場合には，ライセンスの供与および他の財またはサービスを単一の履行義務として，ライセンスの適用指針を適用するのではなく，ステップ5に定められた一般の規定（IFRS15.26～30）を適用して会計処理することが求められる（IFRS15.B54）。なお，別個でないライセンスを供与する際には，企業の約束の性質を検討することが必要な場合がある（IFRS15.BC414X）。契約における他の財またはサービスと別個でないライセンスの例としては，以下のようなものが挙げられる（IFRS15.BC406）（☞【Q65】ライセンスが有形の財と区別できるかどうかの評価）。

図表4－9 ／ 他の財またはサービスと別個でないライセンスの例示	
ライセンスの種類	**例**
有形資産の一部を構成し，その有形資産の機能にとって不可欠であるライセンス	• 車両の運転システムに組み込まれたソフトウェア
関連するサービスと組み合わせた場合にのみ，顧客が便益を享受できるライセンス	• 顧客がオンライン・サービスを通じてのみアクセスできるメディア・コンテンツ • 企業が所有権を有する研究開発サービスが必要な薬剤化合物

ライセンスが契約に含まれる他の財またはサービスと別個である場合には，次にそのライセンスによって「顧客に何が付与されるのか」を検討する。

- ライセンスにより顧客に付与されるものが「知的財産を使用する権利」である場合には，その権利を顧客に移転した時点で収益を認識する。ただし，顧客がライセンスを使用してライセンスからの便益を得ることができる期間の開始前に収益を認識することはできない（IFRS15.B61）。
- これに対して，ライセンスにより顧客に付与されるものが一定の期間にわたる「知的財産へのアクセス」である場合には，契約内容に応じて一定の期間にわたり収益を認識する（IFRS15.B60）。なお，この場合には，アクセスを提供するという履行義務の完全な充足に向けての進捗度の測定に関するIFRS第15号第39項から第45項の要求事項を適用しなければならない（IFRS15.B60）。

この判断に関して，IFRS第15号には，ライセンスが知的財産へのアクセスを付与するか否かの判断要件が含まれている（IFRS15.B58〜B62）。

ライセンスの会計処理を図表4－10にまとめる。

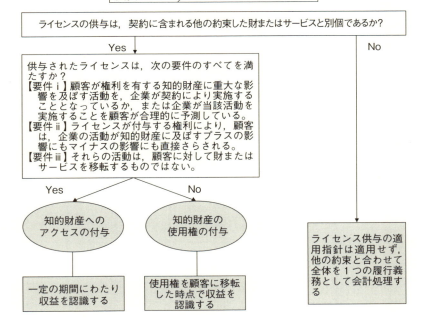

図表4－10　ライセンスの会計処理

図表 4 −10の要件 i における「顧客が権利を有する知的財産に重大な影響を及ぼす活動」については，企業の活動が次のいずれかの場合には，知的財産に重大な影響を与えるとされている（IFRS15.B59A）。

- 企業の活動が，知的財産の形態や機能性を変化させると見込まれる場合
- 顧客の知的財産から便益を得る能力が，実質的に企業の活動（例えば，ブランドの価値を補強または維持する企業の継続的活動）から得られるか，またはその活動に依存している場合

設例 4 −13　知的財産のライセンスが他の財またはサービスと別個でない場合

前提条件

- A社は特許権のライセンスを固定価格で 5 年間提供する契約をX社と締結する。
- A社はライセンス利用のための 1 年間の教育コンサルティング・サービスも提供する。特許権のライセンスを利用するには，当該コンサルティング・サービスは不可欠であり，両者の相互関連性も高い。したがって，A社は特許権のライセンスはコンサルティング・サービスと別個のものではないと判断し，単一の履行義務として識別した。
- この履行義務は一定の期間にわたって充足されると仮定する。

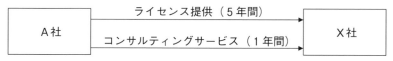

分析

A社は特許権のライセンスとコンサルティング・サービスを単一の履行義務として識別している。そのため，この履行義務についてIFRS第15号の一般的なガイダンスに従うことが求められるが，本設例では，履行義務は一定の期間にわたって充足されることから，履行義務が充足される期間と，進捗度の適切な測定方法を決定するために，ライセンスの性質を検討する必要がある。

ライセンスが，知的財産を「使用する権利」を提供するものであれば，結合された履行義務は 1 年間のコンサルティング・サービス期間にわたり充足される。対照的に，ライセンスがA社の知的財産に「アクセスする権利」を提供す

るものであれば、収益は5年間のライセンス期間にわたり認識される（履行義務はライセンス期間の終了日まで完全には履行されない）。いずれのケースでも、A社は1年または5年の履行期間にわたって適用すべき適切な進捗度の測定基準（例：時間の経過、発生したコスト）を決定しなければならない。

設例4-14　知的財産へのアクセス権の付与

前提条件
- A社はX社にフランチャイズ権を供与をした。この契約において、X社はA社の商標を用いてA社の製品を10年間販売することができる。
- A社は取引慣行として、エンドユーザーの嗜好の変化の分析や製品改良、価格戦略の立案、マーケティング・キャンペーンの実施および運営効率化等の活動を行っており、X社のその慣行を理解している。

※A社は取引慣行として、エンドユーザーの嗜好の変化や製品改良、価格戦略の立案、マーケティング・キャンペーンの実施および運営効率化等の活動を行っている

分析
　X社は、A社がこのライセンスに重大な影響を及ぼす活動を実施することを合理的に予測している。また、このフランチャイズに関するライセンスにより、X社はA社が行う活動の結果生じる変化を取り入れる必要があるため、A社の活動によるプラスの影響にもマイナスの影響にもさらされている。さらに、X社は、フランチャイズ権を通じてA社の活動から便益を得てはいるものの、A社の活動によりX社に財またはサービスが移転されるわけではない。したがって、このフランチャイズ権の供与は、A社の知的財産へのアクセスを付与するものであると考えられる（IFRS15.IE294）。

　ただし、知的財産が重要な独立した機能性を有する場合、その知的財産の便益の相当部分がその機能性から得られるため、企業の活動がその機能性を変化させない限り、その知的財産は企業の活動から重大な影響を受けないこととさ

れている（IFRS15.B59A）。

設例 4 －15　重要な独立した機能性を有する知的財産

前提条件

- 映画製作会社A社はX社に完成した映画を上映するライセンスを供与する。
- A社は重要な宣伝活動を行う予定であり，それは映画からの興行収益に影響を及ぼすと考えられる。
- 宣伝活動は映画の機能性を変化させないが，映画の価値に影響を及ぼす可能性がある。

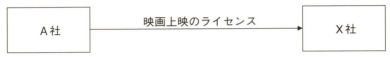

分析

　A社が映画の形態または機能性を変化させる活動を行うことは期待されていない。また，この知的財産（映画）は重大な独立した機能を有するため，A社の宣伝活動は映画から便益を得るX社の能力に著しい影響を与えず，X社が使用可能な知的財産にも影響を与えないと考えられる。したがって，A社は，このライセンスは知的財産を使用する権利を提供するものであり，そのため一時点で移転すると結論づける可能性が高い。

設例 4 －16　提供時期が特定されていないアップデートが付されたライセンスの性質の評価

前提条件

- ソフトウェア企業A社は，ソフトウェアのライセンスを顧客Xに供与する。この契約のもとで，A社は随時Xに対してアップデートおよびアップグレードを提供する。Xはそれらをインストールするか否かを選択できる。
- Xがライセンスから便益を享受するうえで，上記のアップデートまたはアップグレードは不可欠ではない。
- A社がライセンス供与した後にアップデートまたはアップグレードを提供することに関して，顧客に合理的な期待を抱かせていない。

第4章　適用上の論点　141

```
┌──────────┐   ソフトウェアのライセンス    ┌──────────┐
│          │ ───────────────────────────→ │          │
│   A社     │                              │    X     │
│          │   アップデートおよびアップグレード※ │          │
│          │ ───────────────────────────→ │          │
└──────────┘                              └──────────┘
```

※顧客Xは，A社が提供したアップデートおよびアップグレードをインストールするか否かを選択できる

分析

　アップデートやアップグレードを提供する際のA社の活動はソフトウェアの機能性を変化させるが，前提条件から，これらはライセンスから便益を享受するにあたって必要不可欠ではないため，ライセンスの付与とは別個のサービスと考えられる。したがって，アップデートやアップグレードの提供は，約束した財またはサービスをXに移転するものであり，Xに供与されたライセンスの性質を判定する際に考慮されない。

　なお，ライセンスを供与する企業の約束の本質，すなわち，それが知的財産へのアクセスの付与であるのか，知的財産の使用権の付与であるのかを判定する際に，以下の要因は考慮しない（IFRS15.B62）。

(a)　ライセンスの時期，地域または用途の制限

(b)　ライセンスのもととなる知的財産に対する有効な特許を有しており，その特許を維持し防御するというライセンス供与者が提供する保証

　一方で，(a)は約束したライセンスの属性の評価，すなわち，ライセンスの識別（単一のライセンスを識別するか，複数のライセンスを識別するかの判断）に影響を与える。すなわち，企業はステップ2の履行義務の識別において(a)の制限を考慮するが，その後のライセンスの本質がアクセスの付与であるのか，知的財産の使用であるのかを判断する際には，(a)を考慮することはない（IFRS15.BC414P）。

図表 4−11 ／ ライセンスの制限と履行義務の数およびライセンスの本質の関係

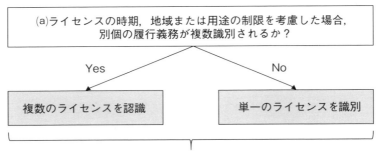

設例 4−17 ／ 事後的に発生する知的財産に対する権利

前提条件

- 映画製作会社A社は、放送局X社が映画「ABC」を米国とカナダで契約期間にわたって放送する排他的な権利を付与する3年間の契約をX1年1月1日にX社と締結した。
- ただし、カナダの競合企業との間に重複する契約が存在するため、カナダで映画「ABC」を放送する権利は、X1年7月1日まで発効しない（すなわち、6か月の保留期間がある）。
- A社は映画「ABC」のコピーをX社に対し即時に提供し、X社は米国で当該映画を即時に放送する権利を有する。

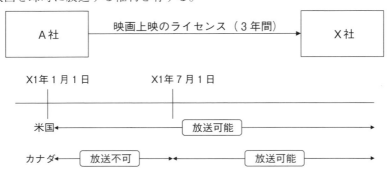

第4章　適用上の論点　143

分析

　A社は，当該契約が，用途の制限を付した単一のライセンスの付与であるか，それとも，2つのライセンスの付与であるかを検討する。X社が映画「ABC」をカナダで放送することを6か月間妨げる契約条項が存在することによって，X社は，X1年7月1日より前にはカナダでそれらの権利を使用して便益を得られないため，実質的にA社はX社が支配しない追加的な権利を，X1年7月1日に移転することが要求されると考えられる。このように，当該用途の制限によって，カナダにおいて放映をするライセンスは米国におけるライセンスと別個に識別できるものと考えられる。したがって，A社は契約に2つの約束したライセンスが含まれると結論づける。

　なお，これらの2つのライセンス供与がアクセス権の付与に当たるのか，それとも使用権の付与に当たるのかを判定する際には，当該用途の制限は考慮しない点に留意する。本設例において映画「ABC」は，重要な独立した機能性を有し，その知的財産の便益の相当部分がその機能性から得られるため，A社の活動から重大な影響を受けないことと判断され，これらのライセンス供与はともに使用権の付与であると考えられる。したがって，取引価格を独立販売価格に基づいて，「ABC」を米国において放送するライセンスとカナダにおいて放送するライセンスに配分したうえで，米国のライセンスに係る収益はX1年1月1日に，カナダのライセンスに係る収益はX1年7月1日に認識する。

設例4－18　約束したライセンスの属性

前提条件

・【設例4－17】を変更し，米国とカナダで映画「ABC」を放送する権利が両方ともX1年1月1日に発効するとする。

・ただし，映画「ABC」を放送する放送局X社の権利は，3年間にわたり同地域内で8回の放送にのみ制限されており，契約の一部として，X社は当該映画の放送中に特定の種類のCMを流さないことに合意した。

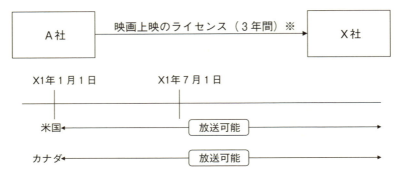

※ X社は、3年間で同一地域内で8回映画「ABC」を放送できる
　X社は、映画の放送中に特定の種類のCMを流さないことでA社と合意している

> 分析

ライセンスの期間（3年間），ライセンスの対象となる地域（米国とカナダにおけるX社のネットワークのみ），および用途の制限（地域内の放送回数が8回までで，映画「ABC」の放送中のCMの制限が付されている）により，X社の権利の範囲が限定されている。これらの契約条項はいずれも，X社が契約により獲得した権利を使用して便益を初めて得る時点であるX1年1月1日より後に，知的財産の使用権またはアクセス権を追加的に移転することをA社に要求しない。したがって，A社はこの契約が単一のライセンスに関するものであると結論づけ，X1年1月1日に収益を認識する。

2　売上高ベースまたは使用量ベースのロイヤルティに関する例外規定

　知的財産のライセンスの対価が売上高ベースや使用量ベースのロイヤルティの形態（すなわち，変動対価）をとる場合がある。IFRS第15号は変動対価について，事後的に重要な戻入れが生じない可能性が非常に高い範囲でそれを取引価格に含めるが，売上高ベースまたは使用量ベースのロイヤルティについては，この変動対価の見積りの制限に関する例外規定が設けられている。この例外規定は，ロイヤルティが次のいずれかに該当する場合に適用される（IFRS15.B63A）（☞【Q66】顧客によるマイルストーン達成を条件とするライセンス供

第4章 適用上の論点 145

与契約の会計処理）。

- そのロイヤルティが知的財産のライセンスのみに関連している場合
- 知的財産のライセンスが，そのロイヤルティに関連する支配的な項目である場合（☞【Q67】支配的な項目であるかどうかの判断）

上記を満たす場合，売上高ベースまたは使用量ベースのロイヤルティからの収益については，次の事象の遅い方の時点で（または事象が起こるにつれて）収益を認識しなければならない（IFRS15.B63）。これは，対価が顧客のその後の売上高または使用量を基礎とする知的財産のライセンスについては，企業は不確実性が解消されるまで（すなわち，顧客のその後の販売または使用が生じる時まで），その変動性のある金額について収益を認識すべきではないという論拠に基づいている（IFRS15.BC415）。

- 実際に販売または使用された時点
- 売上高ベースまたは使用量ベースのロイヤルティの一部またはすべてが配分された履行義務が充足された（部分的に充足された）時点

なお，上記の場合，ロイヤルティの対象となる部分とならない部分を区別せず，ロイヤルティに係る例外規定を全体に対して適用する（IFRS15.B63B）。

設例4－19 知的財産のライセンスに係る売上高ベースロイヤルティ

前提条件

- A社は，X1年1月1日にX社に映画「ABC」の6か月間の上映権に関するライセンスを供与した。
- A社は，ライセンスの付与と交換に契約時にX社から15百万円を受け取り，その後はX社の売上高の20％を売上高ベースのロイヤルティとして受け取る。
- X社の各月における売上高は後述のとおりであった。

（単位：百万円）

	X1年1月	X1年2月	X1年3月	X1年4月	X1年5月	X1年6月
売上高	100	80	60	40	20	20

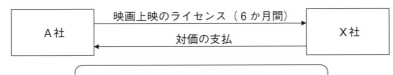

ライセンス付与時に受領：15百万円
売上高ベースロイヤルティ：X社売上高の20％

分析

A社が受け取るロイヤルティは，知的財産である映画「ABC」のロイヤルティのみである。したがって，売上高ベースまたは使用量ベースのロイヤルティに関する例外規定を適用して収益を認識しなければならない。すなわち，A社は変動対価を，原則どおり事後的に重要な戻入れが生じない可能性が非常に高い範囲で取引価格に含めて履行義務へ配分し，履行義務の充足によって収益を認識するのではなく，X社において売上が発生したときに収益を認識する。具体的には後述のとおりに収益を認識する。

（単位：百万円）

	X社の各月売上高	A社の収益認識額
契約時	－	15
X1年1月	100	20
X1年2月	80	16
X1年3月	60	12
X1年4月	40	8
X1年5月	20	4
X1年6月	20	4
合計	320	79

買戻し契約

　買戻し契約とは,企業が資産を販売するとともに,同一契約または別契約のいずれかにおいて,その資産を買い戻すことを約束するか,もしくは買い戻すオプションを有している契約であり(IFRS15.B64),一般的に,次の3つに分けられる(IFRS15.B65)。

- 先渡契約……企業が資産を買い戻す無条件の義務を有している(例:販売してから6か月後に,販売した資産を買い戻す義務のある契約)
- コール・オプション……企業が資産を買い戻す無条件の権利を有している(例:販売してから1年経過後に,販売した資産を買い戻す権利がある契約)
- プット・オプション……企業が顧客の求めにより資産を買い戻す無条件の義務を有している(例:販売してから1年経過後に,顧客が当該資産を企業に売り戻す権利がある契約)

　買い戻される資産は,当初資産と実質的に同じ資産である場合,あるいは当初に販売した資産を構成部分とする資産である場合がある。

1　先渡契約とコール・オプション

　企業が資産を買い戻す無条件の権利または義務を有していることから,顧客は,たとえ当該資産を物理的に保有していたとしても,当該資産の使用を指図し,残りの便益のほとんどすべてを獲得する能力が制限されていると考えられる(すなわち,当該資産に対する支配を獲得していない)。

　したがって,買戻し契約が先渡契約またはコール・オプションに該当する場合,企業(売手)は資産の販売について収益を認識できず,取引の実態に応じて図表4-12のように,リースまたは融資契約として会計処理する(IFRS15.B66～B67)。

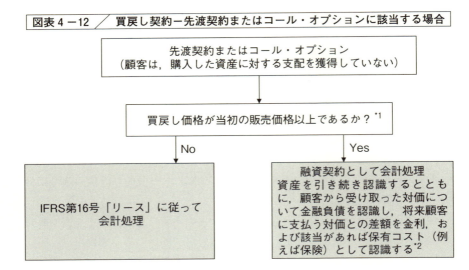

*1 販売価格との比較に際して,貨幣の時間価値の影響を考慮する。
*2 オプションが行使されないまま消滅する場合には,負債の認識を中止し,収益を認識する。

2　プット・オプション

　企業が顧客の求めに応じて資産を買い戻す無条件の義務を有している場合は,契約開始時に顧客が権利を行使する重大な経済的インセンティブを有するか否か,および資産の買戻し価格(貨幣の時間価値考慮後)が当初の販売価格以上であるかにより,図表4-13のように会計処理する(IFRS15.B70～B75)(☞【Q68】再販売価格の最低金額の保証が付された契約)。

　また,顧客が権利を行使する重大な経済的インセンティブを有しているか否かの評価に際しては,買戻し価格と買戻し日の時点での予想市場価格との関係を考慮しなければならない。買戻し価格が資産の予想市場価値を大幅に超えると見込まれる場合には,顧客がプット・オプションを行使する著しい経済的インセンティブを有する可能性がある(IFRS15.B71)。買戻し価格を販売価格と比較する際には,貨幣の時間価値を考慮することが求められる(IFRS15.B75)。オプションが行使されないまま消滅する場合には,負債の認識を中止し,収益を認識する(IFRS15.B76)。

第4章 適用上の論点 149

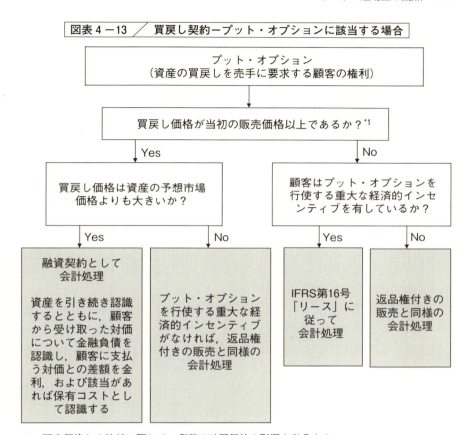

*1 販売価格との比較に際して,貨幣の時間価値の影響を考慮する。

Point & 分析	経済的インセンティブを有するかどうかの判断
	プット・オプションを有する顧客がその権利を行使する重大な経済的インセンティブを有するか否かを判定する際には,判断が要求される。この判定は契約開始時に行われ,その後に資産の価格が変動してもアップデートしない。なお,この判定を行うためには,類似の取決めにおける過去の顧客の動向も加味する。

150

9 委託販売契約

製品を最終顧客に販売するために，企業が販売業者または流通業者等の他の当事者に製品を引き渡すことがある。この場合，企業は，当該他の当事者がその時点で製品の支配を獲得したかどうかについて評価しなければならない。委託販売契約のもとで製品が他の当事者に保有されていたとしても，他の当事者が支配を獲得していない場合には，他の当事者に製品を引き渡した時点で収益を認識してはならない（IFRS15.B77）。

契約が委託販売契約であることを示す指標には，次のものが含まれるが，これらに限定されない（IFRS15.B78）。

- 企業が，販売業者による顧客への製品の販売等の所定の事象が生じるまで，または所定の期間が終了するまで製品を支配している場合
- 企業が製品の返還を求めることができる場合，または別の販売業者等の第三者に製品を移転できる場合
- 販売業者が，製品の支払に関する無条件の義務を有していない場合（ただし，預け金の支払が求められる場合がある）

設例4−20 委託販売契約

前提条件

- 製造業者A社は，60日間の委託販売契約を締結し，小売業者B社の店舗に1,000着の衣料を送付した。
- 衣料が最終顧客に販売された場合，B社はA社に1着当たり20千円を支払う義務を負う。
- 委託期間にわたりA社は，衣料を返品すること，または，別の小売業者にそれらを移転することをB社に要求する権利を有する。また，B社から返品の申し出があった場合，A社はその衣料の返品を受け入れなければならない。

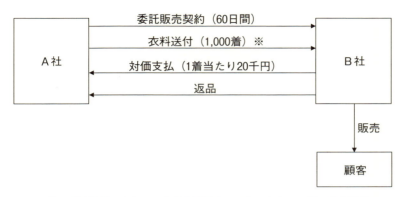

※ A社は委託期間にわたり，衣料を返品すること，または，別の小売業者にそれらを移転することをB社に要求する権利を有する
A社はB社からの衣料の返品を受け入れなければならない

> [分析]

A社は以下の理由から，引渡し時に衣料の支配がB社に移転していないと判断する。

- B社は衣料が最終顧客に販売されるまで，それらについての無条件の支払義務を負わない。
- A社は，B社が最終顧客に販売する前のいずれの時点においても，衣料を別の小売業者に移転することを要求できる。
- A社は衣料の返品を要求することができる。

A社は，最終顧客に販売された時点（この時点で，A社は衣料を返品すること，および，別の小売業者にそれらを移転することをB社に要求できなくなる）で衣料の支配が移転すると判断した。したがって，A社は衣料が最終顧客に販売されたときに収益を認識する。

10 請求済未出荷契約

　請求済未出荷契約とは，製品について企業が顧客に請求するが，物理的占有は将来顧客に移転するまで企業が保持する契約である。例えば，顧客に保管場所がなかった場合に，顧客の要請に基づきこのような状況が生じる（IFRS15.B79）。IFRS第15号第38項(c)では，企業の物理的占有を支配の指標としているが，このような場合には，物理的占有が移転していなくても，顧客に製品の支配が移転し，企業は製品の保管サービスを顧客に提供している（IFRS15.B80）。この場合，IFRS第15号第38項の支配の移転に関するガイダンスの適用に加えて，次の要件すべてを満たしている（IFRS15.B81）。

- 請求済未出荷契約の理由が実質的なものである。
- 当該製品が顧客に属するものとして区分されている。
- 当該製品は，現時点で顧客への物理的な移転の準備ができている。
- 企業は当該製品を使用したり別の顧客に振り向けることができない。

　請求済未出荷の状態で製品の収益を認識する場合には，保管サービスといった別の履行義務を有している可能性を検討する（IFRS15.B82）。

設例 4 －21　請求済未出荷契約

前提条件

- A社は機械をX社に販売する契約を締結した。X社の製造設備は未完成であり，X社は製造設備が完成するまで，A社が当該機械を保管することを要求している。
- A社は返還不能の取引価格をX社に請求し，回収する。また，X社が引渡しを要請するまで，機械を保管することに合意する。
- 取引価格には，X社が引渡しを請求するまでの期間，A社が機械を保管することについての適切な対価が含まれている。この機械は完成し，A社の棚卸資産とは区別され，出荷準備ができており，A社はこの機械を使用すること

第4章　適用上の論点　153

も，別の顧客に販売することもできない。なお，X社は引渡日を指定せずに，引渡しの延期を要請している。
- X社が請求済未出荷を要請する理由は実質的であったものとする。

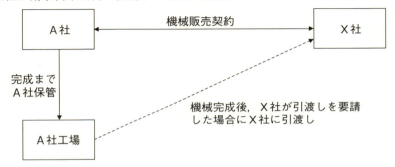

分析

　X社はまだ引渡日を指定していないものの，機械の支配はX社に移転しているため，A社は請求済未出荷ベースで収益を認識することとした。

　なお，X社のために財を保管する義務は，別個の履行義務となる。A社は機械を保管する履行義務の独立販売価格を，保管サービスの提供期間の予測に基づき見積もる必要がある。取引価格のうち保管義務に配分した金額は繰り延べ，保管サービスを提供するに従って一定の期間にわたり認識する。

11 顧客による検収

IFRS第15号第38項(e)によると，顧客による資産の検収は，顧客による支配の獲得を示唆している。検収により，財またはサービスが合意された仕様を満たしていないことが判明した場合には，顧客が契約を取り消す，あるいは是正措置を要求できるように契約上明記されていることがある。支配の移転がいつ起きるかの検討に際しては，こうした条項を考慮することが求められる（IFRS15.B83）。

合意された仕様に従った財またはサービスが移転したことが客観的に判断できる場合には，顧客の検収は形式的であるため，支配の移転時期の判断に影響を与えない（IFRS15.B84）。しかし，客観的に判断できない場合には，検収を受けるまで顧客が支配を獲得したことを判断することができない（IFRS15.B85）。

なお，企業が製品を顧客に試用または評価の目的で引き渡し，試用期間が終了するまで顧客が対価の支払を確約していない場合には，顧客が製品を検収する時点か試用期間が終了する時点まで，当該製品に対する支配は顧客に移転しない（IFRS15.B86）。

第5章

表示および開示

本章のまとめ

　従来IAS第18号においては，財務諸表に関する表示に係るガイダンスが記載されていなかったことに加え，注記に係るガイダンスも限定的なものであった。IFRS第15号では，財務諸表に関する表示に関するパラグラフが設けられたほか，注記に関するガイダンスも大幅に拡充され，財務諸表利用者に，より有用な情報を提供する枠組みを確立している。

1 表　　示

1 ┃ 契約資産および契約負債

(1)　契約資産，契約負債および債権の定義

　契約資産とは，企業が顧客に移転した財またはサービスと交換に受け取る対価に対する企業の権利のうち，時の経過以外の条件が付されているものをいい，契約負債とは，財またはサービスを顧客に移転する義務のうち企業が顧客から対価を受け取っている，または対価の金額の支払期限が到来しているもの（解約不能な場合）をいう（IFRS15.A, 106～107）。

　また，債権とは対価に対する企業の権利のうち企業が無条件の権利を得ているものをいう。なお，債権は，IFRS第9号に従って会計処理をすることが求められるが，この結果，IFRS第9号に基づいた当該債権の測定金額と，それに対応する収益の金額との間に差額があれば，費用（例えば，減損損失）として会計処理され，表示されることとなる（IFRS15.108）。

(2)　契約資産，契約負債および債権の認識

　契約のいずれかの当事者が履行している場合には，企業は，当該契約を財政状態計算書において，企業の履行と顧客の支払との関係に応じて，契約資産または契約負債として表示する。また，対価に対する無条件の権利については，債権として区分表示しなければならない（IFRS15.105）。IFRS第15号の下では，契約を締結した時点で企業の権利と義務は同額である。顧客が対価を支払う義務を履行する前に，企業が履行義務を充足した場合には，企業は顧客から対価を受領する権利を有することになる。当該対価の支払期限が到来するまでに，時の経過が唯一の必要条件である場合には，この権利は無条件の権利であり債権であるが，未だ無条件でない場合，すなわち時の経過以外の条件が残っている場合には契約資産を認識し，無条件となった時点で債権とする（IFRS15.

BC322～BC324)。一方で，企業が履行義務を充足する前に顧客が対価を支払った場合には，契約負債が生じることになる。

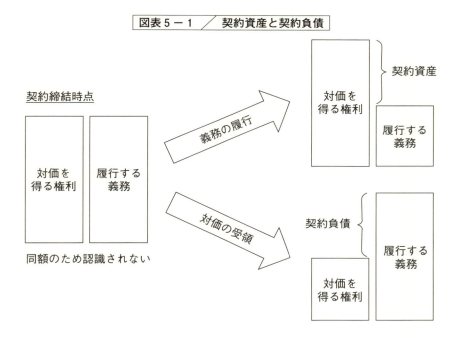

図表5－1　契約資産と契約負債

また，企業が約束した財またはサービスを顧客に未だに移転しておらず，顧客からいかなる対価も受け取っていない状態でも，顧客から対価を受け取る権利を有する場合がある。これは，解約不能な契約において，財またはサービスの移転の前に支払期限が到来するようなケースであり，この場合，同額の債権と契約負債が同時に認識されることとなる（IFRS15.IE199)。

これらの関係をまとめると，後述の図表5－2のようになる。

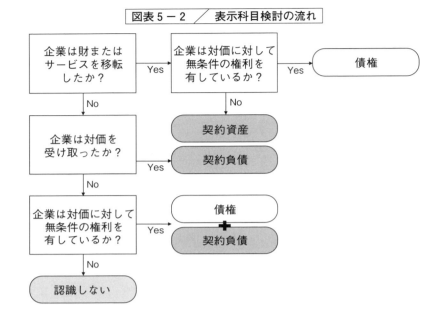

図表5-2 表示科目検討の流れ

設例5-1　解約不能な契約に係る契約負債および債権

前提条件

- 製造業者A社は、製品をX社にX1年3月31日に移転する解約不能の契約をX1年1月1日に締結した。
- この契約により、X社はX1年1月31日に対価1,000千円を前払いすることが要求される。
- X社はX1年3月1日（すなわち、支払期限到来後）に当該対価を支払う。
- A社は製品をX1年3月31日に移転する。

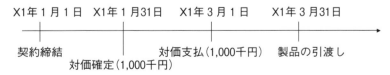

分析

A社がX1年1月31日（すなわち、支払期限）よりも前に請求書を発行する場合、対価に対する無条件の権利をまだ有していないため、当該時点では債権

第5章 表示および開示 159

は認識されない。

　A社はX1年1月31日において，対価に対する無条件の権利を有するため，当該対価について債権を認識する。したがって，A社は以下の会計処理を行う。

・X1年1月31日に発生する債権および関連する契約負債　　　（単位：千円）

| （借）債権 | 1,000 | （貸）契約負債 | 1,000 |

・X1年3月1日に受け取った現金

| （借）現金および預金 | 1,000 | （貸）債権 | 1,000 |

・X1年3月31日における製品の移転に係る収益

| （借）契約負債 | 1,000 | （貸）収益 | 1,000 |

設例5－2　解約可能な契約に係る契約負債および債権

前提条件

・【設例5－1】において当該契約が解約可能であったケースを考える。

分析

　この設例では，A社は支払期限を過ぎても解約可能であるため，X1年1月31日において対価に対する無条件の権利を有しておらず，債権を有していない。そのため，A社はX1年1月31日において債権および契約負債の計上は行わず，以下の会計処理を行う。

・X1年3月1日に受け取った現金および関連する契約負債　（単位：千円）

| （借）現金および預金 | 1,000 | （貸）契約負債 | 1,000 |

・X1年3月31日における製品の移転に係る収益

| （借）契約負債 | 1,000 | （貸）収益 | 1,000 |

(3) 契約資産と契約負債の相殺と表示科目

IFRS第15号では，契約の中の残存する権利および履行義務は，契約資産または契約負債のいずれかとして純額で会計処理および表示するものと考えられている（IFRS15.BC317）（☞【Q69】契約資産と契約負債を相殺する単位，【Q70】契約資産と契約負債の相殺においての留意事項）。

また，財政状態計算書において表示される契約資産および契約負債は，重要性がある場合にはそれぞれ他の科目と区分して表示されることになる（IFRS15.BC320）（☞【Q71】契約資産および契約負債の区分表示の判断）。

なお，契約資産および契約負債は，財政状態計算書上，他の名称を用いることも認められるが，企業は，財務諸表利用者が契約資産と債権を区別するのに十分な情報を提供する必要がある（IFRS15.109）。

設例5－3　複数の履行義務がある場合の契約資産と契約負債の表示

前提条件

- X1年1月1日に，A社は製品Xと製品Yを代金100千円で，B社に販売する契約をB社と締結した。
- A社は製品Xと製品Yの両方が移転された時点で，それぞれの対価に対して無条件の権利を獲得する。
- 加えて，この契約には製品Xに対する2年間の製品保証が含まれており，製品Xを移転したときにA社はB社から対価10千円を受け取る。
- A社は，この契約には製品XのB社への移転，製品YのB社への移転，および製品保証という3つの履行義務が含まれていると判断した。なお，それぞれの独立販売価格に基づき，取引価格110千円について，製品Xの販売に40千円，製品Yの販売に60千円，および製品保証に10千円を配分した。
- A社は，製品Xと製品Yの販売は一時点で充足される履行義務であり，製品保証は一定の期間にわたり充足される履行義務であると結論づけた。

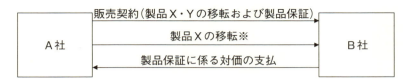

※製品YはB社に移転しておらず，製品X販売時点ではA社は対価に対する無条件の権利を獲得していない

> **分析**

A社はX1年6月30日に製品XをB社に移転し，履行義務を満たした際に以下の仕訳を計上する（製品Yがまだ移転されていないため，対価の無条件の権利は獲得していない）。

（借）契約資産	40	（貸）収益	40

製品Xの移転に伴って，取決めに従いA社は製品保証に係る対価10千円を受け取る。A社は同一の契約から発生した契約資産40千円から当該10千円を取り崩し，純額の契約残高である契約資産30千円を表示する。

（借）現金および預金	10	（貸）契約資産	10

2　金利収益または金利費用

企業は，金融の影響（金利収益または金利費用）（第2章 3 3「重大な金融要素」参照）を，包括利益計算書において，顧客との契約から生じる収益と区別して表示しなければならない（IFRS15.65）。

2 開　　示

　IFRS第15号においては，従来のIAS第18号に比べて，開示規定が拡大された。顧客との契約から生じる収益およびキャッシュ・フローの性質，金額，時期および不確実性を財務諸表利用者が理解できるようにするための十分な情報を企業が開示することを目的として，開示規定は，大きく次の３つの項目に分類され，これらに関する定量的情報および定性的情報を開示することが求められている（IFRS15.110）。
- 顧客との契約（IFRS15.113～122）
- 重要な判断および当該判断の変更（IFRS15.123～126）
- 顧客との契約の獲得または履行のためのコストから認識した資産（IFRS15.127～128）

1 顧客との契約

　顧客との契約から認識した収益の金額および該当があれば顧客との契約から生じた債権または契約資産について認識した減損損失の開示が求められる。ただし，包括利益計算書に表示している場合に重ねて開示する必要はない（IFRS15.113）。収益は，顧客の信用リスクを反映しない，権利を得ると見込む金額で測定される。そのため，信用リスクによって生じる，顧客との契約からの減損損失を別途開示することが求められている（IFRS15.BC333）。なお，減損利得（減損損失の戻入れ）または減損損失を認識する目的においてIFRS第９号に従って会計処理すると定めている権利については，IFRS第７号第35A項から第35N項における開示規定が適用される。すなわち，減損に関してIFRS第９号が適用される契約資産，債権についてはIFRS第７号における信用リスクに関する開示規定に従う必要がある（IFRS7.5A, IFRS15.107, 108）。
　その他，顧客との契約に関しては，以下の区分にて，開示すべき事項が要求されている。

(1) 収益の分解

　顧客との契約から認識した収益は，収益およびキャッシュ・フローの性質，金額，時期，および不確実性がどのように経済的要因の影響を受けるかを描写する区分に分解して開示する（IFRS15.114）。分解をどの程度行うかの判断は，個別の事実と状況に基づき行う（IFRS15.B87）。

　収益をどのように区分するかを選択する際には，財務諸表外の開示情報（投資家向けの決算説明資料等），最高経営意思決定者による事業セグメントの業績評価にあたり参照されている情報，それらに類似する情報のすべてを考慮することが求められる（IFRS15.B88）。

　適切である区分の例としては，次のものが挙げられる（IFRS15.B89）。

- 製品ラインのような，財またはサービスの種類
- 国または地域のような，地理的区分
- 政府と民間のような，市場または顧客の種類
- 固定価格と実費精算のような，契約の種類
- 契約の存続期間
- 一時点と一定の期間のような，財またはサービスの移転の時期
- 販売経路

　また，類似する情報としてセグメント情報の開示があり，IFRS第15号は分解した収益とセグメント情報との関係の説明を求めているが（IFRS15.115），セグメントに関する開示情報がIFRS第15号の開示要求を満たしている場合には，重ねて開示する必要はない（IFRS15.BC340）。

Point & 分析	**分解した収益の開示とセグメントの開示**

　IFRS第8号「事業セグメント」においては，最高経営意思決定者が企業の業績を評価し，資源を配分するのに用いる情報を基礎とした開示が求められている。一方で，IFRS第15号のもとでの開示の対象は，そのような情報に限定されない。企業は収益の分解の開示を行う際に，最高経営意思決定者が企業の業績を評価し，資源を配分するのに用いる情報を考慮するが，業績を評価し，資源を配分するのに用いられるその他の類似の情報も考慮する。その結果，企業はIFRS第15号の開示目的を満たすために，セグメントの開示対象よりも細かい収益の分解開示を行うことが要求される可能性

がある。

　例えば，企業の最高経営意思決定者が，経済的に異質の複数の事業に係る財務情報を統合した単一の報告書を定期的にレビューしている場合（すなわち，それらの事業が統合されて1つの事業セグメントを構成する場合）がある。ただし，セグメントの管理責任者がセグメント内の業績や資源の配分に関する決定を，経済的に異質な事業に分解された情報に基づき行う場合，それらの各事業に，IFRS第15号のもとで分解開示の要件を満たす収益が含まれる可能性がある。

(2)　契約残高

　契約残高について，次のすべてを開示することが求められている（IFRS15.116～118）。なお，期首および期末の残高に関する情報は，調整表として開示する必要はない（IFRS15.BC346）。

- 顧客との契約から生じた債権，契約資産および契約負債の期首残高および期末残高（区分して表示または開示していない場合）
- 期首の契約負債残高に含まれていた当報告期間に認識した収益
- 当報告期間において，過去の期間に充足（または部分的に充足）した履行義務から認識した収益（例：取引価格の変動）（※）
- 履行義務の充足時期と通常の支払時期との関連（第5章 2 2(1)「履行義務の充足の時期の決定」参照）および当該要因が契約資産および契約負債の残高に与える影響に関する説明（定性的情報による説明も認められる）
- 当報告期間における契約資産および契約負債の重大な変動に関する定性的および定量的な説明
  例えば，変動の要因として下記が挙げられる。
  - 企業結合
  - 契約資産の減損
  - 対価が無条件になる期間や履行義務の充足期間の変化
  - 進捗度の測定値の変動，取引価格の見積りの変更，契約変更を含む契約資産または契約負債に影響を与える収益の累積的キャッチアップ修正

（※）当報告期間において，過去の期間に充足（または部分的に充足）した履行義務から認識した収益とは，例えば，当期において契約におけ

第5章　表示および開示　165

る取引価格に変更が生じた場合や，変動価格の見積りを変更した場合に，当期より前に充足した履行義務に配分された金額が変動し，その影響が当期に認識される場合が挙げられる。ただし，重要性がない場合にまで開示が求められるわけではない（IFRS15.BC347）（☞【Q72】前期末時点で契約残高が生じていない契約の開示）。

Point & 分析　取引価格の変動の開示

　過去の期間に充足した（または部分的に充足した）履行義務に関して当期に認識した収益の金額を開示するために，収益に対する累積的なキャッチアップ修正のうち，対応する契約資産または契約負債に影響を与えるものに加え，取引価格の変動の影響を個別に調査することが必要となる場合がある。これにより，一部の企業では，プロセスやシステムの機能を変更することが要求される場合がある。

　例えば，製造業者A社は，一定の期間にわたって充足される単一の履行義務を含む契約を締結する。契約価格には5,000千円の固定対価と，製造目標に基づく1,000千円を上限とする変動対価が含まれる。この変動対価は，製造目標に対する契約完了時の達成度に応じてその額が確定する。

　1年目の末にこの契約の35%が完了し，A社は変動対価の総額を200千円と見積もる。2年目の末に，契約の90%が完了し，A社は変動対価の総額を1,000千円と見積もる。

　したがって，A社は以下のように収益を認識する。

（単位：千円）

	固定対価	変動対価	合計
1年目の末（契約の35%が完了）			
取引価格の見積り	5,000	200	5,200
1年目に認識される収益（35%）	1,750	70	1,820
2年目の末（契約の90%が完了）			
取引価格の見積り	5,000	1,000	6,000
契約の90%が完了した2年目の末までの累積収益	4,500	900	5,400
1年目に認識した収益を控除	1,750	70	1,820
2年目に認識される収益	2,750	830	3,580

　2年目の財務諸表上，A社は，取引価格が変動した結果として1年目に

充足した履行義務に関連して2年目に認識した収益の金額を開示する。取引価格は変動対価分が800千円（1,000千円−200千円）増加し，契約は1年目の末において35％完了していたため，開示する金額は280千円（800千円×35％）となる。

(3) 履行義務

企業は，履行義務に関して以下の情報を記載する（IFRS15.119）。

- 企業が通常，履行義務を充足する時点（例：出荷時，引渡し時，サービスを提供するにつれて，サービスの完了時）
- 重要な支払条件（例：通常の支払期限，重大な金融要素が契約に含まれているか否か，対価の金額に変動性があるか否か，変動対価の見積りが制限されているか）
- 移転を約束した財またはサービスの内容（企業が代理人として行動する場合は，他の当事者が財またはサービスを移転するよう手配する履行義務であることを強調する）
- 返品および返金の義務ならびにその他の類似する義務
- 製品保証と関連する義務

なお，企業は，報告期間末現在有する残存履行義務に関して，次の項目を開示しなければならない（IFRS15.120）（☞【Q73】売上高または使用量ベースのロイヤルティ，【Q74】変動対価を配分した履行義務が未充足である場合の開示）。

- 報告期間末で未充足，または部分的に未充足の履行義務に配分した取引価格の総額
- 上記の開示額について，企業がいつ収益として認識すると見込んでいるかの説明

この説明にあたっては，将来，残存履行義務が充足される期間として，最も適当であると判断した期間の範囲を使用した定量的な方法によって行うか，あるいは定性的な方法で行う。

ただし，履行義務の当初の予想期間が1年以内の契約の一部である場合または請求する権利を有している金額で収益を認識できる場合（IFRS15.B16）には，上記の項目を開示する必要はないとされる簡便法が設けられている

第5章 表示および開示 167

(IFRS15.121)。

　加えて，簡便法を適用しているかどうか，顧客との契約からの対価の中に取引価格に含まれていないもの（制限されている変動対価の金額の見積り等，残存履行義務として開示した情報に含まれていないもの）があるかについて定性的に説明しなければならない（IFRS15.122）。

Point & 分析　**残存履行義務の開示と予約残または受注残に関する開示**

　企業（長期契約を有する企業を含む）の中には，IFRS第15号の適用以前から，予約残または受注残（すなわち，受注したが完了していない，または，まだ開始していない契約）について自主的に開示しているところもある（IFRS15.BC349）。予約残または受注残とは通常，投資者との討議に役立つよう経営者が定義した測定値である。

　残存する履行義務の開示には，いずれの当事者もまだ履行しておらず，契約当事者が他の当事者に補償することなしに完全に未履行の契約を解約する一方的な権利を有する注文は含まれないため，一部の企業が予約残または受注残として自主的に開示しているものと相違する場合がある。

---

2 重要な判断および当該判断の変更

　企業は，IFRS第15号の適用に際して行った判断および当該判断の変更のうち，収益認識の金額および時期の決定に重要な影響を与えるもの（特に，履行義務の充足の時期，取引価格，および履行義務への配分額を決定する際に用いた判断）を開示する（IFRS15.123）。

(1) 履行義務の充足の時期の決定

　一定の期間にわたり充足される履行義務について，企業は収益を認識するために用いた方法（例：アウトプット法またはインプット法に関する説明およびその方法をどのように適用しているか），およびそれらの方法が財またはサービスの移転を忠実に描写する理由を記載する（IFRS15.124）。

　一時点で充足される履行義務について，約束した財またはサービスの支配を顧客がいつ獲得するかを評価する際に行った重要な判断について開示する（IFRS15.125）。

⑵　取引価格および履行義務への配分額の算定

　企業は，以下のすべてについて使用した方法，インプットおよび仮定に関する情報も開示する（IFRS15.126）。
- 取引価格の算定（これには，変動対価の見積り，重大な金融要素に関する対価の調整および現金以外の対価の測定が含まれる）
- 変動対価の見積りが制限されるかどうかの評価
- 取引価格の配分（これには，約束した財またはサービスの独立販売価格の見積り，値引きおよび変動対価の配分が含まれる）
- 返品および返金の義務ならびにその他の類似する義務の測定

3　顧客との契約の獲得または履行のためのコストから認識した資産

　顧客との契約を獲得または履行するためのコストから資産を認識した場合，次の事項を開示する（IFRS15.127〜128）。なお，当該情報は，調整表として開示する必要はない（IFRS15.BC357）。
- 顧客との契約を獲得または履行するために生じたコストの算定に関する判断
- 償却方法
- 契約前コストやセット・アップ・コストといった契約コストから認識した資産の主要な種類別の期末残高
- 当期の償却額および減損損失額

4　簡便法に関する開示

⑴　重大な金融要素および契約獲得の増分コストに関する簡便法

　次の2つの簡便法を利用した場合，その旨を開示する（IFRS15.129）。
- 財またはサービスを移転する時点と対価の支払時期の差が1年以内であるため，約束した対価の金額について重大な金融要素から生じる影響を反映させない場合（第2章 3 3「重大な金融要素」参照）

- 契約獲得の増分コストとして認識するはずの資産の償却期間が1年以内であるため，当該契約獲得の増分コストをその発生時に費用処理する場合（第3章**1**「契約獲得の増分コスト」参照）

(2)　移行時に使用した簡便法

IFRS第15号へ移行する際に，部分的遡及アプローチまたは累積的キャッチアップ・アプローチを適用し，簡便法を使用した場合（第1章**4**2「経過措置」参照），次の事項を開示する（IFRS15.C6）。

- 使用した簡便法
- 合理的に可能な範囲で，当該簡便法の使用について見積もった影響の定性的評価

なお，期中財務報告については，分解した収益の情報の開示のみ必須とされており（IAS34.16A(1)），その他の開示の規定は企業の財政状態の重大な変動および業績に関する情報を開示するというIAS第34号の一般的な原則に従い開示を検討することになる（IFRS15.BC360）。

第6章

業種別論点解説

本章のまとめ

　本章では，IFRS第15号の適用に伴い，検討が必要となるであろう実務上の論点について，以下の業種別に解説する。

(1)　ソフトウェア

(2)　製薬業

(3)　自動車・メーカー

(4)　小売・商社

(5)　サービス業

(6)　建設業

1 ソフトウェア

| ケース解説1 | 契約の結合 |

会計処理のポイント

- ソフトウェア業を営む企業の取引には，ソフトウェアを完成させるためのさまざまな開発作業のほか，ハードウェア機器の販売が含まれることがある。また，保守等のアフターサービスを併せて請け負うこともあり，顧客との間で複数の契約を締結することが多いことから，これらの契約が単一の契約として会計処理されるか，複数の契約として会計処理されるかを検討する必要がある。
- 複数の契約を単一の契約として会計処理するか否かは，契約の結合に係る規定（IFRS15.17）に照らして検討する（第2章①3「契約の結合」参照）。
- 企業が同一の顧客と<u>同時またはほぼ同時</u>に締結した複数の契約について，<u>以下の要件のいずれかに該当する場合</u>，これらを結合して，単一の契約として会計処理する（IFRS15.17）。
  - 契約が単一の商業的な目的を有するまとまりとして交渉されている。
  - 契約の対価が，他の契約の価格または履行に依存している。
  - 複数の契約における財またはサービスが単一の履行義務を構成する。

(1) 前提条件

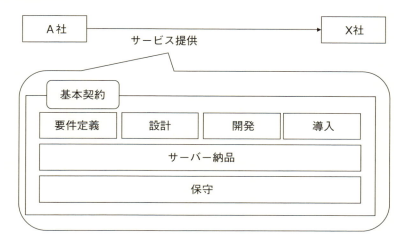

- A社はソフトウェア業を営んでおり，顧客X社との間で，「要件定義」，「設計」，「開発」，「導入」（以上「ソフトウェア開発」），「サーバー納品」および「保守」に係る個別契約を締結している（以上すべてまとめて「システム開発」）。
- A社が開発したソフトウェアはX社独自の仕様に基づいたものであり，完成したソフトウェアの納品後A社がライセンスを持つものではない（ソフトウェアの納品後，当該ソフトウェアの所有権はX社に移転する）。
- A社とX社との間には，個別契約を締結する際の諸条件が定められた基本契約が締結されているが，当該基本契約は，A社とX社のいずれにおいても何らかの義務を生じさせるものではない。
- 「要件定義」から「サーバー納品」までの価格交渉は1つの括りで行われ，これらの個別契約はほぼ同時期に締結される。
- 「保守」契約については，「要件定義」から「サーバー納品」までが終了した時点で，別途X社と価格交渉し，契約を締結している。
- 「保守」契約の価格は市場価格に基づいて決められるため，他の契約の価格や履行に依存していない。
- 納品するサーバーは汎用品であり，X社は容易に他社から同様のサーバーを入手可能である。

・開発されたソフトウェアは，保守サービスがなくても動作し続ける。

(2)　解説

　基本契約は，個別契約を締結する際の諸条件を定めているのみである場合，A社およびX社に何ら義務を生じさせるものではないため，基本契約のみではIFRS第15号における契約には該当しない。したがって，基本契約以外の個別契約がIFRS第15号の「契約の結合」の要件に該当するかがポイントとなる。

　「要件定義」から「サーバー納品」までの契約は，ほぼ同時期に締結されており，また，開発したソフトウェアをX社が利用できる状態にするという単一の商業的な目的を有するまとまりとして交渉されているため，これらの契約はすべて結合されると考えられる。

　一方，「保守」契約については，「サーバー納品」まで終了した後に単独で価格交渉が行われているため，保守サービスは，他の契約と合わせて単一の商業的な目的を有するまとまりとして交渉されていない。また，開発されたソフトウェアは保守サービスがなくても動作し続けることから，保守サービスは，他の契約と合わせて単一の履行義務を構成しない。以上より，「保守」契約は結合の対象とならず，独立した別個の契約と捉えられる。

【異なる前提条件１－価格交渉の範囲】

　上記のケースにおいて，「サーバー納品」は，他の契約と単一の商業的な目的を有するまとまりとして交渉されておらず，サーバーの価格は他の契約の価格や履行に依存していないものとする。この場合，「サーバー納品」契約は，他の契約において約束した財またはサービスと併せて単一の履行義務を構成しない限り（「ケース解説２：履行義務の識別」参照），契約結合のいずれの要件にも該当せず，仮に他の契約と同時期に締結されていたとしても，他の契約とは独立した別個の契約となると考えられる。

【異なる前提条件２－履行義務の範囲】

　さらに，【異なる前提条件１－価格交渉の範囲】において，開発されたソフトウェアを顧客との約束どおりに動作させるためには，納品するサーバーをそのソフトウェアの仕様に合わせて大幅にカスタマイズする必要があるものとする。この場合，「要件定義」から「サーバー納品」までが，単一の履行義務と

第6章 業種別論点解説　175

して識別されるため（第2章[2]2「別個の財またはサービス」参照），「複数の契約における財またはサービスが単一の履行義務を構成する」という契約結合の要件を満たすと考えられる。したがって，この場合，これらの契約が単一の商業的な目的を有するまとまりとして交渉されていなくても，「ソフトウェア開発」契約と「サーバー納品」契約は結合されることとなる。

ケース解説2 ┃ 履行義務の識別

会計処理のポイント

- ソフトウェア業のように契約に複数の財またはサービスが含まれる場合，収益認識の単位を決定するために，それらの財またはサービスを別個の履行義務として識別するか否かを検討する必要がある。
- 顧客との契約において約束した財またはサービスについては，履行義務の識別に係る規定（IFRS15.22）を適用して会計処理を行う単位を識別する（第2章[2]2「別個の財またはサービス」参照）。
- 契約に含まれる財またはサービスは，他と「区別できる」場合に別個の履行義務として取り扱う。識別された財またはサービスが別個の履行義務として区別できるかについては，契約条項やその他の関連する事実などを考慮して判断する。

(1) 前提条件

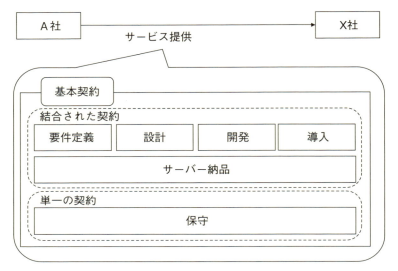

- A社はソフトウェア業を営んでおり、顧客X社との間で、「要件定義」、「設計」、「開発」、「導入」(以上「ソフトウェア開発」)、「サーバー納品」および「保守」に係る個別契約を締結している（以上すべてまとめて「システム開発」)。
- 「要件定義」から「サーバー納品」までの契約は、IFRS第15号第17項における「契約の結合」を行い単一の契約として識別する一方、「保守」は単独の契約として識別している。
- 当該「ソフトウェア開発」はA社が独自に開発した技術を用いており、「要件定義」から「導入」までの途中で他社が引き継ぐことは技術的に不可能であり、途中までの成果物からX社は便益を得ることができない。
- 納品するサーバーは汎用品であり、X社は容易に他社から同様のサーバーを入手可能である。
- 開発されたソフトウェアのサーバーへのインストールは、A社固有の技術を必要とせず、他の企業でも行うことができる。

(2) 解説

本契約では、「要件定義」から「サーバー納品」までの個別契約は結合され

るものの，顧客との契約において移転することを約束した財またはサービス（あるいは，財またはサービスの束）が1つの履行義務として識別されるのか，あるいは別個の履行義務として識別されるかは検討が必要となる。

本ケースにおいては，「要件定義」を明確にすることによりソフトウェアの「設計」が可能になり，「設計」書をもとに「開発」が行われる。そして「開発」されたソフトウェアがあってはじめて当該ソフトウェアの「導入」が可能となる。これにより，「要件定義」から「導入」までのソフトウェアの開発に係るサービスは，本ケースの場合，他社が引き継ぐことは技術的に不可能であり，それぞれ単独の業務のみでは当該ソフトウェアをX社が利用できる状態にならないことからX社が便益を得られないうえに，各業務の相互依存性が高いと考えられるため，1つの履行義務になるものと考えられる。

「サーバー納品」については，サーバーが汎用品であり，X社は容易に他のソフトウェア等と組み合わせて利用することができるため，当該サーバー単独で便益を得ることが可能と考えられる（IFRS15.27(a), 28）。また，以下の理由から，本ケースにおける他の約束である「ソフトウェア開発」とは別個の履行義務として識別されると考えられる（IFRS15.27(b)）。

- A社はX社に対して，開発したソフトウェアと納品したサーバーを統合する重要なサービスを提供していない（インストール・サービスに重要性はない）
- 汎用品であるサーバーは，ソフトウェア開発の過程で大幅にカスタマイズされない
- 「ソフトウェア開発」と「サーバー納品」はそれぞれ独立に移転することができ，相互依存性または相互関連性が高くない
- その他，契約の観点から「ソフトウェア開発」と「サーバー納品」を区分して識別可能でないことを示す要因は検出されていない

「保守」契約については，「要件定義」から「サーバー納品」までの結合した契約とは独立した別個の契約と捉えていることから（「ケース解説1：契約の結合」参照），別個の履行義務となる。

【異なる前提条件－相互関連性の有無】

このソフトウェア開発において，汎用性の高い技術が用いられ，「要件定義」から「導入」までのそれぞれの段階でA社から他社に引き継ぐことが技術

的に可能であり，また，類似の取引においてそのような引継ぎが慣行として行われているものとする。この場合，「要件定義」から「導入」までの各契約で約束したサービスそれぞれへの相互依存性や相互関連性は高くなく，他と区分して識別可能であるため，これらはすべて別個の履行義務として識別されるものと考えられる。また，仮に各個別契約書において上記のような他社への引継ぎが制限されていたとしても，当該制限は履行義務の識別には影響せず，上記理由によりそれぞれの段階が別個の履行義務として識別される。

ケース解説3 | 履行義務への取引価格の配分，独立販売価格

会計処理のポイント

- ソフトウェア業においては，契約に複数の履行義務が含まれることが多いことから，履行義務への取引価格の配分の論点が生じる。
- 直接的に観察可能な独立販売価格の有無に応じて，取引価格の配分をどのように行うか検討する（第2章 **4** 2「独立販売価格に基づく配分」参照）。

(1) 前提条件

- A社はソフトウェア業を営んでおり，顧客X社との間で，「要件定義」，「設計」，「開発」，「導入」（以上「ソフトウェア開発」），「サーバー納品」および「保守」に係る個別契約を締結している（以上すべてまとめて「システム開発」）。
- 「要件定義」から「サーバー納品」までの契約は，IFRS第15号第17項における「契約の結合」を行い単一の契約として識別する一方，「保守」は単独の契約として識別している。
- X社と契約したシステム開発は①「ソフトウェア開発」，②「サーバー納品」，③「保守」の3つの履行義務に区分される。
- 個別の契約額は以下のとおりである。

第6章　業種別論点解説　179

（単位：百万円）

個別契約	契約額	履行義務
要件定義	50	ソフトウェア開発（計850）
設計	200	
開発	450	
導入	150	
サーバー納品	200	サーバー納品
保守	120	保守
合計	1,170	

・X社に納品するサーバーは汎用品であることから市場価格があり，A社も同業他社も，通常250百万円で販売している。
・「要件定義」から「導入」については，X社の仕様に合わせたソフトウェア開発を行っていることから，市場価格はない。これらの契約について，A社における過去の類似した契約規模，同種のソフトウェア開発に係る利益率は20％であった。これらの契約ごとの予想原価は以下のとおりである。

（単位：百万円）

個別契約	予想原価
要件定義	80
設計	120
開発	400
導入	100
合計	700

(2)　解説

　「ソフトウェア開発」の履行義務については，X社の仕様に合わせたソフトウェア開発を行っていることから，市場価格は存在せず，独立販売価格が直接的に観察可能ではない。このため，予想原価に適切なマージンを加算した金額に基づき独立販売価格を見積もることが考えられる（IFRS15.79(b)）。このケースにおいては，顧客仕様のソフトウェア開発取引に関する過去の実績等から，適切な利益率として見積もられた20％を予想原価に加味することにより，独立

販売価格を見積もる。

また，サーバーは市場価格があることから，当該市場価格を独立販売価格として用いる（IFRS15.77）。

上記の考え方に基づいて算出した独立販売価格の比率に基づいて，「要件定義」から「サーバー納品」までの結合された契約の合計額1,050百万円を各履行義務別に配分する。

（単位：百万円）

履行義務	契約額	独立販売価格	配分額
ソフトウェア開発	850[※1]	700÷（1－0.2)＝875	817[※2]
サーバー納品	200	250	233[※3]
合計	1,050	1,125	1,050

※1　50+200+450+150=850
※2　1,050×875/1,125=817
※3　1,050×250/1,125=223

「保守」の履行義務については，別個の契約であるため，価格の配分は生じない。

なお，本ケースでは「要件定義」から「サーバー納品」までの契約が結合されているため，それらの契約の総額を各履行義務に配分しているが，仮に「サーバー納品」が契約結合の対象でなく，「保守」と同様に別個の契約とされた場合には，「サーバー納品」もまた価格配分の対象とならない（「ソフトウェア開発」の契約総額である850が当該履行義務の額となる）。

【参考：市場における販売価格の調整】

このケースにおいて，サーバーはA社も同業他社も通常250百万円で販売しているため，その価格をもって独立販売価格としているが，独立販売価格を見積もる際に，企業は，企業が合理的に利用可能なすべての情報（市場の状況，企業固有の要因，顧客または顧客の階層に関する情報を含む）を考慮することとされている（IFRS15.78）。

したがって，同業他社との比較におけるA社の競争力，A社と顧客との力関係等を考慮し，これらの影響が重要である場合は，独立販売価格の見積りに関する調整の要否を検討することが必要になると考えられる。

第6章 業種別論点解説 181

【異なる前提条件1－同業他社との比較】

　仮に，サーバー市場においては同業他社が実績においても知名度においても
A社を上回っており，A社は後発でサーバー市場に参入したため，同業他社よ
りも価格を10％低く設定することで市場におけるシェアを伸ばすことを戦略と
しているものとする。このため，市場においては同業他社による販売価格250
百万円およびA社による販売価格225百万円（250百万円×90％）の2つの価格
帯が存在する。この場合，「企業固有の要因」を考慮すれば，A社にとっての
サーバーの独立販売価格を225百万円と見積もることが考えられる。

【異なる前提条件2－顧客の階層に応じた価格設定】

　仮に，サーバーは市場において通常250百万円で販売されており，A社も通
常は250百万円で販売しているが，A社にとってこの顧客が重要な大口顧客で
あり，この顧客や同規模の大口顧客に対しては常に市場価格の80％の価格で
サーバーを販売しているとする。この場合，「顧客または顧客の階層に関する
情報」を考慮すれば，A社にとってのサーバーの独立販売価格を，この顧客を
含む大口顧客に対する販売については200百万円（250百万円×80％），それ以
外の顧客に対する販売については250百万円と見積もることが考えられる。

【参考：適切なマージンとは】

　このケースにおいて，ソフトウェア開発の独立販売価格は，予想原価に適切
なマージンを加算することにより見積もられている。ソフトウェア開発に限ら
ず，顧客の仕様に合わせてカスタマイズされた財またはサービスを提供する場
合，その独立販売価格は同様のアプローチにより見積もるケースが多いと考え
られるが，適切なマージンをどのように見積もるかについては明確に規定され
ておらず，判断が必要となる。

　適切なマージンとは，通常，規模や性質が類似した取引における過去の実績
等を考慮して見積もるものと考えられる。カスタマイズされた財またはサービ
スの場合，取引の個別性が高いため，何をもって類似した取引と考えるかにつ
いては判断を要するが，顧客との交渉において価格が影響を受ける要素や，企
業がマージンを管理している区分等が判断要素になると考えられる。

　例えば，新しく高度な技術を要する財またはサービスと相対的に成熟した財
またはサービスの利益率が異なり，企業がそのような区分でマージンの管理を

行っている場合，当該性質別の区分に基づく平均利益率を用いて独立販売価格を見積もることが考えられる。また，取引や顧客の規模により利益率が異なり，企業がそのような区分でマージンの管理を行っている場合，当該規模別の区分に基づく平均利益率を用いて独立販売価格を見積もることが考えられる。

ソフトウェア開発のように，取引によっては契約期間が長期にわたる場合には，過去の実績のみでなく，市場の状況等によりマージンがどのような影響を受けるかという点についても考慮することが必要となる。例えば，特定のソフトウェア開発に使用されている技術が，市場において著しい陳腐化の傾向を示している場合，類似のソフトウェア開発における過去のマージンをそのまま使用するのではなく，当該陳腐化を考慮して独立販売価格を下方に調整することが考えられる。

ケース解説4 ┃ 履行義務の充足

会計処理のポイント

- ソフトウェア業のように契約に複数の履行義務が含まれる場合，個々の履行義務ごとに一定の期間にわたって充足されるか（IFRS15.35～37），一時点で充足されるか（IFRS15.38）を，履行義務の内容を考慮して検討する（第2章 5 2「一定の期間にわたり充足される履行義務（要件）」参照）。

(1) 前提条件

- A社は，X社と契約したシステム開発を①「ソフトウェア開発」，②「サーバー納品」，③「保守」の3つの履行義務に区分している。

- 「ソフトウェア開発」については，X社の仕様に合わせた開発を行っていることから他の顧客に転用できるものではない。また，契約条件および関連する法令や判例を考慮した結果，顧客の都合により取引が解除された場合には，実際にかかったコストにマージンを加えて顧客に代金を請求できるとA社は判断した。

- 「サーバー納品」については，X社のサーバー室に据付けし，問題なく稼働することをX社の担当者が確認し，検収することにより，所有権がX社に移

転する契約となっている。

・「保守」については，一定の期間に係る定額の契約（例：1百万円/月で2年間）としており，契約期間においてX社からの問い合わせ対応や運用で発生した不具合（バグ）の修正を行うといった対応が含まれる。

(2) 解説

「ソフトウェア開発」については，X社の仕様に合わせた開発を行っていることから他に転用できる資産を創出しない（IFRS15.35(c)）。また，契約条件および関連する法令や判例を考慮した結果，顧客の都合により取引が解除された場合には，実際にかかったコストにマージンを加えて顧客に代金を請求でき，企業が現在までに完了した履行に対する支払を受ける強制可能な権利を有しているとA社は判断した（IFRS15.35(c)）。したがって，開発されるソフトウェアに対する支配は，当該業務の進捗に応じてA社からX社に移転すると考えられるため，当該業務の進行期間にわたり，その進捗に応じて履行義務が充足され，収益を認識する。

「サーバー納品」については，X社がサーバーを物理的に占有し（IFRS15.38(c)），またサーバーを検収することにより（IFRS15.38(e)），サーバーの所有権がA社からX社に移転する内容となっている（IFRS15.38(b)）。このため，A社はX社によるサーバー検収終了時の一時点で収益を認識する。

「保守」について，X社は，A社に対して問い合わせする権利および発生したバグの修正を依頼できる権利を契約期間中有しており，当該権利は契約期間においてはいつでも行使が可能である。このため，A社は保守を提供できるように待機するサービスをX社に提供しており，X社はこの履行につれて便益を同時に受け取って消費するものと考えられる（IFRS15.35(a)）。したがって，保守の提供が特定の時期に集中すると見込まれないことを前提に，A社は契約期間にわたり，期間の経過につれて定額で収益を認識する。

2 製薬業

ケース解説1　共同開発契約が顧客との契約に該当するか否か

会計処理のポイント

- 製薬業においては，医薬品を製造するとともに新薬等の研究開発を行うという特徴があり，研究開発にあたり他社と共同開発契約を締結することがある。
- IFRS第15号は，顧客との契約のみに適用される（IFRS15.5～6）。共同開発契約であってもその内容によっては顧客との契約に該当する可能性があるため，契約内容を慎重に検討する必要がある。

(1) 前提条件

・A社は血管等を広げる医療機器であるステントを製造している医療機器メーカーである。生体吸収性ステントを開発するために，体内で溶ける素材を製造しているB社との共同開発契約を締結した。

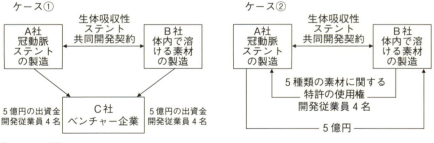

【ケース①】
　共同開発契約により，A社とB社は，ベンチャー企業C社を設立し，設立時にそれぞれ5億円を開発資金として出資し，開発従業員を4名ずつ派遣した。

第6章 業種別論点解説 185

【ケース②】

　共同開発契約により，B社は，A社に対して5種類の素材に関する特許の使用権を付与し，開発従業員4名を派遣すると同時に，開発期間中に5億円の対価を受け取る。

(2)　解説

　ケース①の場合，A社とB社は，生体吸収性ステントを共同で開発するために，それぞれ同額を出資し，ベンチャー企業C社を設立し，それぞれ従業員4名を派遣しているため，共同開発契約は顧客との契約に該当せず，IFRS第15号の範囲に含まれないと考えられる。

　これに対して，ケース②の場合，B社は5種類の素材に関する特許の使用権（ライセンス）を供与し，開発従業員4名を派遣するサービスと交換に，開発期間中に5億円の対価を受け取っている。ライセンスの供与と開発サービスの提供がB社の通常の活動のアウトプットである場合，B社にとってA社は顧客に該当し，当該共同開発契約はIFRS第15号の適用対象となる。

ケース解説2 ライセンスの会計処理

会計処理のポイント

- 製薬業におけるライセンス取引では，取引当事者間の交渉過程においてさまざまな取引条件が付され，取引内容が非常に複雑となっているケースがある。そのため，履行義務の識別を慎重に検討する必要がある。
- 顧客との契約にライセンスが含まれている場合，IFRS第15号第22項～第30項を適用し，そのライセンスが別個の履行義務として区分可能か否かを判定する（IFRS15.B53）（第4章7「ライセンス供与」参照）。
- ライセンスを別個の履行義務として区別できない場合，IFRS第15号第31項～第38項を適用し，そのライセンスを含む履行義務が一定期間にわたり充足される履行義務に該当するか，一時点で充足される履行義務に該当するかを判定する（IFRS15.B55）。
- ライセンスを別個の履行義務として区別できる場合，そのライセンスは知的財産にアクセスする権利に該当するか，知的財産を使用する権利に該当するかについて判定を行う（IFRS15.B56）。ライセンスが知的財産にアクセスする権利に該当する場合，一定の期間にわたり収益を認識する（IFRS15.B58～B60）。ライセンスが

知的財産を使用する権利に該当する場合，その権利を顧客に移転した時点で収益を認識する（IFRS15.B60〜B61）。

(1)　前提条件

A社は，後述する新薬開発プロセスのうち，基礎研究および非臨床試験を終えた試薬のライセンスアウト（自社のライセンスを外部に売却したり，使用を許諾したりすること）を行っている製薬会社である。ライセンスアウトには，さまざまな契約形態があるが，A社の代表的な契約は以下のとおりである。

- ケース①：試薬のライセンスアウト時に一時金として現金で対価を受け取り，試薬のライセンスの供与後は，新薬に関する臨床試験，審査，製造・販売および市販後調査に一切関わらない。
- ケース②：ケース①と同様であるが，現金以外の対価（株式）を受け取る。
- ケース③：ケース①と同様であるが，A社は試薬のライセンス期間（最長15年）にわたって顧客の新薬開発が成功しても，成功しなくても，研究開発支援を行う。当該研究開発支援にはA社固有の技術が必要であり，A社以外の製薬会社が提供することはできない。なお，一時金には試薬のライセンスの対価と研究開発支援の対価が含まれるものとする。
- ケース④：ケース③と同様に試薬のライセンスの供与とともに，A社のみが提供可能な研究開発支援を行うが，試薬のライセンスアウト時に一時金ではなく，臨床試験の各フェーズおよび審査の完了時にマイルストーンペイメント（フェーズごとに2億円）を受け取る。ただし，顧客が試薬のライセンス期間の途中で開発を中止した場合は契約が終了し，A社はそれ以降研究開発支援を続ける義務がない。なお，マイルストーンペイメントには，試薬のライセンスの対価と研究開発支援の対価が含まれるものとする。

新薬開発のプロセス

【ケース①およびケース②】
試薬のライセンス供与

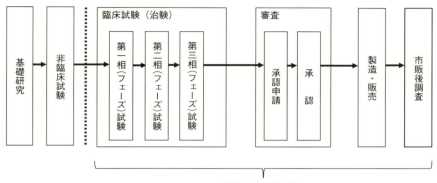

ケース①：対価を現金で受け取る
ケース②：対価を株式で受け取る

【ケース③】

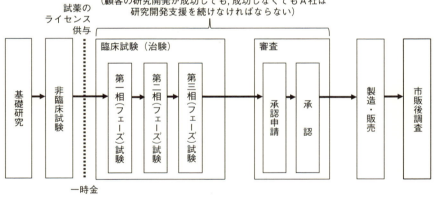

【ケース④】

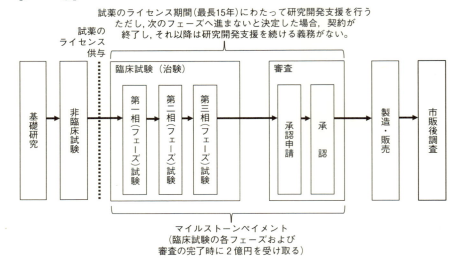

(2) 解説

【ケース①およびケース②】

　ケース①およびケース②において，A社は顧客に対して試薬のライセンスのみを提供している。この場合，そのライセンスが，知的財産にアクセスする権利であり，一定期間にわたり充足される履行義務に該当するか，知的財産を使用する権利であり，一時点で充足される履行義務に該当するかを判定する（IFRS15.B56～B62）。A社が試薬のライセンスの付与後，当該ライセンスに関して実施される活動に一切関わらないのであれば，そのライセンスは，知的財産にアクセスする権利の提供に該当するための要件を満たさない。したがって知的財産を使用する権利として試薬のライセンスが顧客に移転した時点で収益を認識すると考えられる（IFRS15.B58, B61）。

　ケース①の場合は，試薬のライセンスの供与と交換に受け取る現金の対価で収益を認識する（IFRS15.47）。他方で，ケース②の場合は，株式の公正価値で収益を認識する（IFRS15.66）。なお，現金以外の対価の公正価値を合理的に見積もれない場合は，試薬のライセンスの独立販売価格を参照して間接的に対価を測定する（IFRS15.67）。

第6章　業種別論点解説　189

【ケース③およびケース④】

　ケース③およびケース④については，A社は試薬のライセンスの供与に加え，試薬のライセンス期間にわたって研究開発支援を行う義務を負うため，試薬のライセンスの供与と研究開発支援がそれぞれ別個の履行義務として区別可能か否かを判定する（IFRS15.B53）。A社の研究開発支援にはA社固有の技術が必要であり，A社以外の製薬会社は提供できないため，顧客は試薬のライセンスと研究開発支援それぞれから生じる便益を，それぞれ単独で，または顧客にとって容易に利用可能な他の資源と組み合わせて得ることができない。すなわち，試薬のライセンスと研究開発支援は別個のものとなりえないため，IFRS第15号第27項(a)の要件を満たさず，1つの履行義務を構成すると考えられる。

　ケース③については，A社は顧客の新薬の開発が成功しても成功しなくても，試薬のライセンス期間にわたって研究開発支援を行わなければならず，A社が研究開発支援を行うにつれて，顧客はその便益を受け取るため，A社は試薬のライセンスアウト時に受け取った一時金を試薬のライセンス期間（最長15年）にわたって収益として認識すると考えられる（IFRS15.35(a), B55）。

　ケース④については，各フェーズおよび審査が完了するか否かにより対価が変動するため，変動対価の規定を適用する（IFRS15.50）。すなわち，各フェーズの対価に関する不確実性の解消に応じて，試薬のライセンス期間にわたって収益として認識する対価の総額の見積りを修正する（IFRS15.56〜57）（第2章 **3** 2「変動対価」参照）。ここで，仮に全フェーズの実施が確定しており，審査が手続的なものに過ぎない場合には，対価の見積りの制限を受けないため，マイルストーンペイメントにかかわらず，ケース③と同様に，取引価格の総額を試薬のライセンス期間（最長15年）にわたって収益として認識すると考えられる（IFRS15.35(a), B55）。

【異なる前提条件－別個の履行義務】

　ケース③およびケース④において，仮にA社の研究開発支援がA社固有の技術を必要とせず，A社以外の製薬会社でも提供できるものであるとする。この場合，顧客は試薬のライセンスと研究開発支援それぞれから生じる便益を，それぞれ単独で，または顧客にとって容易に利用可能な他の資源と組み合わせて得ることができる（すなわち，試薬のライセンスと研究開発支援は別個のもの

となりうる）ため，IFRS第15号第27項(a)の要件を満たす。また，この契約において，A社が試薬のライセンスと研究開発支援を個別に提供しており，試薬のライセンスと研究開発支援の相互関連性が高くなければ，それらは契約の観点においても別個のものであり，IFRS第15号第27項(b)の要件も満たすため，試薬のライセンスと研究開発支援は別個の履行義務を構成すると考えられる。したがって，A社は，試薬のライセンスについてはライセンスに関する収益認識の規定に従って，また，研究開発支援についてはIFRS第15号における一般的な収益認識の規定に従って，それぞれ会計処理を行う（IFRS15.B52〜B62）。

3 自動車・メーカー

ケース解説1　配送費用に関する履行義務の識別（支配移転前に配送費用が発生するケース）

会計処理のポイント

- 製品販売と配送サービスのそれぞれの履行義務が独立した履行義務か否かの判断は，対象となる製品の支配移転のタイミングによって異なる。

(1) 前提条件

（取引概要）
① 機械メーカー A社は顧客X社との間で販売契約を締結した。
② 当該販売契約では，A社が機械を販売し，配送することとなっており，契約総額は200百万円である。

（その他の前提条件）
・機械はX社の特注に基づく独自の仕様であり，機械の配送についてもA社の独自技術を要することから，機械の配送はA社のみが提供可能であり，X社がA社以外の企業に当該機械の配送を依頼することは困難である。
・機械に対する支配は，A社が配送を行い，X社の検収が完了した時点におい

てA社からX社に移転する（IFRS第15号第35項(c)を満たさないものとする）。

(2) 解説

　顧客との契約における約束には，機械の販売とその配送が含まれる。これらが単一の履行義務であるのか，それぞれ別個の履行義務であるのかを判定する。IFRS第15号第27項では，顧客に約束している財またはサービスが，次の2要件の両方を満たす場合には，別個のものであるとしている（詳細は第2章 ② 「ステップ2－履行義務の識別」を参照）。

IFRS15.27(a)	顧客が，財またはサービスからの便益を，それ単独でまたは顧客にとって容易に利用可能な他の資源と一緒に組み合わせて得ることができる（すなわち，当該財またはサービスが別個のものとなり得る）。
IFRS15.27(b)	財またはサービスを顧客に移転する約束が，同一契約の中の他の約束と区分して識別できる（すなわち，当該財またはサービスが契約の観点において別個のものである）。

・IFRS第15号第27項(a)について，機械の配送はA社の独自技術が必要であり，X社がA社以外の企業に当該機械の配送をしてもらうことは困難であるため，X社は機械の販売と配送をそれぞれ単独でまたは容易に利用可能な他の資源と組み合わせて得ることができず，この要件を満たさない。

　よって，上記2要件のうちIFRS第15号第27項(a)を満たさないことから，A社が提供する機械の販売と配送はそれらを区別せず1つの履行義務として認識する。

【異なる前提条件1－支配移転後に配送費用が発生するケース】

(1) 前提条件

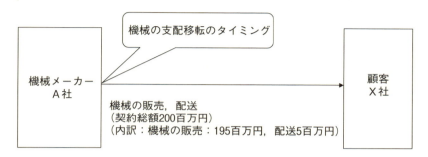

(取引概要)

前提条件を一部変更する。
・機械は，A社が製造する標準モデルによるものであり，その配送に関して，A社の独自技術を必要とせず，また，複雑な設置作業等を伴うものでもなく，A社以外の企業も提供することができる。したがって，X社は，配送のみを切り離してA社以外の企業に依頼することが可能である。
・機械が完成すると，A社はX社に通知し，それに対してX社が配送指図を行う。X社が配送指図を行った時点で機械に対する支配はX社に移転する（配送前に支配は移転する）。
・契約において機械の販売と配送の対価は区別され，機械の販売は195百万円，機械の配送は5百万円とされている。ここでは，195百万円，5百万円はそれぞれ，機械の販売と配送の独立販売価格（IFRS15.77）であるものとする。

(2) 解説

顧客との契約には，A社による機械の販売とその配送が含まれており，これらが単一の履行義務であるのかを判定する。前述のケースと同様，IFRS第15号第27項の2要件の両方を満たすかどうかを検討する。
・IFRS第15号第27(a)項について，機械の配送はA社以外にも，他の企業が幅広く提供できるものであり，X社は，機械の販売，配送からの便益をそれぞれ単独で得ることができるため，この要件を満たす。

194

・IFRS第15号第27(b)項について，機械の販売と配送が契約の観点において
別個のものであるかを判断するにあたっては，IFRS第15号第29項に，複
数の約束が区分して識別可能ではないことを示す要因が例示されており，
当該例示に照らして検討する。

IFRS第15号第29項に掲げられる，複数の約束が区分して識別可能ではないことを
示唆する要因の例（詳細は第2章 **2**「ステップ2 －履行義務の識別」を参照）
● 企業が，契約に含まれる財またはサービスを他の財またはサービスと統合する重
要なサービスを提供している（IFRS15.29(a)）。
● 財またはサービスが，契約に含まれる他の財またはサービスを大幅に修正または
カスタマイズしている（IFRS15.29(b)）。
● 財またはサービスが，契約に含まれる他の財またはサービスに対して相互依存性
や相互関連性が高い（IFRS15.29(c)）。

当該機械の配送は，A社の独自技術を必要とせず，また，複雑な設置作業等
を伴うものでもなく，A社以外の企業も提供することができるものである。し
たがって，A社のX社に対する約束には，機械の販売と配送とを結合する重要
な統合サービスは含まれておらず（IFRS15.29(a)），また，当該機械の配送は，
提供される機械の大幅な改変・カスタマイズをもたらすものではなく
（IFRS15.29(b)），さらに，機械の販売と配送の相互依存性や相互関連性は高く
ない（IFRS15.29(c)）。

よって，IFRS第15号第29項が示す例示のいずれにも該当せず，IFRS第15号
第27(b)項における，契約の観点において別個のものである，という要件を満た
す。

以上より，IFRS第15号第27項の2要件をいずれも満たすことから，A社は，
機械の販売と配送を2つの履行義務として識別し，それぞれの履行義務につい
て，履行義務の充足パターンに応じて収益を認識する。

① 機械の販売（配送指図があった時点）

（単位：百万円）

（借）売上債権	195	（貸）売上高（機械の販売）	195

本ケースでは，機械が完成しX社が配送指図を行った時点で，機械に対する
支配がX社に移転するとされているため，A社はその時点において，機械の販

第6章　業種別論点解説　195

売に関する収益および売上債権を認識する。

②　機械の配送

（単位：百万円）

（借）売上債権	5	（貸）売上高（機械の配送）	5

　A社がX社に機械を配送するにつれて，A社は配送サービスの履行義務を充足する。配送完了時までに上記の仕訳金額が認識される。

【参考：米国基準との違い】

　本ケースでは，資産への支配が顧客へ移転する前に生じた配送サービス（A社が機械を販売し当該機械を配送した後に，X社へ機械の支配が移転する，上記前段のケース）は，資産の販売という履行義務を果たすための履行活動となる。一方資産への支配が顧客へ移転した後に生じた配送サービス（機械が完成し，X社が配送を指図した時点で，X社へ機械の支配が移転し，その後A社が配送を行う，上記後段のケース）は，資産の販売とは別個の履行義務となる。

　しかしながら，米国基準では，資産への支配が顧客へ移転した後に配送サービスがなされる場合においても，そのコストを資産の販売という履行義務を果たすための履行活動と考えることを会計方針として認めている。すなわち，同様の取引に対して継続適用することを条件に，上記後段のケースの場合においても上記前段のケースと同様の会計処理を行うことが認められている。IFRSでは米国基準のような取扱いは規定されていない。

ケース解説2　残価設定型クレジット契約はIFRS第15号の範囲に含まれるか

考え方のポイント

- 自動車業界においては，契約期間満了時の買取保証額（残価）をあらかじめ設定し，自動車の販売価格から残価を除いた金額を契約期間にわたり分割で支払う残価設定型クレジット契約と呼ばれる販売形態がある。
- 残価設定型クレジット契約について，IFRS上，明確な規定はない。契約形態やその契約形態がとられた実質的な意図や背景，残価設定方法，実際の返却率等を総

合的に勘案し，販売取引またはリース取引のいずれとして会計処理することが取引の実態を忠実に表現するかを，個別に判断する。

(1) 前提条件

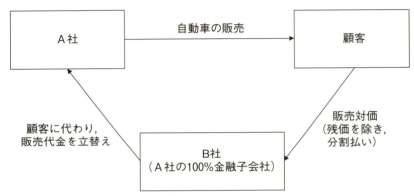

- 自動車製造販売会社A社およびA社の100％金融子会社B社は，顧客と残価設定型クレジット契約を締結する。
- 残価設定型クレジット契約の特徴
  - 当該契約には，売買契約と立替払契約の2つが含まれており，顧客は売買契約に基づき，A社から自動車を購入し，B社は立替払契約に基づき，顧客に代わって自動車の販売代金（残価部分を含む）をA社に立替払いする。
  - 売買契約と立替払契約は同時に成立し，一方のみが成立することはない。
  - 顧客によるB社への代金分割払期間として，契約期間が設定される。
  - 契約期間満了時における自動車の残価が設定され，顧客はB社に支払総額から当該残価を差し引いた残額を契約期間にわたり分割で支払う。
  - 契約期間満了時に顧客には以下の選択肢がある。
    ① A社に返却（契約残価の支払義務免除）
    ② 顧客が自動車を契約残価で買取り
    ③ 再クレジット（新たな契約期間にわたり，契約残価を分割で支払う）
  - 顧客が①の選択肢を選択した場合，B社はA社から残価金額を受け取り，顧客が②の選択肢を選択した場合，B社は顧客から残価金額を受け取る。
- 当初契約期間は3年であるが，顧客が③のオプションを選択し，再クレジッ

トが設定された場合には延長される。

・残価は，契約締結時において，契約満了時点において予想される自動車の中古車市場価格と同等の金額にて設定している。

(2) 解説

　残価設定型クレジット契約は，当初契約満了時に残価での返品権を付与した売買契約として設計されているが，その経済的実質は，当初契約期間をリース期間とし，契約満了時に残価での買取権を付与したリース契約に，ほぼ等しいものとなっている。このような残価設定型クレジット契約にIFRS第15号「顧客との契約から生じる収益」ではなく，IFRS第16号「リース」が適用される場合，原資産の所有に伴うリスクと経済価値がA社からほとんど移転しているとまではいえないとしてオペレーティング・リースとして判定されるケースが出てくることが想定される。オペレーティング・リースによる貸手は資産をオフバランスせず，リース料をリース期間にわたり収益認識するという会計処理を行うこととなるため，IFRS第15号を適用して返品権付きの販売の会計処理を行った場合とは大きく異なる結果となる。そこで，リース取引に類似する売買契約取引について，A社の連結財務諸表上，IFRS第15号を適用し，販売取引として会計処理すべきか，IFRS第16号を適用し，リース取引として会計処理すべきかが重要な論点となる。

　IFRS第15号には買戻し契約に関するガイダンスが存在し，買戻し契約の一形態として，企業が顧客の要求により資産を買い戻す義務（プット・オプション）が挙げられている。本ケースの残価設定型クレジット契約において，企業は契約期間満了時に顧客の要求により，車両を買い戻す義務を有するため，IFRS第15号第B70項〜第B76項のプット・オプションのガイダンスに基づき，会計処理を行うことになると考えられる。なお，当該IFRS第15号のガイダンスに照らして検討した結果，IFRS第16号に従ってリースとして会計処理することになる可能性もあるため，留意が必要である（IFRS15.B70）。

　IFRS第15号第B70項〜第B74項のプット・オプションの規定は次に示す図表のとおりである。

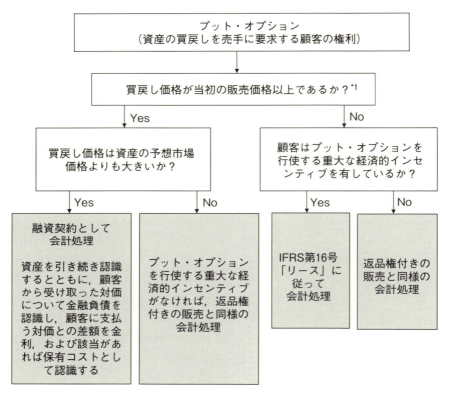

*1 販売価格との比較に際して，貨幣の時間価値の影響を考慮する。

　本ケースでは，契約期間満了時点において顧客にはA社に残価での買取りを要求するプット・オプションが付与されていると考えることができるが，当該残価は，契約当初において定められた固定額であり，契約期間満了時点で予想される自動車の中古車市場価格と同等の金額で設定されている。よって，残価は，A社による買戻し時の自動車の市場価値を大幅に超えるものではないため，残価設定方法の観点からは，顧客はプット・オプションを行使する重大な経済的インセンティブを有していないと考えられる。なお，顧客が重大な経済的インセンティブを有しているかどうかは，契約上の，設定残価以外にも，返却時の追加対価の支払の有無や返却に伴う新車買替時の割引の有無等，さまざまな事項による影響を受ける可能性があることから，慎重な検討を要する。

　顧客がプット・オプションを行使する重大な経済的インセンティブを有して

いないと考えられる本ケースの残価設定型クレジット契約は，返品権付きの販売取引として会計処理することになると考えられる。

ケース解説3　返品権付きの販売の会計処理（連結ベース）

会計処理のポイント

- ケース解説2で説明したとおり，本ケースの残価設定型クレジット契約に基づく取引は，返品権付きの販売取引に該当すると判断した。
- 返品権付きの販売について，IFRS第15号第B20項〜第B27項に照らして，会計処理を検討する（第4章①「返品権付きの販売」参照）。
- 販売した自動車について，返品が見込まれる対価の額を返金負債として認識し，返品時に自動車を回収する権利を返品資産として資産計上する。
- 当該返品資産は，従前の帳簿価額から，回収するための予想コスト（当該資産の価値の潜在的下落を含む）を控除した金額で当初測定を行う。

(1) 前提条件

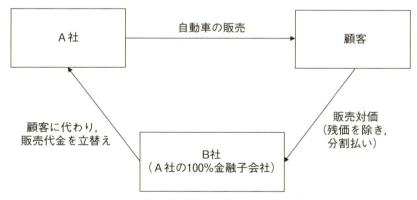

ケース解説2の前提条件に以下を追加する。
・自動車の1台当たり販売価格は1百万円であり，契約期間満了時における自動車の残価は0.5百万円に設定されている。

・自動車の1台当たり製造原価は0.8百万円である。

・1,000台の自動車を顧客に販売する。

・期待値方式に基づき，販売台数の5％（すなわち50台）が契約期間満了時に返却され，950台は返却されないと見積もられた。

・返却率5％をベースとして収益認識を行うと，認識した収益の累計額について重大な戻入れは生じないと見込まれている。

・返金負債の決済時に顧客から自動車を回収する権利として，当初の自動車販売時に認識する資産の測定額は，回収するための予想コストを考慮したうえで1台当たり0.4百万円と見積もられた。

・重要な金融要素の影響は無視する。

(2) 解説

返品権付きの製品の販売をする場合，以下のすべてを認識する必要がある（IFRS15.B21）。

(a) 移転した製品について，企業が権利を得ると見込んでいる対価の金額

(b) 返金負債

(c) 返金負債の決済時に顧客から製品を回収する権利についての資産（および対応する売上原価の調整）

企業は顧客からの受取対価のうち，企業が権利を得ると見込んでいない金額については，製品を顧客に移転する時点において，収益を認識してはならず，返金負債を認識する必要がある（IFRS15.B23）。また，返品時に製品を回収する権利（以下，返品資産という）を資産として認識する必要がある（IFRS15.B25）。当該返品資産は，従前の帳簿価額から，回収するための予想コスト（当該資産の価値の潜在的下落を含む）を控除した金額で当初測定を行うことになる（IFRS15.B25）。

なお，返金負債は毎期再測定する必要があり，返品資産については返金負債の変動や資産の減損を示唆する状況があれば，再測定する必要がある（IFRS15.B23, B25）。

本ケースの場合，A社から顧客に自動車の支配が移転する時点で，25百万円（＝残価@0.5百万円×50台）の返金負債を認識し，受取対価1,000百万円との差額975百万円を売上高として認識することになる。また，同時に，返品資産と

して20百万円（＝＠0.4百万円×50台）を資産計上し，自動車の製造原価800百万円との差額780百万円を売上原価として認識することになる。なお，売上高975百万円には，返却が見込まれない台数に係る売上高950百万円（＝＠1百万円×950台）のみでなく，返却が見込まれる台数について返却時においても支払いが不要な対価25百万円（＝（＠1百万円－残価＠0.5百万円）×50台）が含まれている。同様に，売上原価780百万円には，返却が見込まれない台数に係る売上原価760百万円（＝＠0.8百万円×950台）のみでなく，返却が見込まれる台数に係る当初の売上原価と返品資産の差額20百万円（＝（＠0.8百万円－＠0.4百万円）×50台）が含まれている。

≪仕訳例〜返品権付きの販売の会計処理〜≫

① 自動車の支配移転時の会計処理

（単位：百万円）

（借）売上債権	1,000	（貸）売上高	975
		（貸）返金負債	25
（借）売上原価	780	（貸）棚卸資産	800
（借）返品資産	20		

② 契約期間中の債権回収時（残価金額を除く）の会計処理

（単位：百万円）

（借）現金預金	500	（貸）売上債権	500

③ 契約期間満了時の会計処理（契約満了時まで返金負債および返品資産の再測定は不要と仮定）

(a) 見積りどおり，50台がA社に残価にて返却され，950台が買い取られた場合

（単位：百万円）

（借）返金負債	25	（貸）売上債権	25
（借）棚卸資産	20	（貸）返品資産	20
（借）現金預金	475	（貸）売上債権	475

(b) すべての自動車（1,000台）につき顧客が買取りを選択した場合

（単位：百万円）

（借）返金負債	25	（貸）売上高	25
（借）売上原価	20	（貸）返品資産	20
（借）現金預金	500	（貸）売上債権	500

ケース解説4　収益減額の認識時点（販売に係るインセンティブ）

会計処理のポイント

- 自動車業界においては，顧客の自動車の購入・販売を奨励するため，顧客にインセンティブを支払う実務慣行がある。
- 販売に係るインセンティブについて，IFRS第15号第70項〜第72項に照らして，収益減額の認識時点はいつになるかを検討する（第2章 3 5「顧客に支払われる対価」参照）。
- インセンティブが支払われることが，契約上で明示されているか，または，自動車販売時点においてインセンティブが支払われることにつき合理的な期待が存在する場合には，自動車販売時点において，収益減額の認識を行う。

(1) 前提条件

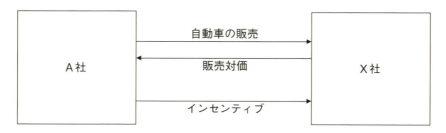

・自動車製造会社A社は，自動車販売会社X社による自動車の購入・販売を奨励するために，X社に対して以下のインセンティブを支払う。

第6章　業種別論点解説　　203

＜インセンティブの内容＞

ケース①	X社の年間自動車購入台数が1,000台に達すると，A社は年間購入額の5％をインセンティブとしてX社に支払うことが契約で決められている。
ケース②	A社は，X社の自動車の在庫数を定期的にモニタリングし，在庫数が多い場合には，X社に値下げ販売を行いやすくさせ，販売を促進させる目的でA社の判断でインセンティブをX社に支払うことがある。当該インセンティブは契約で決められておらず，インセンティブを支払うかどうかおよび支払額についてはA社に決定権があり，X社は過去のビジネス慣行等から当該インセンティブを受ける期待を有していない。

(2)　解説

　ケース①において，X社の年間自動車購入台数が1,000台に達したときに支払うインセンティブ（年間購入額の5％）は，契約で定められた数量値引きのインセンティブであり，変動対価となる。したがって，A社は自動車をX社に販売し，収益を認識する時点において，当該変動性のあるインセンティブを合理的に見積もり，受取対価の一部を負債として認識し，収益を減額する必要がある（IFRS15.50～58，70）。

　一方，ケース②において，X社の自動車の在庫数に応じて，X社に値下げ販売を行いやすくさせ，販売を促進させる目的で，臨時的にA社が支払うことを決定するインセンティブは，契約開始時に，明示的な取決めやX社の妥当な期待がない中でなされるものである。したがって，IFRS第15号第72項に従って，収益の減額の認識時点を決定することになる。

　IFRS第15号第72項では，顧客に支払われる対価を取引価格の減額として会計処理する場合には，以下のいずれか遅いほうが発生した時点で，収益の減額を認識する旨が規定されている。

　(a)　企業が，関連する財またはサービスを顧客へ移転し，収益認識する時点

　(b)　企業が対価を支払うかまたは支払うことを約束した時点（その約束は企業のビジネス慣行により含意されている場合も含む）

　本ケースでは，過去にA社がX社に販売した自動車の一般消費者への販売奨励を目的としたインセンティブの支払であり，上記(a)の関連する収益（X社に対する自動車の販売収益）はすでに認識されている。したがって，(b)の当該イ

ンセンティブを支払うか，支払うことを約束した時点で，収益の減額を認識することになる。

【異なる前提条件－A社が行う販売奨励目的のインセンティブが毎期支払われている場合】

　ケース②において仮に，X社の自動車の在庫数に応じて，A社が，X社に値下げ販売を行いやすくさせ，販売を促進させる目的で行うインセンティブを毎期支払っている場合には，契約締結時点で，X社には当該インセンティブを受領することについて合理的な期待が存在するといえる（IFS15.52, 72(b)）。このような場合はケース①と同様に，A社は，自動車をX社に販売し，収益を認識する時点において，変動対価として，受取対価の一部を負債として認識し，収益を減額する必要がある。

ケース解説5　ライセンス－履行義務の識別

考え方のポイント

- ライセンスが含まれる契約において，ライセンスの供与とそれ以外の財またはサービスを別個の履行義務とするか否かの判断は，IFRS第15号第27項～第29項に照らして，検討することとなる（第2章 2 2「別個の財またはサービス」参照）。

(1) 前提条件

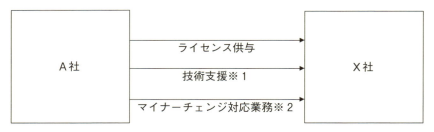

※1　主に対象製品の製造・販売に向けてのプロジェクトマネジメント業務であり，X社単独でも当該業務を行うことができる。
※2　対象製品のマイナーチェンジが行われる都度，対象製品の仕様のアップデートをX社に提供する。

第6章 業種別論点解説　205

　自動車製造会社A社は，海外の自動車製造販売会社X社に対して，特定の自動車（以下，対象製品という）の製造・販売を許可するライセンス契約を締結しており，契約の概要は以下のとおりである。

・契約には，対象製品の製造・販売にあたっての技術支援の提供，マイナーチェンジ対応業務およびライセンスの供与が含まれている。

・技術支援の内容は，専門性の高いものではなく，ライセンス契約締結後6か月間にわたって，主に対象製品の製造・販売に向けてのプロジェクトマネジメントを行う業務であり，X社単独でも当該業務を行い，対象製品の製造・販売を行うことができる。

・マイナーチェンジ対応業務の内容は，対象製品のマイナーチェンジが行われる都度，対象製品の仕様のアップデートをX社に提供するものである。

・マイナーチェンジ対応業務は，対象製品の仕様の大幅な修正をもたらすものではないと想定されている。また，X社はライセンスを仕様のアップデートなしに購入することも可能であり，仕様のアップデートを享受しなかったとしても，ライセンスから相当程度の便益を得ることができる。

(2)　解説

　ライセンス，技術支援の提供，マイナーチェンジ対応業務のそれぞれについて，IFRS第15号第27項に照らして別個の履行義務となるかどうかを検討する。以下の(a)(b)の要件の両方に該当する場合には，別個の履行義務となる。

(a)	顧客がその財またはサービスからの便益を，それ単独でまたは顧客にとって容易に利用可能な他の資源と組み合わせて得ることができる。
(b)	財またはサービスを顧客に移転するという企業の約束が，契約の中の他の約束と区分して識別可能である。

　技術支援の提供とライセンスについての検討過程は以下のとおりであり，本ケースにおいて，両者は別個の履行義務であるといえる。

要　件	検討過程
第27項(a)を満たす	・技術支援の提供内容は，主にプロジェクトマネジメント業務であり，A社の技術支援がなかったとしても，X社単独でも当該業務を行い，ライセンスを利用して対象製品の製造・販売を行うことができる。

第27項(b) を満たす	• 契約上，技術支援の提供とライセンスの供与は，明確に区分して取り決められており，技術支援により，ライセンス自体が大幅に改変されるわけではなく，相互関連性は高くない。

　マイナーチェンジ対応業務とライセンスについての検討過程は以下のとおりであり，本ケースにおいて，両者は別個の履行義務であるといえる。

要　　件	検討過程
第27項(a) を満たす	• マイナーチェンジ対応業務の内容は，対象製品のマイナーチェンジがなされた際に，仕様のアップデートを提供することである。 • X社はライセンスを当該仕様のアップデートなしに購入することも可能であり，アップデートを享受しなかったとしても，ライセンスから相当程度の便益を得ることができる。
第27項(b) を満たす	• 契約上，マイナーチェンジ対応業務とライセンスの付与は，明確に区分して取り決められており，マイナーチェンジ対応業務により，対象製品の仕様が大幅に修正されることは想定されておらず，相互関連性は高くない。

　技術支援の提供とマイナーチェンジ対応業務についての検討過程は以下のとおりであり，本ケースにおいて，両者は別個の履行義務であるといえる。

要　　件	検討過程
第27項(a) を満たす	• 技術支援の提供内容は，主にプロジェクトマネジメント業務であり，X社単独でも当該業務を行うことができる。 • マイナーチェンジ対応業務である対象製品の仕様のアップグレードを契約に含めるかどうかはX社に選択権がある。
第27項(b) を満たす	• 契約上，技術支援の提供とマイナーチェンジ対応業務は，明確に区分して取り決められており，技術支援により，マイナーチェンジ対応業務の内容が改変されるわけではなく，相互関連性は高くない。

　以上より，本ケースにおいては，技術支援の提供，マイナーチェンジ対応業務の提供およびライセンスの供与は別個の履行義務であるといえる。

【異なる前提条件－技術支援の提供とライセンスが不可分の単一の履行義務となる場合】

　A社による技術支援が，A社のみ実施することができる専門性の高い業務で

あり，X社独自で当該業務を行ったり，他のベンダーに同様の業務を委託したりできない場合には，ライセンスからの便益と技術提供からの便益をそれぞれ単独で得ることができず，また，両者は相互関連性が高いといえるため，技術支援の提供とライセンスの供与は別個の履行義務ではないといえる。

ケース解説6　ライセンス—約束の性質（アクセスする権利 or 使用する権利）

考え方のポイント

- ケース解説5で説明した顧客に付与するライセンスについて，ライセンスを供与する約束の性質が知的財産にアクセスする権利を提供するものなのか，知的財産を使用する権利を提供するものなのかの判定は，IFRS第15号第B58項〜第B59A項に照らして検討することとなる（第4章 7「ライセンス供与」参照）。
- ライセンスを供与する約束の性質が知的財産にアクセスする権利であれば，当該約束は一定期間にわたり充足する履行義務となり，一定期間にわたって収益認識を行い，知的財産を使用する権利であれば，当該約束は一時点で充足する履行義務となり，一時点で収益認識を行う（第4章 7「ライセンス供与」参照）。

(1) 前提条件

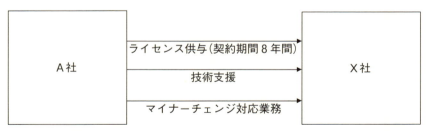

対象製品を製造・販売する権利を付与する。ライセンス契約期間中のA社において，対象製品のマイナーチェンジが行われる都度，対象製品の仕様のアップデートをX社に提供する。

ケース解説5の前提条件に以下を追加する。
・ライセンス契約期間（8年間）の間に対象製品のマイナーチェンジが3回想定されており，マイナーチェンジが行われる都度，A社は対象製品の仕様の

アップデートをX社に提供する。

(2) 解説

IFRS第15号第B58項では，以下の3つの要件のすべてに該当する場合には，当該約束の性質は知的財産にアクセスする権利を提供するものとされている。

(a) 顧客が権利を有する知的財産に著しく影響を与える活動を企業に行うことを，契約が要求しているかまたは顧客が合理的に期待している（IFRS15. B59〜B59A参照）。

(b) ライセンスによって供与される権利により，上記(a)で識別された企業の活動の正または負の影響に顧客が直接晒される。

(c) そうした活動の結果，当該活動が生じるにつれて顧客に財またはサービスが移転することがない（IFRS15.25参照）。

ここで，IFRS第15号第B58項(a)の企業の活動が，知的財産に著しく影響を与えるか否かは，当該活動が顧客の有している知的財産の形態（例えば，デザイン）または機能性を変化させると見込まれるか否か，顧客が知的財産から便益を得る能力が，実質的に当該活動から得られるかまたは当該活動に依存しているか否かに焦点を当てて検討を行う必要がある（IFRS15.B59A）。

本ケースの場合，契約締結時において，対象製品の仕様（設計図等）を提示し，製造・販売を行う権利を付与する以外に，A社が行う活動は，技術支援の提供と対象製品のマイナーチェンジ対応業務である。まず，技術支援を行ったとしても，知的財産のデザインや機能性に何ら影響を及ぼすことはない。一方，マイナーチェンジ対応業務を行うと，対象製品の仕様が変更され，知的財産の形態および機能性に変化を伴うと考えられるため，当該A社の活動が，知的財産に著しく影響を与える可能性がある。しかし，ケース解説5でみたとおり，マイナーチェンジ対応業務は，ライセンスとは別個のサービスであり，追加的な財またはサービスの移転が生じると考えられるため，IFRS第15号第B58項(c)の要件を満たさない。

以上より，本ケースにおいては，ライセンスを供与する約束の性質は知的財産を使用する権利を与えるものといえる。

【異なる前提条件－ケース解説5でマイナーチェンジ対応業務がライセンスと不可分の単一の履行義務となる場合】

　マイナーチェンジ対応業務がライセンスと不可分の単一の履行義務と判定される場合，ライセンスを供与する約束の性質は，知的財産にアクセスする権利である可能性が高くなる。なぜなら，単一の履行義務と判定されるケースでは，マイナーチェンジ対応業務（対象製品の仕様のアップデートの提供）というA社の活動はX社の取得したライセンスに著しく影響を与える可能性が高くなるためである（IFRS15.B58(a)）。ライセンスを供与する約束の性質が知的財産にアクセスする権利であると判定される場合，マイナーチェンジ対応業務を含むライセンス供与の対価の収益認識は，ライセンス期間にわたって行うことになる。

ケース解説7　ライセンス－収益の認識方法

会計処理のポイント

- ケース解説5および6で説明したライセンスの供与を含む取引について，対価として受け取る技術提供料，イニシャルフィーおよび売上高ベースのロイヤルティの収益認識のタイミングについて，IFRS第15号第35項，第B60項～第B63B項に照らして検討する（第4章 7 「ライセンス供与」参照）。
- 契約に含まれる各々の履行義務の充足パターンに応じて，収益認識のタイミングを決定する。
- 売上高ベースのロイヤルティは一定の要件を満たす場合，ライセンスを受けた者の売上高等の発生に応じて，収益認識を行うことが多い。

(1) 前提条件

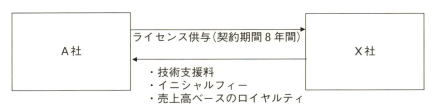

ケース解説5および6の前提条件に以下を追加する。

・当該契約の対価の種類および履行義務は，下表のとおりである。

種　　類	履行義務	金額または算定式
技術支援料	技術支援の提供	派遣技術指導員の１人当たり単価/日×延べ稼働日数
イニシャルフィー	①ライセンスの供与 ②マイナーチェンジ対応業務	1,000百万円
売上高ベースのロイヤルティ	ライセンスの供与	対象製品の売上高の３％

・技術支援料の算定に用いられている単価は，A社が類似の技術支援業務のみを提供する場合に通常用いている単価と同等とされている。
・イニシャルフィーの金額および売上高ベースのロイヤルティレートは，A社が当該ライセンスの供与およびマイナーチェンジ対応業務のみを提供する場合に，通常用いている金額およびレートと同じように設定されている。

(2) 解説

　契約に複数の履行義務が含まれる場合，対価の総額を，各履行義務に，それらの独立販売価格の比率に基づき配分する必要がある。ただし，本ケースのように，対価に変動性のある金額が含まれる場合，すなわち変動対価が含まれる場合は，変動対価のガイダンスに従って対価の配分を検討する（IFRS15.74）。
　まず，技術支援料は派遣技術指導員の稼働実績に応じて対価が変動するため，変動対価に該当する。技術支援料の単価が，A社が類似のサービスを提供する場合の通常の単価と同等であることを考慮すると，当該変動対価は技術支援業務の提供という特定の履行義務の充足に個別に関連しており，当該履行義務のみに配分することがIFRS第15号において取引価格を配分する目的に合致すると考えられる（IFRS15.85）。
　そして，技術支援は，A社による履行が生じるにつれてX社が履行の便益を同時に受け取って消費するので，当該履行義務は一定期間にわたり充足される（IFRS15.35(a)）。したがって，技術支援料については，技術支援の提供期間にわたって，履行義務の充足に応じて，収益を認識することになる。
　次に，売上高ベースのロイヤルティについて検討する。売上高ベースのロイヤルティは，変動対価に該当するものの，その他の変動対価とは異なる収益認

第6章　業種別論点解説　211

識の例外規定があり，以下のいずれかの場合に適用される（IFRS15.58,
B63A）。

・ロイヤルティが知的財産のライセンスのみに関連している。
・ライセンスが，ロイヤルティが関連する支配的な項目である（例：ロイヤ
　ルティが関連する他の財またはサービスからよりも著しく多くの価値を顧
　客がライセンスから得る場合）。

当該例外規定を適用すると，ライセンスを供与する約束の性質が，使用する
権利であるか，アクセスする権利であるかを問わず，以下の事象のいずれか遅
いほうが発生する時点でのみ（または発生するにつれて），収益認識を行うこ
とになる（IFRS15.B63）。

(a)　その後の売上または使用が発生する時点
(b)　売上高ベースまたは使用量ベースのロイヤルティの一部または全部が配
　　分されている履行義務が充足（または部分的に充足）された時点

本ケースにおける売上高ベースのロイヤルティは，ライセンスの供与（一
部）という履行義務に対する対価として受領するものであり，A社が当該ライ
センスを供与する際に通常用いるレートと同等に設定されていることを考慮す
ると，当該ライセンスのみに関連していると考えられるため当該例外規定が適
用される。本件においてライセンスの供与という履行義務は，ケース解説6で
みたとおり，知的財産を使用する権利を提供するものであり，すでに契約当初
時点で充足されているため，その後にX社により対象製品が販売され，売上が
発生するのに応じて，A社は売上高ベースのロイヤルティに関する収益認識を
行うことになる。

最後に，イニシャルフィーについて検討する。イニシャルフィーは固定の対
価であり，技術支援料や売上高ベースのロイヤルティのような変動対価には該
当しない。よって，対価である1,000百万円をマイナーチェンジ対応業務（8
年間で3回）およびライセンスの供与の各々の履行義務に，それぞれの独立販
売価格の比率に基づいて配分する必要がある。そして，各回のマイナーチェン
ジ対応業務に配分された対価は，各回の履行義務を充足したと考えられる対象
製品の仕様のアップデートを提供した時点で収益として認識することになる。
一方，ライセンスに配分された取引価格は，ライセンスが顧客に移転した時点
で収益を認識する。なぜなら，ケース解説6でみたように，ライセンスを供与
する約束の性質は知的財産を使用する権利を与えるものといえるため，一時点

で充足される履行義務として会計処理する必要があるためである。なお，顧客がライセンスを使用してライセンスからの便益を得ることができる状態になるまでは収益認識することはできない点に留意する必要がある（IFRS15.B61）。

≪仕訳例～ライセンス契約に係る収益認識～≫
　ケース解説 5 ～ 7 に基づく，ライセンス契約に係る収益認識の会計処理は以下のとおりとなる。
〈追加の前提条件〉
・決算期はX 1 年12月期である。
・X 1 年 1 月 1 日にA社はX社とライセンス契約を締結した。
・ライセンス契約の締結直後に，X社はライセンスからの便益を享受する。
・A社はライセンス契約締結後 6 か月間にわたって，技術指導員として毎月10人を10日間，X社に派遣し， 1 人 1 日当たりの単価は100千円である。
・イニシャルフィーに係る対価のライセンスの供与およびマイナーチェンジ対応業務への独立販売価格に基づく配分比は 3 ： 1 である。
・X 1 年12月期の対象製品の売上高は15,000百万円である。
・X 1 年12月期に対象製品のマイナーチェンジは実施されていない。
・ライセンス契約締結と同時にイニシャルフィーを受領する。
・売上高ベースのロイヤルティを年度末（同年分）に受領する。

① 技術指導料に係る会計処理

（単位：百万円）

（借）現金預金	60	（貸）売上高	*1	60

＊ 1 ： 1 人 1 日当たり単価100千円×10人×10日間× 6 か月＝60百万円。技術支援期間であるX 1 年 1 月 1 日～ 6 月30日にわたって，履行義務の充足に応じて，収益を認識する。

② イニシャルフィーに係る会計処理（×1年1月1日時点）

（単位：百万円）

（借）現金預金	1,000	（貸）売上高	*2	750
		（貸）契約負債	*3	250

＊ 2 ：イニシャルフィー対価1,000百万円×75％（ライセンス供与へ独立販売価格に基づく配分比）＝750百万円

*3:イニシャルフィー対価1,000百万円×25％（マイナーチェンジ対応業務への独立販売価格に基づく配分比）＝250百万円

③ 売上高ベースのロイヤルティに係る会計処理

(単位：百万円)

| （借）現金預金 | 450 | （貸）売上高 | *4 450 |

*4:対象製品売上高15,000百万円×料率3％＝450。X1年1月1日〜12月31日にわたって対象製品の売上に応じて，収益を認識する。

ケース解説8　有償支給取引における支給元の会計処理

会計処理のポイント

- 自動車産業において有償支給取引は，棚卸資産管理責任を支給先に移管する目的で行われてきた背景があり，従来，支給材は支給先の棚卸資産として計上されている。
- 有償支給取引について，買戻し契約に係る適用指針（IFRS15.B64〜B69）が適用される場合，支給元は，有償支給時に棚卸資産（支給材）の認識を中止することはできず，金融債権（有償支給債権）および金融負債を認識することとなる（第4章 8「買戻し契約」参照）。
- 有償支給取引が，買戻し契約に該当するか否かについては，事実と状況に基づき慎重に判断する必要がある。

(1) 前提条件

（取引概要）
① 自動車メーカー（OEM）は，原材料メーカーより支給材を100百万円で調達しサプライヤーに有償支給する。

214

② サプライヤーは，OEMに有償支給代金105百万円を支払う。

③ サプライヤーは，支給材を加工部品に加工し，110百万円で全量OEMに販売する義務を負い，OEMは当該加工部品を買い戻す義務を負う。110百万円は，サプライヤーの加工賃5百万円を有償支給代金105百万円に加えた金額として算定されている。

④ OEMは，サプライヤーに加工部品代金110百万円を支払う。

（その他の前提条件）

・OEMは，本人として支給材を支配している。

・支給材の法的所有権は，サプライヤーの検収時点で，サプライヤーに移転する。

・OEMは，有償支給債権と加工部品仕入債務を総額で決済する。

・支給材の支給から加工部品の買戻しまでの期間は短期間であり，重要な金利要素は含まれない。

・サプライヤーの加工サービスは，重要な統合サービスを提供するものではない。

(2) 解説

① 有償支給時

（単位：百万円）

（借）金融債権	105	（貸）金融負債	105

　本ケースは，OEMが契約によりすべての支給材を加工部品として買い戻す義務を負っており，買戻し契約に係る適用指針（IFRS15.B64〜B69）の適用対象であると考えられる。実質的な買戻し価格（加工部品代金110百万円から加工費5百万円を差し引いた105百万円）が，当初の販売価格（105百万円）と同額であるため，融資契約として取り扱うこととなる。そのため，OEMは，サプライヤーから受け取った支給材の対価と同額の金融負債を認識する（IFRS15.B68）。

　なお，買戻し契約のもとでは，顧客に法的所有権や物理的占有権が移転していたとしても，顧客が資産の使用を指図する能力や，資産からの残りの便益のほとんどすべてを受ける能力が制限されていることから，支給材の支配はサプ

第6章 業種別論点解説　215

ライヤーに移転しない（IFRS15.B66）。よって，OEMは，棚卸資産の認識を
中止せず，有償支給による収益も認識しない。

②　有償支給代金の受領

（単位：百万円）

（借）現金預金	105	（貸）金融債権	105

サプライヤーからの代金受領時に金融債権を取り崩す。

③　加工部品の買戻し

（単位：百万円）

（借）棚卸資産	5	（貸）金融負債	5

　加工部品代金110百万円と金融負債105百万円の差額（サプライヤーの加工賃
相当額である5百万円）を棚卸資産および金融負債として追加計上する。

④　加工部品代金の支払

（単位：百万円）

（借）金融負債	110	（貸）現金預金	110

　OEMは加工部品代金支払時に金融負債を取り崩す。

ケース解説9 ▍ 有償支給取引における支給先の会計処理

会計処理のポイント

- 従来，有償支給取引における支給材は支給先の棚卸資産として計上されている。
- 有償支給取引について，買戻し契約に係る適用指針（IFRS15.B64～B69）が適用
  される場合，支給先は，有償支給時に棚卸資産を認識せず，金融債権を認識する
  こととなる。

---

(1)　前提条件

　取引概要およびその他の前提条件はケース解説8と同様である。

216

(2) 解説

① 有償支給代金の支払

（単位：百万円）

（借）金融債権	105	（貸）現金預金	105

　本ケースにおいて，サプライヤーは有償支給契約によりすべての支給材を加工し，加工部品としてOEMに販売する義務を負っており，OEMは当該加工部品を買い戻す義務を負っている。したがって，支給材の支配はサプライヤーに移転しておらず（IFRS15.B66），サプライヤーは支給材を棚卸資産として認識できないものと考えられる。この場合，サプライヤーは，有償支給代金として支払った105百万円を将来の加工部品代金の一部として受け取ることとなるため，関連する金融債権を認識する。

② 加工部品の販売

（単位：百万円）

（借）金融債権	5	（貸）売上高	5

　有償支給契約に含まれる財またはサービスとして，支給材と加工サービスの2つがある。しかし，本ケースにおいてサプライヤーは，買戻し契約の対象である支給材を支配していないため，本人として履行する加工サービスに係る収益5百万円および同額の金融債権が計上される。

ケース解説10 ｜ 金型均等払いに係るサプライヤーの会計処理

会計処理のポイント ▶ ⋯⋯⋯⋯⋯⋯⋯⋯⋯⋯⋯⋯⋯⋯⋯⋯⋯⋯⋯⋯⋯⋯⋯⋯⋯⋯⋯⋯⋯⋯

- 自動車業界において，特定のメーカーの部品を製造するためだけにサプライヤーが金型を調達し，当該金型代金をメーカーが一定期間にわたってサプライヤーに均等に支払う実務がある。
- サプライヤーは，当該金型均等払いについて，IFRS第15号に基づき収益を計上すべきか，IFRS第16号に基づき収益を計上すべきかについて判断を要する（後述

【異なる前提条件2－リース】」参照）。
- また，IFRS第15号が適用される場合，メーカーは有形固定資産を計上し，サプライヤーは収益を計上することが考えられる（後述【異なる前提条件3－金型の支配の移転】」参照）。

(1) 前提条件

（取引概要）
① サプライヤーS社は，X1年1月にメーカーA社から受注した部品の金型を金型メーカーから25,000千円で調達した。
② S社は，当該金型を使用して部品を製造し，部品供給契約に基づきA社に販売する。この部品販売代金とは別に，金型均等支払契約に基づき金型代金の負担として毎月1,000千円を2年間にわたりA社に請求し，合計24,000千円の支払をA社より受ける。S社は，部品供給に先立ち，X1年1月末に，金型代金の初回負担額として，現金預金1,000千円をA社より受け取った。
③ S社は，部品販売単価を76円/個と設定し，X1年2月末に50,000個を販売した。

（その他の前提条件）
・この金型はA社からの受注に対応するために調達したものではあるが，汎用金型であるため，A社の許可なく他社向けの部品の製造にも同時に使用可能であり，金型の使用権の支配はA社に移転することはなく，リース取引に該当しない。
・同様の理由により，金型そのものの支配もA社に移転しない。
・S社は，他社に販売する同種の部品価格に基づきA社に提供する部品の独立販売価格を100円/個と見積もった。
・S社との部品供給基本契約に基づき，A社は，2年間で1,000,000個の部品の

購入義務を負い，総額76,000千円を支払う。詳細な発注数量，時期は個別の発注書により決定される。

・部品請求単価76円/個は，部品の独立販売価格100円/個から，購入数量合計に基づく部品1個当たりの金型代金負担額24円/個を控除した金額として交渉されたものである。

・S社は，金型調達価額25,000千円と，金型均等払い契約に基づく金型代金24,000千円の差額について，当該金型の利用による他メーカーに対する部品供給取引またはA社との追加的な取引から回収する見込みである。

(2) 解説

はじめに，契約を識別するにあたり，部品供給基本契約と金型均等支払契約をIFRS第15号第17項に従い結合し，単一の契約として会計処理すべきか否かの検討が必要となる。本ケースにおいては，部品供給基本契約と金型均等支払契約はほぼ同時に締結されており，また，部品供給基本契約と金型均等支払契約が，単一の商業的目的を有するパッケージとして交渉されているため，両契約の結合が必要となる。

次に，結合された契約における履行義務を特定する。S社は，金型を使用して部品1,000,000個を生産し供給する義務が，一連の別個の財を移転する約束にあたることから，契約における履行義務は1つであると判断した。

結合後の契約に係る取引価格は，部品代金および金型代金の総額100,000千円（＝部品76,000千円＋金型24,000千円）となり，購入数量1,000,000個で除した部品1個当たりの単価は，独立販売価格100円と同額となる。

以上より，S社は，部品を1個提供するごとに100円/個の収益を認識することが，当契約における履行義務の充足を最もよく描写すると判断した。

① 金型調達時

（単位：千円）

（借）有形固定資産	25,000	（貸）未払金	25,000

契約の履行のために発生したコストが他の基準（IAS第16号「有形固定資産」等）の範囲に含まれない場合，IFRS第15号は一定の要件を満たす契約コストの資産計上を求めている。S社は，金型が契約の履行のためのコストでは

あるものの，IAS第16号「有形固定資産」が定める有形固定資産の定義に該当すると判断したため，有形固定資産を計上する。

②　金型代金の請求（X1年1月末）

（単位：千円）

（借）現金および預金	1,000	（貸）契約負債	1,000

　S社は，現金預金1,000千円をA社より金型代金の初回負担額として受け取ったが，部品は未提供であり履行義務が充足されていないため，同額の契約負債を認識する。

③　部品納入（X1年2月末）

（単位：千円）

（借）金融債権　*1	3,800	（貸）売上高　*3	5,000
（借）現金および預金　*2	1,000		
（借）契約負債	200		

*1：部品請求単価76円/個×50,000個
*2：A社より受け取った金型代金
*3：100円/個（＝取引価格100,000千円÷1,000,000個）×50,000個

　S社は，履行義務が充足された部品50,000個について収益を認識し，部品請求単価に基づく金融債権を計上する。当該金融債権および金型代金の合計と収益との差額である200千円については，X1年1月に認識した契約負債1,000千円の一部に係る履行義務が充足されたものとして契約負債の認識を中止する。この結果，残高として残る契約負債800千円は，A社が支払った対価のうちS社が履行義務をまだ充足していない部分を表している。

【異なる前提条件1－最低購入数量がない場合】

　IFRS第15号において契約は，強制可能な権利および義務を生じさせる複数の当事者間の合意と定義されている。部品供給基本契約に購入数量が定められていない場合には，強制可能な権利および義務を創出しないため，IFRS第15号の対象となる契約は，個別の発注書単位となる（☞【Q2】基本契約の取扱い）。この場合，例えば以下のような状況においては，汎用金型に係る代金を

金型均等支払契約が定める契約期間にわたって収益認識することが考えられる。

- ・個別の発注書と金型均等支払契約が同時またはほぼ同時に締結されるものではなく，契約の結合の要件を満たさない。
- ・その結果，金型代金を部品供給契約の取引価格に含めて個別の部品に配分することができない。
- ・金型の均等支払契約におけるサプライヤーの履行義務が，契約期間中いつでも部品を生産するために金型を保有し待機する義務である。

【異なる前提条件2－リース】

　サプライヤーが特定のメーカー専用の金型を調達し専用部品を供給する場合，IFRS第16号に基づき，メーカーが金型の使用権を支配していると判断される可能性がある。例えばサプライヤーとメーカーが，金型の使用方法および使用目的を事前に決定しており，かつ，メーカーが金型を設計する場合，金型に関連する取引は，サプライヤーを貸手，メーカーを借手とするリース取引に該当することとなる（IFRS16.B24(b)）。このような場合，サプライヤーは，当該リース取引がIFRS第16号に基づきファイナンス・リースかオペレーティング・リースのいずれに該当するかを判断し，その区分に従った会計処理を行うこととなる。ただし，このような場合であっても，メーカーが金型の便益のほとんどすべてを獲得し，金型そのものに対する支配がメーカーに移転するときには，IFRS第16号は適用されず，IFRS第15号が適用されることとなる。

【異なる前提条件3－金型の支配の移転】

　サプライヤーが特定のメーカー専用の金型を調達し専用部品を供給する場合，契約に定められた一定期間のみでなく，金型の全使用期間にわたって，その使用方法を指示する能力をメーカーが有するとともに，使用期間経過後の金型の価値がほとんどなくなる状況が考えられる。この場合，IFRS第15号が定める金型の支配はメーカーに移転していると考えられ，メーカーの有形固定資産として計上されることとなる。

　一方，サプライヤーにおいては，金型をメーカーに売却することで金型の支配を移転したのと経済的実態は同じである。したがって，例えば，サプライヤーが自らの事業として金型製造も行っており，サプライヤーの通常の活動の

アウトプットとして金型をメーカーに移転する場合には，IFRS第15号に基づき，サプライヤーは金型に係る収益を支配の移転にあわせて認識することになると考えられる。

4 小売・商社

ケース解説1　自社運営ポイント付与時の会計処理

会計処理のポイント

- 小売業においては，顧客の囲い込みを主な目的として，ポイント制度が広く導入されている。
- 履行義務は，商品販売と追加的な財またはサービスに対する顧客のオプション（自社運営ポイントの付与）の2つであり，取引価格をそれぞれの履行義務に，独立販売価格の比率に基づき配分する（第4章4「追加的な財またはサービスに対する顧客のオプション」参照）。
- 商品販売に配分された取引価格については，商品販売時に収益認識し，ポイントに配分された取引価格については，ポイント利用時（追加的な財またはサービスの提供時）または失効時に収益認識する。

(1) 前提条件

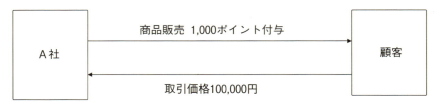

・小売業者A社は，商品を購入した顧客に対して，ポイントを付与する。
・ポイントはA社が運営するポイントプログラムに基づくもので，付与会社であるA社商品の購入時にのみ利用可能なポイントである。
・商品100円の購入につき，1ポイントを付与し，1ポイント1円として利用できる（付与率1％）。
・A社は顧客に100,000円の商品を販売し，1,000ポイントを付与する。

第6章 業種別論点解説 223

・過去のポイント利用実績から，ポイント利用率は80%と見込む。

(2) 解説

① ポイント付与時の会計処理

（単位：円）

| （借）現金預金 | 100,000 | （貸）売上高 | 99,210 |
| | | （貸）契約負債 | 790 |

　本ケースにおいて，ポイントは次回以降のA社商品の購入代金に充当できることから，IFRS第15号第B39項の追加的な財またはサービスに対する顧客のオプションであり，商品の販売とは別個の履行義務である。商品およびポイントの独立販売価格は，それぞれ100,000円および800円（＝1,000円×80%（ポイント利用率））であることから，取引価格100,000円を以下のとおり独立販売価格の比で配分し，商品の販売に対しては99,210円，ポイントに対しては790円の取引価格が配分される。

	独立販売価格	独立販売価格比率	配分される価格	
商品	100,000円	99.21%	99,210円	（100,000×99.21%）
ポイント	※　800円	0.79%	790円	（1,000×0.79%）
合計	100,800円	100.00%	100,000円	

※1,000円×80%（ポイント利用率）＝800円

　商品については販売時に収益計上を行う一方，ポイントは追加的な財またはサービスに対する顧客のオプションであり，付与したのみでは履行義務を充足していないため，ポイントの対象となる財またはサービスが移転する時，または失効時まで収益の認識を繰り延べる必要がある。

【異なる前提条件－自社運営ポイントが自社でも他社でも利用できる場合】
　A社が付与するA社運営ポイントについて，A社のみでなく，当該ポイントプログラムに参加している他社（提携店）でも利用することができ，顧客がポイントと交換にA社または他社（提携店）のいずれから追加の財またはサービスの提供を受けるかを選択する権利を有している場合，ポイントを付与したA社は，自社でポイントが利用される場合に備えて，追加の財またはサービスを

提供できるように待機しておく必要があり，ポイントを付与した時点では，当該ポイントに係る履行義務を充足していないと考えられる。したがって，A社は自ら追加の財またはサービスを提供するか，あるいは，顧客が他社（提携店）でのポイント利用を選択し，A社に待機義務がなくなるか，もしくは，ポイントが失効するまでは，履行義務は充足しないこととなる。

　ここで，顧客が他社（提携店）から追加の財またはサービスの提供を受けることを選択する場合，A社は当該財またはサービスの提供において，本人として行動しているか，代理人として行動しているかを判断する必要がある。なぜなら，本人であるか，他社（提携店）の代理人であるかによって，収益を総額（自社運営ポイントに配分された取引価格）で認識するか，純額（自社運営ポイントに配分された取引価格から他社（提携店）に対する支払額を控除した金額）で認識するかが異なるためである。

　なお，本人であるか，代理人であるかの判断にあたり，約束の性質が，特定された財またはサービスを自ら提供する履行義務であるか，それらの財またはサービスが他の当事者によって提供されるように手配する履行義務であるかを判断する必要がある（IFRS15.B34）。そして，約束の性質を適切に判断するには，特定された財またはサービス（これには，他の当事者が提供する財またはサービスに対する権利も含む）を識別したうえで，特定された財またはサービスが顧客に移転される前に企業が支配しているかどうかを評価する必要がある（IFRS15.B34A）。さらに，IFRS第15号には，特定された財またはサービスが顧客に移転される前に企業が支配していることを示す3つの指標が示されている（IFRS15.B37）。詳細は第4章 **3**「本人・代理人」を参照されたい。

| ケース解説2 | 変動対価（販売数量によって販売価格が遡及的に変動する場合） |

会計処理のポイント

- 契約内容によっては，収益認識時点では対価が確定せず，変動対価の見積りに関する論点が生じるケースがある。
- 契約に含まれる変動対価につき，IFRS第15号第50項～第54項に基づきその金額の見積りが必要となる（第2章 **3** 2「変動対価」参照）。

(1) 前提条件

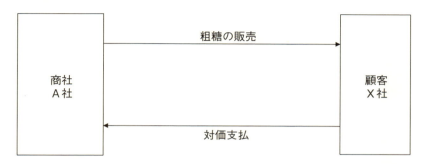

- 商社A社は顧客X社に対し，1年間の契約期間を通して継続的に粗糖を販売する契約を締結した。
- 販売価格は，契約期間全体の販売数量によって異なり，1トン当たり販売価格は契約において以下のとおり定められている。要件となる数量が達成されると，遡及的にすべての販売数量につき，更新後の価格が適用される。

契約全体の 販売数量（トン）	1トン当たり販売価格(円)
0〜120,000	100,000
120,001〜	90,000

- この取引における決済は，契約期間におけるすべての取引が終了した後，確定した販売金額の総額についてなされる。
- A社は，契約開始時点において，この契約における各四半期および年間の販売数量を以下のとおり見積もった。契約全体における販売数量の見積りは108,000トンであり，120,000トンを下回るため，最も可能性の高い金額（IFRS15.53(b)）に基づき1トン当たりの見積り販売価格は100,000円とした。

	数量（トン）
第1四半期	30,000
第2四半期	28,000
第3四半期	25,000
第4四半期	25,000
合計	108,000

- A社は，当該取引パターンについて過去に十分な経験があると判断してい

る。そのうえで，変動対価に関する不確実性が解消される際に，認識した収益の累計額について重大な戻入れが生じない可能性が非常に高いと判断している。

・第1四半期の実績は見積りのとおりであり，第1四半期末時点では，契約全体の見積りについても変更がなかった。

(2) 解説

上記契約において，顧客への販売価格は販売数量に基づき遡及的に変動することから，取引に含まれる対価は変動対価となる。よって，A社は各報告期間末において対価の金額を見積もらなければならない（IFRS15.50）。

① 第1四半期

（単位：百万円）

（借）売上債権	3,000	（貸）売上高	3,000

第1四半期の実績は見積りのとおりであり，また，契約全体の見積りについても変更がなかったため，A社は第1四半期に販売された30,000トンに，1トン当たりの見積販売価格100,000円を乗じた3,000百万円の収益を認識する。

【異なる前提条件1－見積りの変更が生じるケース】

(1) 前提条件

・第2四半期中に，X社が新たな販路を拡大したことにより，第2四半期において，A社はX社に対して第1四半期の予想を上回る数量の販売を行った。

・また，上記のX社の販路拡大による影響も考慮し，第2四半期末において，販売数量の見積りの再評価を行った結果，A社は契約全体の販売数量の見積りを以下のとおり変更した。

	数量（トン）
第1四半期	（※）30,000
第2四半期	（※）35,000
第3四半期	35,000
第4四半期	37,000
合計	137,000

※第1四半期，第2四半期の販売数量は実績値である。

・販売数量の見積りの再評価を行った結果，契約における年間の見積販売数量は137,000トンであり，120,000トンを上回るため，A社は，最も可能性の高い金額（IFRS15.53(b)）に基づき，1トン当たりの見積販売価格を100,000円から90,000円に修正した。

・第2四半期末時点においても，A社は，当該取引パターンについて過去に十分な経験があると判断している。そのうえで，第2四半期における状況の変化を考慮しても，変動対価に関する不確実性が解消される際に，認識した収益の累計額について重大な戻入れが生じない可能性が非常に高いと判断している。

(2) 解説

A社は，第2四半期において見積りを変更しており，当該取引価格の変動による影響を取引価格が変動した期間に認識する。

① 第2四半期

（単位：百万円）

（借）売上債権	2,850	（貸）売上高	2,850

第2四半期で認識した取引価格の変動は第2四半期に生じた新たな事実を考慮したものであり，変動が生じた第2四半期に認識する。

A社は，第2四半期に販売された35,000トンに，新たに見積もった1トン当たり販売価格90,000円を乗じた3,150百万円の収益を認識する。また，第1四半期において，1トン当たり販売価格100,000円に基づき算定していた収益認識

額につき，1トン当たり90,000円に減額し，その影響額を，取引価格が変動した第2四半期に認識する。

よって，第2四半期に収益として認識される金額は2,850百万円（＊1）となる。

(＊1) ①第2四半期販売分：35,000トン×90,000円＝3,150百万円

②第1四半期販売分の販売価格調整：30,000トン×（100,000円－90,000円）＝300百万円

③第2四半期収益認識額：①3,150百万円－②300百万円＝2,850百万円

ケース解説3 ｜ 本人代理人（商社が代理人となるケース）

会計処理のポイント

- 商社が行う仲介業務（仕入価格に一定のマージンを上乗せして販売価格を設定する契約形態）では，仕入から販売までが複数国間での取引となり，それぞれの国の商慣行等を考慮して契約条件を定める等，取引ごとに契約条件が異なるケースが多い。よって契約条件が多岐にわたるといったビジネスの性質上，対象となる財またはサービスの顧客への移転について，個々の取引ごとに商社が本人と代理人のいずれとなるかの検討が必要となることが想定される。
- 本人か代理人かの検討は，特定された財またはサービスごとに，顧客に移転される前に当該特定された財またはサービスが企業に支配されているかどうかを評価して行う。また，IFRS第15号第B37項に示す指標が参考になる場合がある（第4章3「本人・代理人」参照）。

(1) 前提条件

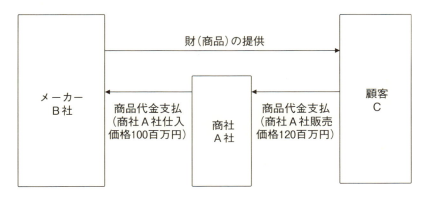

- 商社A社はメーカーB社より商品を100百万円で仕入れ、顧客Cに120百万円で販売する。
- 商品はメーカーB社から顧客Cに直接引き渡される。
- 商品の販売契約はメーカーB社、商社A社、顧客Cの三者間契約であり、商品が顧客Cの要求する仕様を満たしていることについての主たる責任を含む、契約履行の主たる責任はメーカーB社が負っている。
- 商品が顧客Cに引き渡されるまでの在庫リスクはメーカーB社が負っており、顧客Cへの納品時に在庫リスクは顧客Cに移転する。顧客Cへの納品時に商品に物理的損害や機能的不具合があった場合には、顧客Cは商品をペナルティなしで返品でき、当該商品に対する支払は不要となる。
- 顧客Cより商品が返品された場合、商品は直接メーカーB社に返品され、商社A社は返品商品分の仕入代金についてメーカーB社への支払が不要である。
- 顧客Cへの商品の販売価格はメーカーB社が決定する。
- 上記以外の収益および費用は発生しないものとする。

(2) 解説

商社A社が本人であるか否かの判断において、まず約束の性質を判断する。具体的には、顧客Cに提供される財（商品）について、顧客に移転する前に商社A社が当該商品を支配しているかどうかを検討する（IFRS15.B34）。本ケースでは、顧客Cに商品が移転される前に、商社A社が当該商品の使用を指図

し，便益のほとんどすべてを獲得できる状況があるかどうかは明らかでない。すなわち，支配していることを示す状況があるかどうかは明らかでない。また，IFRS第15号第B37項において，特定された財またはサービスを支配していることを示す指標が例示されており，これらへ本ケースを当てはめると，以下のとおりである。ただし，IFRS第15号第B37項の指標はあくまでも例示であり，本人代理人の判定にあたり考慮すべき事項はこれらの指標に限定されず，総合的な判断を要することに留意が必要である（IFRS15.B37, B37A）。

判断指標	判断の結果
契約履行にあたっての主たる責任（IFRS15.B37(a)）	契約履行の主たる責任はメーカー B社が負っており，商社A社は商品を顧客Cに移転することについて主たる責任を負っていない。
在庫リスク（IFRS15.B37(b)）	商社A社は商品が顧客Cに移転される前後のどの時点でも在庫リスクを有していない。商社A社は，商品を顧客Cが購入する前に商品をメーカー B社から取得する約束をしておらず，損傷したかまたは返品された商品に対する責任を負っていない。
価格設定における裁量権（IFRS15.B37(c)）	商社A社は商品に対する価格設定における裁量権を有しない。

以上より，商品の移転前に商社A社が当該商品を支配している状況があるかどうか明らかでないことに加えて本人となる指標のいずれにも該当せず，本ケースにおいて商社A社の履行義務は他の当事者（メーカー B社）により特定された財の提供を手配することであり，商社A社は商品の提供において代理人であると判断される可能性がある（IFRS15.B36）。

代理人であると判断された場合，商社A社は，メーカー B社が顧客Cに商品を提供するという取引を代理人として手配しており，当該手配するという約束を充足するときに，商品の販売に関する収益を純額で認識する。具体的には，顧客Cへの販売価格120百万円から，メーカー B社からの仕入価格100百万円を控除した20百万円について収益認識を行う（IFRS15.B36）。

【異なる前提条件1－本人代理人（商社が本人となるケース）】

(1) 前提条件

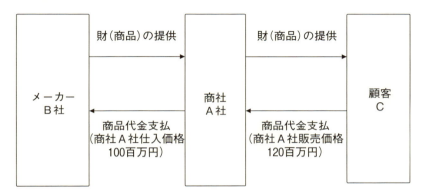

- 商社A社はメーカーB社より商品を100百万円で仕入れ，仕入れた当該商品を顧客Cに120百万円で販売する。
- まず，商品はメーカーB社から商社A社に引渡・納品がなされ，その時点でいったん商社A社による商品の検収が行われる。その後，商社A社から顧客Cへ引渡し・納品がなされる。
- メーカーB社から商社A社への商品販売契約，商社A社から顧客Cへの商品販売契約がそれぞれ存在し，商社A社から顧客Cへの商品販売契約において，商品が顧客Cの要求する仕様を満たしていることについての主たる責任を含む，契約履行の主たる責任は商社A社が負う。
- 商社A社から顧客Cへの商品販売契約において，商品が顧客Cに引き渡されるまでの在庫リスクは商社A社が負っており，顧客Cへの納品時に在庫リスクは顧客Cに移転する。
- 顧客Cへの納品時に商品に物理的損害や機能的不具合があった場合には，顧客Cは商品をペナルティなしで商社A社に返品でき，当該商品に対する支払は不要となる。
- 顧客Cより返品がなされた場合においても，商社A社は，メーカーB社からの仕入時に検収を行っているため，当該商品をメーカーB社へ返品することはできず，返品商品分の仕入代金についてメーカーB社へ支払う必要がある。
- 顧客Cへの商品の販売価格は商社A社と顧客Cの交渉により決定している。

232

・上記以外の収益および費用は発生しないものとする。

(2) 解説

　商社A社が本人であるか否かの判断において，まず約束の性質を判断する。具体的には，顧客Cに提供される財（商品）について，顧客に移転する前に商社A社が当該商品を支配しているかどうかを検討する（IFRS15.34）。本ケースでは，顧客Cに商品が移転される前に，商社A社が当該商品の使用を指図し，便益のほとんどすべてを獲得できる状況があるかどうかは明らかでない。すなわち，支配していることを示す状況があるかどうかは明らかでない。

　また，商社A社が本人であるかの判断において，IFRS第15号第B37項に示される，特定された財またはサービスを支配していることを示す指標に本ケースを当てはめると，以下のとおりである。ただし，IFRS第15号第B37項の指標はあくまでも例示であり，本人代理人の判定にあたり考慮すべき事項はこれらの指標に限定されず，総合的な判断を要することに留意が必要である（IFRS15. B37, B37A）。

判断指標	判断の結果
契約履行にあたっての主たる責任（IFRS15.B37(a)）	商社A社は商品の顧客Cへの販売において，商品を顧客Cに引き渡すことおよび当該商品が顧客Cの要求する仕様を満たしていることについての主たる責任を負っていることから，契約履行の主たる責任を負っている。
在庫リスク（IFRS15.B37(b)）	商社A社の仕入後，商品が顧客Cに引き渡されるまでの在庫リスクは商社A社が負っており，顧客Cへの納品時に在庫リスクは顧客Cに移転するため，商品が顧客Cへ移転する際に商社A社は在庫リスクを負っている。 また，顧客Cへの商品の納品にあたり，商品に物理的損害や機能的不具合があった場合には，顧客Cは商品をペナルティなしで返品できるが，商社A社は顧客Cより返品された商品をメーカーB社に返品することはできず，返品商品分の仕入代金についてメーカーB社へ支払う必要があるため，返品時においても商社A社は商品の在庫リスクを有している。

価格設定における裁量権 （IFRS15.B37(c)）	商社A社は商品の価格設定における裁量権を有している。

　以上より，商品の移転前に商社A社が当該商品を支配している状況があるかどうかは明らかでないが，本人となる指標のいずれにも該当するため，本ケースにおいて，商社A社の履行義務は特定された財を顧客に移転することであり，商社A社は商品の提供において本人であると判断される可能性がある。

　本人と判断された場合，商社A社は，履行義務充足時点において，商品の販売に関する収益を総額（販売価格120百万円）で認識する（IFRS15.B35B）。

5 サービス業

ケース解説1　顧客に対する財またはサービス

会計処理のポイント

- ケーブルテレビ（CATV）業者が，顧客に対して光通信サービスを提供する。サービス契約を締結し，その後に回線が開通した時点で，顧客から回線工事手数料，契約事務手数料を受け取る。顧客に対し，これらは，回線工事作業とサービスのセットアップ作業のための手数料であると説明されている。
- 上記の作業が履行義務となるかについて検討が必要となる。企業が契約を履行するために行わなければならない「活動」は，履行義務にならない（IFRS15.25）。ただし，当該活動によって顧客に財またはサービスの移転がある場合には，履行義務となる（第2章②4「履行義務を識別する際の留意点」参照）。
- 活動自体から財またはサービスの移転がない場合でも，追加的な財またはサービスを得ることができる「オプション」が発生していると考えることができ，それによって重要な権利（IFRS15.B40）が顧客に与えられるときには，そのオプションを履行義務として会計処理する。

(1) 前提条件

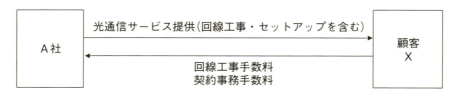

（取引概要）
・CATV業者A社は，顧客Xに対して光通信サービスを提供する。
・顧客は月額の通信サービス料（毎月3,000円）に加え，この事業者のサービス利用にあたって必要となる回線工事手数料35,000円および契約事務手数料

第6章　業種別論点解説　235

1,000円（回線工事作業とサービスのセットアップ作業に対するもの）をA社に支払う。

・回線工事手数料は回線の開通時点で，1回限り発生する。

・契約期間は1か月であり，顧客が解約手続をしない限り，契約は自動更新される。

・過去の経験から，回線の開通から解約までの平均期間は5年であることがわかっている。

・A社は，回線工事手数料が，IFRS第15号第B40項の「重要な権利」に該当する更新オプションを生み出しているものと判断している。これは，他社に移行すると，顧客は再び同程度の回線工事手数料を求められることになるため，顧客はA社のサービスを継続しているという分析に基づいている。

(2)　解説

まず，このケースにおける契約事務手数料には顧客に財またはサービスを移転するものがなく，A社が契約をセットアップするための事務作業等の管理活動に対する手数料である。そのため，履行義務には該当しない。

次に，回線工事手数料については，A社は回線工事手数料を取引価格総額と比較した結果，回線工事手数料は定量的に重要であると判断している。また，顧客が契約を更新する定性的な理由として，他社への移行時の回線工事手数料を回避できることが重要な影響を与えると判断している。以上の定量的または定性的な要因を考慮すると，回線工事手数料が顧客に対し重要な権利を与えていると判断される。

以上より，当該契約には光通信サービスと重要な権利である更新オプションの2つの履行義務が存在すると結論付けられる。

ケース解説2 ┃ 取引価格の配分

会計処理のポイント

• 継続的なサービス（例えば通信サービス）の提供にあたっては，契約にサービスと重要な権利である更新オプションの2つの履行義務が存在する場合がある。

• 更新オプションにより顧客が重要な権利を有する場合，その独立販売価格を見積

もる必要があるが、更新オプションを行使して顧客が将来に提供を受ける財またはサービスが、当初から契約に含まれる財またはサービスに類似している場合には、企業は、独立販売価格の見積りに関する実務的代替の規定を適用することができる（IFRS15.B43）。

(1) 前提条件

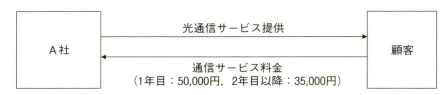

（取引概要）
- CATV業者A社は、顧客に対して光通信サービスを提供する。
- 契約期間は1年であり、顧客が解約手続をしない限り、契約は1年ごとに自動更新される。
- 2年目以降に提供される光通信サービスの内容は、1年目と同質である。
- 通信サービス料金は、当初の契約期間である1年目は年額50,000円であり、契約が更新された2年目以降は年額35,000円となる。
- 更新オプションのない単年度契約の場合、光通信サービス料金は年額42,000円とされている。
- A社は、更新期間の光通信サービス料金（35,000円）が、単年度契約の光通信サービス料金（42,000円）より低く設定されていることから、更新オプションにより顧客が重要な権利を有すると判断しており、当該契約には光通信サービスと更新オプションによる重要な権利の2つの履行義務が存在すると判断している。
- 類似の契約を顧客が継続する平均的な期間は3年である。
- 光通信サービスの提供にあたって、実務上はさまざまな割引サービスを提供することがあるが、本設例においては割引サービスは考慮せず、光通信サービスのみを解説の対象とする。

(2) 解説

A社は、当該契約には光通信サービスと更新オプションによる重要な権利の

２つの履行義務が存在すると判断している。したがって，取引価格をこれらの履行義務に配分する。

更新オプションにより顧客が重要な権利を有する場合，A社はその独立販売価格を見積もる必要がある。しかし，更新オプションにより顧客が提供を受ける財またはサービスが，当初から契約に含まれる財またはサービスに類似している場合には，企業は，独立販売価格の見積りの実務的代替の規定を適用することができる。すなわち，更新オプションにより提供すると予想される財またはサービスおよびそれに対して受け取ると予想される対価を参照して，取引価格をオプションに係る財またはサービスに配分することができる（IFRS15.B43）。

ここで，更新オプションの行使により提供すると予想される財またはサービスは当初の契約と同じ光通信サービスであることから，A社は，更新オプションの独立販売価格の見積りを行う代わりに，上記実務的代替の規定を適用することができると判断した。

当初の契約期間である１年目にA社が受け取る対価は50,000円，更新が見込まれる２年目と３年目にA社が受け取ると予想される対価は70,000円（35,000円×２年間）であるため，この契約によりA社が受け取ると予想される対価の総額は120,000円となる。また，平均継続期間である３年間において提供される光通信サービスは同質であるため，各年度における光通信サービスの独立販売価格は同額（本ケースでは単年度契約の料金である42,000円）と見積もられた。したがって，A社は毎年40,000円（120,000円÷３年）の収益を認識する。

①　１年目（当初の契約期間）

（単位：円）

| （借）現金および預金 | 50,000 | （貸）売上高 | 40,000 |
| | | （貸）契約負債 | 10,000 |

②　２年目（更新期間）

（単位：円）

| （借）現金および預金 | 35,000 | （貸）売上高 | 40,000 |
| （借）契約負債 | 5,000 | | |

③ 3年目（更新期間）

(単位：円)

（借）現金および預金	35,000	（貸）売上高	40,000
（借）契約負債	5,000		

ケース解説3　顧客の顧客

会計処理のポイント

- 企業が顧客に財またはサービスを提供する際に，その顧客にとっての顧客に対しても企業が財またはサービスを提供する約束をする場合，企業はその約束（顧客の顧客への約束）を直接の顧客との間の取引に含めて処理をすべきかの検討が必要となる。
- 直接の顧客に財またはサービスを提供する前に，顧客の顧客にそのような約束をする場合，その約束は直接の顧客に対する履行義務となる。
- 顧客の顧客との約束は，明示的な場合だけではなく，黙示の場合でも履行義務となる可能性がある。

(1) 前提条件

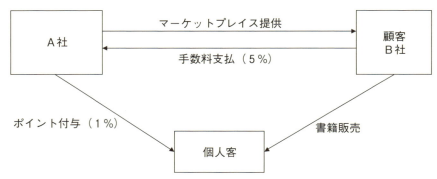

（取引概要）
・インターネット接続業者A社は，出店者がインターネット上で商品を販売できる，マーケットプレイス型のウェブサイトを運営している。
・書籍販売業者B社は，A社との間で，A社が運営するマーケットプレイスに

出店する契約を締結し，書籍を個人客に販売している。個人客が書籍の購入をマーケットプレイス上で申し込むと，個人客とB社との間に売買契約が直接締結される。A社は書籍の送付・引渡しに対して何ら責任を負わない。

・A社は個人客に代金をただちに請求する。A社は毎月末に，B社のマーケットプレイス上の売上高の5％を手数料として控除したうえでB社に代金を支払う。

・A社はマーケットプレイス上の告知サイトにおいて，マーケットプレイスの利用者に対し，成約額の1％のポイントを付与すること（例：成約額が1,000円の場合，10ポイント）を明示している。

・ポイントは，1ポイント＝1円としてA社が直接提供する財またはサービスと交換できる。

・当月において，B社がマーケットプレイスにおいて販売した書籍の売上は100百万円であった。A社は個人客に1百万ポイントを発行した。単純化のため，ポイントは失効せず，全額が使用されるものと予想されていることとする。

(2) 解説

① 顧客の顧客に対する黙示の履行義務

　本ケースにおいて，A社と個人客との間に契約は存在せず，書籍の送付・引渡義務もない。一方，A社はB社との間でマーケットプレイス契約を締結し，マーケットプレイス関連のサービスを提供している。以上を踏まえると，A社の顧客はB社となり，個人客はA社にとっての顧客ではないと判断される。

　ただし，A社が個人客に対して付与するポイントについては，「追加の財またはサービスを獲得する重要な権利」（第4章**4**「追加的な財またはサービスに対する顧客のオプション」参照）に該当するかの検討が必要となる。A社にとって個人客は，「顧客の顧客」（第2章**2**「ステップ2－履行義務の識別」参照）に該当し，そのポイントはA社とB社間の契約がなかったならば，付与されなかったものと考えられるためである。なお，A社が負うポイントの付与義務について，A社とB社の間の契約に明示されていなかったとしても，告知サイトで広く周知されていることから，「黙示の履行義務」（第2章**2**「ステップ2－履行義務の識別」参照）に該当する可能性がある。

② 書籍販売の締結に関する月額売上高に対する収益

(単位：千円)

（借）売上債権	5,000	（貸）売上高		4,167
		契約負債		833

取引価格の履行義務への配分は以下のとおり行われる。

履行義務	独立販売価格	配分比率	配分額	計算
マーケットプレイス関連のサービス	5,000	83.3%	4,167	（A社が受け取る対価 5,000×83.3%）
ポイント	1,000	16.7%	833	（A社が受け取る対価 5,000×16.7%）
合計	6,000	100.0%	5,000	

　ここでは，個人客に対するポイントの付与が，顧客の顧客に対する黙示の履行義務に該当すると判断されたという前提を置く。

　B社が個人客に対して販売した書籍の売上高（100百万円）の5％（5百万円）が，A社が受け取る当月の対価となる。これを，マーケットプレイス関連のサービスとポイントのそれぞれの履行義務に配分することとなる。前者の独立販売価格は5百万円，後者の独立販売価格は1百万円と判断された結果，上記の仕訳で示された配分が行われている。

　なお，ここでは，ポイントはすべて未使用であり，すべて契約負債として残っていることを想定している。

【異なる前提条件－書籍販売契約がA社と個人客の間で締結される場合】

　上記のケースにおいて，マーケットプレイス上での書籍販売契約がA社と個人客の間で（あるいは，A社，B社と個人客の三者間で）締結される場合，A社の顧客は個人客となる可能性がある。その場合，A社が個人客に提供する財またはサービスは，書籍とポイントになると考えられる。

　ここで，財またはサービスの提供に，自社に加えて第三者であるB社が関与していることから，A社は自社が本人であるか代理人であるかを判定する必要がある。A社は，「特定の財またはサービス」（ここでは，書籍およびポイント）を顧客に移転する前に支配している場合には本人となるが，この評価にあ

たっては，IFRS第15号第B37項に定められる以下の指標を考慮することが必要である。

- ・企業が，特定された財またはサービスを提供する約束の履行に対する主たる責任を有している
- ・特定された財またはサービスが顧客に移転される前に，または顧客への支配の移転の後に，企業が在庫リスクを有している
- ・特定された財またはサービスの価格の設定において企業に裁量権がある

　例えば，書籍の販売に対する主たる責任をB社が有しており，また，在庫リスクや価格決定権についてもB社が負う／有するような場合には，A社は書籍を顧客に移転する前にそれを支配しないと考えられ，A社は書籍については代理人となると考えられる（ポイントについては本人になるものと考えられる）。

　なお，IFRS第15号第B37項に定められる指標間にヒエラルキーはなく，判定の際にはすべての指標を考慮することが必要である点に留意が必要である。

6 建設業

ケース解説1　建設請負および一括借上の会計処理

会計処理のポイント

- 建設業では，集合賃貸住宅を建設する工事を請け負い（建設請負），完成した集合賃貸住宅をオーナーから一定期間借り上げ（一括借上），企業が賃貸住宅の各入居者と直接賃貸契約を締結するビジネス形態が存在する。
- 集合賃貸住宅に対する支配が顧客に移転し，かつ，集合賃貸住宅の販売および一括借上が単一の契約と考えられる場合，セール・アンド・リースバック取引として会計処理される。

(1) 前提条件

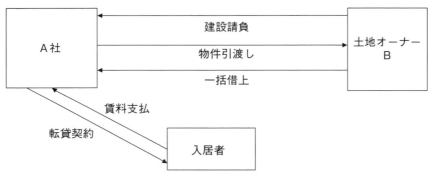

（取引概要）

・建設業者A社は，個人の土地オーナー Bから集合賃貸住宅の建設を請け負った。
・A社は，当該集合賃貸住宅の完成後，それを一括して長期間にわたり借り上げ（一括借上契約），集合賃貸住宅の入居者と転貸契約（サブリース）を締

第6章　業種別論点解説　243

結する。

・A社はBに代わり入居者募集・賃料徴収業務等を行う。

・入居者が見つからず，空室となった場合や，入居者から賃料の回収ができなかった場合であっても，A社はBに賃料相当の保証を行うこととなっており，A社は空室リスクを負う。

・A社はBが有する土地の有効な資産運用を目的に，建設請負および一括借上契約をセットとしてBに提案しており，Bは建設請負契約および一括借上契約を併せてA社と締結している。

・A社とBの建設請負契約では，集合賃貸住宅の建設請負契約の締結から引渡しまでは6か月とされている。

・A社は，建設請負契約と一括借上契約は同時に締結されており，また，建設請負契約と一括借上契約がセットで顧客に提案されており，両者は単一の商業的目的を有するパッケージとして顧客と交渉されていることから，IFRS第15号第17項(a)に基づき，両者の契約は結合されるものと判断した。

・建設請負契約では，契約どおりに集合賃貸住宅が建設されたことをBが確認し，検収することが定められており，Bによる集合賃貸住宅の検収後に，A社は支払代金の請求を行う取決めになっている。ただし，建設途中で契約が解約された場合であっても，A社はBに対し完了部分までの請求を行うことができる。

・当該契約では，集合賃貸住宅の完成・検収後に不動産の移転登記をすることによりBに法的所有権は移転するが，一括借上契約を締結しているためBによる物理的な占有はなく，リース期間終了時までA社から集合賃貸住宅を貸借した居住者が継続して物理的に占有することになる。

・A社が建設した建物の建設原価は100百万円である。

・建設請負契約の代金は180百万円である。なお，建物の独立販売価格は建設請負契約の代金と同額とする。

・A社は，建設請負契約に係る履行義務はBの有する土地の上に集合賃貸住宅を建設することであり，Bは集合賃貸住宅の建設期間にわたって建設中の集合賃貸住宅を支配すると考えられることから，IFRS第15号第35項(b)の要件を満たし，当該履行義務は一定の期間にわたり充足される履行義務であると判断している。

・Bからの一括借上契約の条件に基づき決定されたリース期間およびリース料

は以下のとおりである。なお，リース料について契約締結後の変更はないものとする。

リース期間	18年
リース料（年額）	12百万円
リース料総額の現在価値	146百万円

(2) 解説

① 集合賃貸住宅の所有に係る支配のBへの移転の有無

A社は，集合賃貸住宅の所有に係る支配が，賃貸借契約の開始前にBに移転しているかどうかを判断する必要がある。

取引概要に記載のとおり，本ケースにおける履行義務は，IFRS第15号第35項(b)の要件を満たし，当該履行義務は一定期間にわたり充足される履行義務であると判断されている。したがって，建設請負契約と一括借上契約が結合され単一の契約とされており，また，A社が建設した物件の支配がBに移転していることから，会計上も売却取引とリース取引の組み合わせとして取り扱い（IFRS16.98, 99, 100），建設請負と一括借上契約を一体と捉え，会計処理（建設請負に係る販売利益の実質的な一部繰延べ）をする必要がある。

なお，実務においては，建設請負契約と一括借上契約が単一の商業的目的を有するパッケージとして交渉されていないケースも考えられる。このような場合において建設請負契約と一括借上契約を売却取引とリース取引の組み合わせとして取り扱うかどうかについては，個別の事実と状況に応じた慎重な判断が必要となることに留意が必要である。

② セール・アンド・リースバック取引の会計処理

建設請負契約と一括借上契約を一体と捉え，セール・アンド・リースバック取引と判断された場合，IFRS第16号第98項～第102項を適用して会計処理を行う。本ケースのセール・アンド・リースバック取引において，原資産（建設請負契約により建設される建物）に対する支配はA社からBに移転されることとなる。しかしながら，経済的観点からは，A社はリースバック期間において引き続き建物を使用する権利を保持しているため，セール・アンド・リースバック取引において認識される売却益は，リースバックによりA社に留保されず，

第6章　業種別論点解説　245

Bに移転した価値に対応する部分のみとなる。

(a)　リース負債および使用権資産の当初測定

　本ケースにおいて，リース料の現在価値は146百万円であるため，リース負債の当初測定金額は146百万円となる。

　次に，使用権資産について，建設請負と一括借上契約を一体と捉えた場合，セール・アンド・リースバック取引の経済的観点から，売手（借手）はリースバック期間において引き続き資産を使用する権利を有するため，売手（借手）の対象資産の建設原価100百万円のうち，リースバック期間の使用権に対応する部分である81百万円（対象資産の建設原価100百万円×リース料総額の現在価値146百万円÷建物の公正価値180百万円）を使用権資産として認識する。

(b)　売却益の認識

　本ケースにおいて，建物の建設原価は100百万円，建設請負契約の対価は180百万円であり，仮に契約がリースバックを含まず，建設請負契約のみであったと仮定した場合に認識される売却益は80百万円である。ここで，建物の公正価値180百万円に対して，リース料総額の現在価値は146百万円であることから，建物の価値のうち，81％（リース料総額の現在価値146百万円÷建物の公正価値180百万円）がリースバックによりA社に留保されているものと考えられる。したがって，リースバックを含まない場合の建物の売却益80百万円のうち，この81％相当分の65百万円は，建物の売却時点において認識すべきでなく，リースバック開始時以降に認識すべきと考えられる。

　この点，上述のとおり，リース負債および使用権資産の当初認識時において，使用権資産がリース負債よりもA社に留保される価値相当分である65百万円小さく計上され，結果的に価値留保分の65百万円がセール・アンド・リースバック開始時における実質的な未認識売却益として会計処理されることになる。なお，このように使用権資産の原価を圧縮することで結果的に繰り延べられたリースバックに対応する売却損益は，リース期間にわたって減価償却を通じて認識される。すなわち，本ケースにおいて，使用権資産の減額として調整された65百万円は，リース期間18年にわたって各報告期間の減価償却の減額として認識されることになる。

ケース解説2　個別の分譲マンションの販売において発生した広告宣伝費の会計処理

会計処理のポイント

- 分譲マンションの販売に際しては，チラシの配布，モデルルームの設置等の販売費用が多額に発生することとなるが，個別の分譲マンションの販売に関連して発生した広告宣伝費は，その物件の竣工・引渡しまで費用処理を繰り延べ，竣工引渡し時に費用処理する会計慣行が存在する。
- IFRS第15号のもとでは当該コストは契約獲得のための増分コストおよび契約を履行するためのコストに該当せず，発生時に費用処理することとなる（第3章「契約コスト」参照）。

(1) 前提条件

（取引概要）

・建設業者A社はマンション分譲事業を営んでおり，建物竣工前に顧客とマンション販売契約を締結し，建物竣工引渡し時において販売収益を計上している。

・分譲マンション販売において，チラシ等の広告宣伝およびモデルルームの必要経費といった広告宣伝費が発生する。これらの広告宣伝費の中には，個別の分譲マンションの販売において発生する広告宣伝費が含まれる。

・分譲マンション販売において，販売開始から引渡しまで長期間にわたる。

(2) 解説

　本ケース解説における個別の分譲マンションの販売において発生する広告宣伝費は，契約の成立によって発生する販売手数料とは異なり，顧客との契約締結の有無に関係なく発生することから，IFRS第15号第91項〜第94項でいうところの「契約獲得の増分コスト」には該当しない（IFSR15.93）。

　また，当該広告宣伝費が他の基準（IAS第2号「棚卸資産」等）の範囲に含まれない場合で，かつ一定の要件を満たす場合には，契約を履行するために生じたコストの資産計上が求められる。分譲マンションに係る広告宣伝費は，IAS第2号に規定される棚卸資産の原価の対象となる加工費や棚卸資産が現在の場所および状態に至るまでに発生したコストにも該当しない（IAS2.12, 15）ことから，IFRS第15号第95項に照らして資産計上の要否を検討する必要がある。

　当該コストは具体的に特定される契約に直接関連づけることは困難であり，企業の将来の履行義務充足に使用される資源である分譲マンションを創出または増価する性質のコストではなく，広告宣伝費の発生時点においてその回収が見込まれているものでもないことから，IFRS第15号第95項に規定される「契約を履行するためのコスト」にも該当しない。

　したがって，分譲マンションに係る広告宣伝費は契約獲得の増分コストおよび契約を履行するためのコストのいずれにも該当せず，発生時に費用処理することとなると考えられる（IFRS15.95）。

第7章

実務上のFAQ

本章のまとめ

　IFRS第15号の適用に際して，さまざまな論点において実務上の判断を求められることが想定される。本章ではFAQという形式で，判断に際して悩みやすい主な論点について解説する。なお，このFAQは各論点に対する一般的な考え方を示すものであり，個別の事実と状況によっては異なる考え方が適用される可能性がある点に留意が必要である。

1 第1章「IFRS第15号の概要」関係

1 範 囲

Q1 通常の活動かどうかの判定

IFRS第15号の適用範囲の検討において，企業の通常の活動の過程で生じる収益かどうかをどのように判定するのか？（5頁参照）

Answer

その活動が，将来の現金及び現金同等物を生み出す企業の能力に関連する経常的な活動かどうかによって，通常の活動かどうかを判断する。

解説

企業の活動が通常の活動であるかどうかを判定するにあたっては，2010年公表版財務報告に関する概念フレームワークに従って判定を行うことになると考えられる（IFRS15.BC53）^(注)。2010年公表版概念フレームワーク4.27において，企業の通常の活動の過程で発生する収益および費用項目とそうでない項目を区分するのは，項目の源泉が，将来の現金及び現金同等物を生み出す企業の能力を評価するうえで関連があるためであるとされている。例えば，長期投資の処分が，ある企業にとって偶発的で規則的に繰り返されることのない活動である場合，この活動は将来の現金及び現金同等物を生み出す企業の能力を評価するうえで関連性が低いため，通常の活動に該当しないものと考えられる。一方で，ある企業にとってはこの活動が事業として経常的に行われるものである場合，将来の現金および現金同等物を生み出す企業の能力を評価するうえで関連性が高いため，通常の活動と判断されることも考えられる。このように，通常の活動の判断にあたっては，企業およびその事業活動の性質について十分に考慮する必要がある。

（注） 財務報告に関する概念フレームワークは，2018年3月に改訂されており，IFRS第15号BC53項が参照している「企業の通常の活動」の概念は

2018年公表版概念フレームワークでは触れられていない。しかしながら，2018年6月時点では，IFRS第15号においては未だこの点についての改訂はなされておらず，2010年公表版の概念フレームワークにおける同概念を参考にすることができると考えられる。

2 第2章「5つのステップ」関係

1 ┃ ステップ1－契約の識別

(1) 対象となる契約の要件

> **Q2** 基本契約の取扱い

顧客が財またはサービスを得るために，その後に個別の契約を別途締結しなければ
ならない基本契約（例：MSA（Master Service Agreement））はIFRS第15号にお
ける契約となるか？（19頁参照）

Answer

　原則として，その後に個別の契約を別途締結しなければならない基本契約
は，それのみではIFRS第15号における「顧客との契約」には該当しない。

解説

　契約とは，強制可能な権利および義務を生じさせる複数の当事者間の合意で
ある（IFRS15.10）。しかし，その後に個別の契約を別途締結しなければならな
い基本契約は，通常，それのみでは当事者に係る財またはサービスに関する強
制可能な権利および義務を創出せず，その後の財またはサービスに係る個別契
約の基礎となる諸条件を定めるのみである場合が多いと考えられる。したがっ
て，原則として，このような基本契約は，それのみではIFRS第15号における
「顧客との契約」には該当しない。ただし，基本契約に最低限要求される購入
量が定められている場合には，IFRS第15号における「顧客との契約」に該当
する可能性がある。

> **Q3** 再判定すべき重大な変化の兆候の例

IFRS第15号の適用対象の契約であるかを再判定すべき重大な変化の兆候がある場
合とは，例えばどのような場合か？（19頁参照）

第7章 実務上のFAQ **253**

Answer

典型的には，事後的に顧客の支払能力が著しく低下した場合をいう。

解説

顧客との契約が，契約開始時において，契約成立要件である対価の回収可能性およびその他の要件を満たしていたとしても，その後顧客の信用力が著しく低下した場合，その事象は重大な変化の兆候に該当する。その場合，顧客に移転する残りの財またはサービスに係る対価を回収する可能性が高いかどうかを再判定し，残りの契約部分が引き続きIFRS第15号の適用対象となるかを検討しなければならない（IFRS15.13）。

Q4 回収可能性が高いと判断する水準

IFRS第15号の適用対象となる契約の要件において，対価の回収可能性を判断するうえで，「可能性が高い」とはどのような水準か？（19頁参照）

Answer

対価を回収する可能性が50％超である場合に「可能性が高い」と判断する。

解説

IFRSでは一般的に「可能性が高い（probable）」とは，「発生する可能性のほうがしない可能性よりも高い（more likely than not）」と定義されている。したがって，定量的には50％超の可能性を有している場合を可能性が高い場合と判断することとなる（IFRS15.BC44）。

Q5 ポートフォリオレベルでの回収可能性の評価

契約成立要件の1つである対価の回収可能性の評価に際して，ポートフォリオレベルで入手した情報を用いることができるか？（19頁参照）

Answer

回収すると見込まれる金額を見積もる際に，過去の実績データのポートフォリオを用いることができる場合がある。

解説

ポートフォリオを用いた分析・評価は，企業が同種の取引を多数行っている場合に適切となることがあり，特定の契約に関する回収可能性の包括的な評価

のインプットとして用いられる。

　例えば，小売業者が同質的な階層の顧客との取引について，値引等の価格譲歩を行う意図はないが，平均して請求金額の60％を回収している場合，当該階層の顧客との契約について「契約金額の全額」を回収する可能性が50％超とならない（高くない）ことの指標となりうる。

　反対に，小売業者が同質的な階層の顧客との取引について，平均して請求金額の90％を回収する場合，当該階層の顧客との契約について「契約金額の全額」を回収する可能性が50％超となる（高い）ことの指標となりうる。ただし，小売業者が通常，個々の契約からそれぞれおおむね90％だけを回収している場合，この小売業者は顧客に10％の価格譲歩を行っていることの兆候となることがある点，留意が必要である。価格譲歩の場合，変動対価として，約束した財またはサービスの顧客への移転と交換に得ることとなる対価の金額を見積もらなければならない（IFRS15.50, 52）。

Q 6　提供を停止したサービスに係る対価の回収可能性評価における取扱い

> 約束どおり支払を行わない顧客に対して企業がサービスの提供を停止する意思と能力がある場合，契約開始時における契約成立要件の１つである対価の回収可能性の評価に関して，どのような影響を与えるか？（19頁参照）

Answer

　契約開始時における対価の回収可能性の評価において，企業がサービスの提供を行わないと予測する部分に関する対価の回収可能性は，評価の対象に含めないと考えられる。

解説

　契約開始時における対価の回収可能性の評価は，「移転する財またはサービス」と交換に権利を得ることとなる対価に関して行われる（IFRS15.9(e)）。約束どおり支払を行わない顧客に対して移転する予定であったサービスの提供を停止する意図と能力を企業が有する場合，契約開始時における対価の回収可能性の評価において，サービスの提供を停止する前に顧客に移転するであろうサービスに関する対価についてのみ考慮すべきと考えられる。

　なお，たとえ，企業が約束どおり支払われないことに対してサービスの提供を停止する能力と意図を有していると結論づけたとしても，対価の回収可能性

第7章　実務上のFAQ　255

要件が自動的に満たされるわけではない。むしろ，サービスの提供を停止するまでに，このような顧客に対するサービス提供を継続する期間が，評価に影響を及ぼすこととなる。サービス提供の継続期間を決定するために，企業はいつサービスの提供を停止するかについてのビジネス慣習やその他の証拠を考慮する必要があると考えられる。

Q7　契約の存在以前に移転された財またはサービスの取扱い

将来見込まれる財またはサービスを顧客に移転する約束について，関連する契約が存在すると結論づけられる前に当該約束を一部履行した場合，どの時点で，どれだけ収益を認識するべきか？（22頁参照）

Answer

契約成立要件（IFRS15.9）を満たした時点で，収益の累積額を認識する。

解説

将来見込まれる財またはサービスを移転する約束について，契約が存在すると結論づけられる前に一部を履行した場合，契約成立要件を満たした時点で，当初から契約が存在していたら認識されていたであろう収益の累積額を認識する。

例えば，不動産開発業者が，顧客との契約が存在しないままマンション工事を履行し，20％完成した時点で顧客にマンションを販売した場合，その契約が収益を一定の期間にわたって認識する要件を満たすときには，契約締結日に取引価額の20％を収益として認識する。

(2)　契約期間

Q8　契約期間満了後にサービス提供を継続する場合の契約の取扱い

企業が契約期間満了後もサービス提供を継続する場合，サービス契約は存在しているといえるか？（23頁参照）

Answer

存在している可能性がある。

解説

契約期間が満了した契約について，企業がその契約条項に基づき顧客に引き

続きサービスを提供する場合（例：既存の契約の差替えとなる新契約の契約条項が，既存の契約の満了日前に最終化されていない場合）がある。企業がそれらの提供したサービスに関連して法的に強制可能な権利および義務を有する場合，当該サービスについてIFRS第15号の一般規定を適用して会計処理を行うこととなる。反対に，企業が契約満了日後に提供したサービスについて法的に強制可能な権利および義務を有さない場合，契約が存在する前に受け取った対価に関する会計処理のガイダンス（IFRS15.15, 16）を適用することとなる。

　なお，強制可能な権利および義務の有無の判定は複雑になることが多く，契約満了日後に強制可能な権利および義務を有するか否かを判定する際には，専門家に法的な助言を求めることが必要となる場合がある。

Q9 契約違反の場合のみ行使可能な解約権の取扱い

契約違反が生じた場合にのみ行使可能な解約権の存在は，契約期間の決定に影響を及ぼすか？（23頁参照）

Answer

　契約期間の決定に影響を及ぼさないと考えられる。

解説

　契約が存在するということは，その契約のもとで当事者はそれぞれの権利と義務を特定でき，それぞれの義務の履行を約束しているということである（IFRS15.9(a)）。そのため，契約が存在するのであれば，企業は契約期間を決定する際に，契約違反が起きることを前提とすべきではないと考えられる。

Q10 重要な前払報酬の没収と解約ペナルティ

顧客が契約の途中解約時に前払報酬の返還権を喪失する取決めは，解約ペナルティに該当するか？（23頁参照）

Answer

　状況により，解約ペナルティに該当すると考えられる。

解説

　顧客は，契約の途中解約時に返還権を喪失する前払報酬を支払うことがある。当該途中解約による返還権の喪失は，一般的に解約ペナルティに該当する

と考えられる。例えば，顧客が4年契約の開始時に支払う100百万円の前払保証金について，契約を解約しない場合にのみ返還されるという条件は，解約時に100百万円の解約手数料を支払う必要があるという条件と同義であると考えられる。

契約を解約するかどうかにかかわらず前払報酬が返還されない場合は，返金不能な前払報酬の支払が，サービスの更新に関する重要な権利（サービスの解約オプションを行使しない権利を含む）を顧客に提供するかどうか，検討する必要がある。

(3) 契約の結合

Q11 異なる顧客との契約の結合の可否

異なる顧客と同時にまたはほぼ同時に締結する契約は結合できるか？（25頁参照）

Answer

異なる顧客と締結する契約は結合できない。

解説

IFRS第15号17項は，同時またはほぼ同時に締結した複数の契約を結合して，単一の契約として会計処理する対象は，同一の顧客または顧客の関連当事者との契約としており，異なる顧客と締結する契約は結合できない。

Q12 「同時またはほぼ同時」の要件の評価

契約の結合の要否を判断するときに，「同時またはほぼ同時」の要件をどのように評価するか？（25頁参照）

Answer

同一の顧客と締結した複数の契約を適時に識別するための手続を確立し，自社のビジネス慣行を考慮したうえで，固有の事実および状況に基づいて評価を行う。

解説

契約を結合するべきかどうかを判定する際に，「同時またはほぼ同時」に該当するかを判断する明確な指標はIFRS第15号では示されていない。したがって，企業は固有の事実および状況に基づき判定しなければならない。

特に，どの程度の期間であれば契約が同時またはほぼ同時に交渉されたことを裏付けられるかを決定する際には，企業のビジネス慣行を考慮しなければならない。さらに，取決めがなぜ別個の契約として文書化されたのか，および契約がどのように交渉されたのか（例：どちらの契約も同一の当事者同士で交渉したのか，同じ企業内の別の部署が顧客と別個に交渉したのか）を検討しなければならない。

企業はこれらの取決めを評価し，会計処理上，単一の契約として結合するべきか否かを判定できるよう，同一の顧客と締結した複数の契約を適時に識別するための手続を確立する必要がある。

(4) 契約の変更

Q13 契約範囲が縮小する契約変更の取扱い

契約範囲が縮小するような契約変更について，どのように会計処理するか？（26頁参照）

Answer

今後提供される財またはサービスがすでに提供された財またはサービスと別個のものであるかどうかによって会計処理が異なると考えられる。

解説

契約範囲が縮小するような契約変更の会計処理は，今後提供される財またはサービスが，すでに提供された財またはサービスと別個のものであるかどうかによって，以下のとおり会計処理されると考えられる。

- ・別個のものである場合：既存の契約を解約して新たな契約を創出したかのように，将来に向かって会計処理する（IFRS15.21(a)）。
- ・別個のものではない場合：既存の契約の一部であるかのように会計処理し，契約変更が，取引価格および当該履行義務の完全な充足に向けての進捗度の測定値に与える影響は，契約変更日において，収益の増額または減額として認識される（IFRS15.21(b)）。

なお，取引価格のみを変更する場合においても，今後提供される財またはサービスがすでに提供された財またはサービスと別個のものであるかどうかによって，上述と同様の会計処理を行う。

第7章 実務上のFAQ 259

> **Q14** 契約変更の承認時期

契約変更の承認はいつ生じるか？（26頁参照）

Answer

契約変更の承認は，法的に強制可能な権利および義務が変化した時に生じる。

解説

一般的に契約変更が承認されたかどうかの判断は，収益認識モデルのステップ1における契約の識別に関する判断と整合する。すなわち，契約成立要件（IFRS15.9）を満たさない場合には，契約変更によって創出または変更された権利および義務が強制可能であるとはいえず，契約変更が承認されたことにはならない。

> **Q15** 価格未決定の注文変更の判断

契約変更において，価格未決定の注文変更をどのように会計処理すべきか？（26頁参照）

Answer

価格未決定の注文変更であっても，事実と状況により，当初契約の変更として取り扱われる場合がある。

解説

例えば，価格未決定の注文変更であっても，契約当事者が契約範囲の変更を承認しており，企業が価格の承認を見込んでいる場合には，注文変更についての収益認識は禁止されない（IFRS15.BC39）。ただし，契約変更として収益認識するためには，変更後の対価の回収可能性が高いという見込みがなければならないと考えられる。

なお，価格が決定するまでは，変動対価の見積りおよび見積りの制限に関するガイダンスを適用し，取引価格の変更を見積もることとなる（IFRS15.19）。

> **Q16** 新たな契約の締結として会計処理する場合の契約資産の取扱い

契約変更を原契約の終了と新たな契約の締結として会計処理した場合，契約変更時

260

点で存在する契約資産は取り崩されるか？（27頁参照）

Answer

取り崩すべきではないと考えられる。

解説

原契約が終了したとみなされたとしても，契約変更日に存在する契約資産は取り崩すべきではないと考えられる。取り崩す場合には，過去に認識した収益の戻入れが生じることとなるが，これは契約変更を将来に向かって会計処理することを認める趣旨（IFRS15.BC79）に反するためである。契約資産は，契約変更から生じる減損損失控除後の金額で変更契約に引き継がれる。契約変更から生じる減損損失は，財またはサービスのキャンセルに伴う報酬の喪失や取引価格の変更により生じる可能性がある。

2 | ステップ2－履行義務の識別

(1) 別個の財またはサービス

Q17 財またはサービスの提供の順番

財またはサービスの提供の順番は，顧客が財またはサービスからの便益を容易に利用可能な他の資源と組み合わせて得ることができるかどうかの決定に，影響を与えるか？（34頁参照）

Answer

影響を与える可能性がある。

解説

容易に利用可能な他の資源には，顧客が同一契約においてすでに企業から取得した財またはサービスが含まれる。これらの財またはサービスの提供順序が評価に影響する可能性がある。

例えば，企業が顧客に製品Aと製品Bを必ずセットで販売し，製品Aも製品Bも他の企業によって販売されていないケースにおいて，顧客は製品Aの取得によりそれ単独で便益を得ることができるものの，製品Bを取得しても製品Aがないと便益を得ることができないものとする。ここで，製品Aが先に提供され

た場合，製品Aと製品Bはそれぞれ別個の履行義務である。顧客は製品Bと容易に利用可能な他の資源（製品A）と組み合わせて便益を得ることができるからである。反対に，製品Bが先に提供された場合，顧客は製品Aが利用可能ではなく，製品B単独では便益を得ることができないため，製品Bの提供は別個の履行義務ではない。その結果，製品Bの提供と製品Aの提供は統合され，1つの履行義務となる。

Q18　性質が待機義務である履行義務

企業は履行義務の性質が待機義務であるかを，どのように判断すべきか？　また，待機義務の進捗度の測定をどのようにすべきか？（35頁参照）

Answer

契約期間にわたって不確定数の財またはサービスを提供する約束は，待機義務であることを示唆すると考えられる。また，待機義務の進捗度の測定方法として，時の経過に基づく進捗度の測定（定額法）が適切となることが多いと考えられるが，常にそうなるわけではない。

解説

履行義務の1つの類型として，顧客に対し財またはサービスを提供できるように待機するサービス（待機義務）があり，例として，フィットネスクラブの利用契約がある。当該利用契約においては，一定の期間にわたり，顧客が継続的にフィットネスクラブを利用可能な状態とすることが約束される。

契約期間にわたって不確定数の財またはサービスを提供するという約束は，その性質が，財またはサービスを提供できるように待機する義務であることを示唆していると考えられる。一方で，契約期間中に一定数の財またはサービスを提供する約束は，その性質が，待機義務ではなく，一定数の財またはサービスそのものを提供する義務であることを示唆する。例えば，フィットネスクラブにおいて回数券の提供をする場合が該当する可能性がある。

待機義務に関する企業の約束の性質は，通常，各期間において実質的に同一であり，顧客への移転パターンが同じである一連のサービスであると評価される（IFRS15.22）。待機義務の収益認識に係る進捗度の測定は，時の経過に基づく進捗度の測定が適切となることが多い。例えば，フィットネスクラブの利用契約では，顧客が受領する便益が契約期間を通じて均等に発生するため，通

常，収益は定額法で認識されると考えられる。

しかし，例えば，除雪サービスの年間契約に関して，積雪が11月から３月の期間のみに見込まれる場合，年間を通じた定額法ではなく，除雪サービスの履行が見込まれる11月から３月の期間に収益認識することが適切となる可能性がある。

適切な進捗度の測定方法の選択にあたっては，当該待機義務の基礎となる約束の性質（財またはサービスの移転の時期，および待機期間を通じて企業の努力が平準化しているかどうかといった点を含む）を検討する必要がある。

(2)　一連の別個の財またはサービス

Q19　「ほぼ同一」の要件と活動が同一であることの関係

> 一連の財またはサービスに関するガイダンスの適用要件の１つである「財またはサービスがほぼ同一である」ことの要件に関して，企業はサービス提供期間にわたって，毎回，まったく同じ活動を行う必要があるか？（38頁参照）

Answer

まったく同じ活動である必要はなく，約束の性質が実質的に同じならば要件は満たされると考えられる。

解説

提供する待機サービスまたは継続サービスが各期間において，「ほぼ同一である」かどうかを評価するにあたって行うべき分析は，約束の性質が実質的に同一であるかどうかであって，約束を果たすために行う個々の活動が同一であるかどうかではないと考えられる。

例えば，ホテルの管理サービスには，契約を履行するための研修や，購買，予約などの異なる機能の管理を含む。この例では，約束を果たすための基礎となる活動は日によって大きく異なるが，ホテルを管理するという約束の性質は，それらの一連の活動について同一である。

Q20　提供される財またはサービスの連続性

> 一連の別個の財またはサービスに関するガイダンスを適用し，単一の履行義務として取り扱うには，財またはサービスが連続的に提供される必要があるか？（38頁参

第7章　実務上のFAQ　263

照）

Answer

財またはサービスが連続的に提供される必要はない。

解説

　財の引渡しまたはサービスの実施が契約期間にわたって連続的に行われるかどうかは，IFRS第15号第23項の一連の別個の財またはサービスに関するガイダンスの適用可否の判定に影響を及ぼさない。当該ガイダンスは，連続した履行を要求しておらず，引渡しや実施に間隔や重複があることは問題とならない。

　例えば，需要に季節性の変動があるような製品に用いる顧客の特注部品を4年間にわたって製造して提供する契約を顧客と締結した場合，企業はある月にはまったく提供しないが，ある月には相当数を提供するといったことも考えられる。このように，履行時期が連続的でない場合でも，一連の別個の財またはサービスに該当しないとただちに判断する必要はなく，IFRS第15号第23項に基づいて一連の別個の財またはサービスに該当するかどうかを判断する。

(3)　履行義務を識別する際の留意点

Q21　最終顧客へ無料で提供するサービスの取扱い

企業が仲介業者に製品を販売する契約において，最終顧客へ無償で提供するサービスは，仲介業者との契約における1つの履行義務として識別すべきか？（40頁参照）

Answer

　最終顧客に無償でサービスの提供を行うという約束が，いつ行われるかに依存すると考えられる。

解説

　企業が仲介業者に製品を移転する前またはその時点で，最終顧客に無償でサービス提供を行うという明示的または黙示的な約束がなされている場合，当該サービス提供を仲介業者との契約における1つの履行義務として識別する必要がある。一方で，企業が仲介業者に製品を移転した後に最終顧客に無償でサービス提供を行うという明示的または黙示的な約束がなされた場合，契約時点では履行義務は存在していない。この場合，仲介業者に製品を移転した時点

ですべての収益を認識し，別途，無償サービス提供に係る負債を認識すべきと考えられる（第2章【設例2－7】「顧客の顧客に対する履行義務の識別とインセンティブ通知のタイミング」参照）。

Q22 管理作業と履行義務の識別

企業は管理作業またはセットアップ活動と約束された財またはサービスをどのように区別するか？（42頁参照）

Answer

顧客に財またはサービスへのアクセスを提供するだけでなく，他の便益を提供するか否かにより区別すべきと考えられる。

解説

当該活動以降に提供することが約束されている財またはサービス以外の便益を顧客に提供しない活動は，通常，管理作業またはセットアップ活動となり，それ単独で1つの履行義務とはならない（IFRS15.25）。また，たとえ企業が管理作業またはセットアップ活動自体に手数料を課していたとしても，その事実のみをもって，他の便益を提供していることにはならない。一方，他の企業が顧客に同様のサービスを提供していたり，顧客自身が実行可能な作業である場合は，それらの作業が管理作業またはセットアップ活動ではなく，1つの履行義務であることを示唆すると考えられる。

顧客に追加的な便益をもたらさない管理作業またはセットアップ活動の例としては，以下が挙げられる。

・取扱説明書などのエンドユーザーへの文書の提供
・ネットワークへのアクセス権設定，ワイヤレスサービス設定，課金システムの処理設定，クレジットカードのチェックなどのワイヤレスサービス提供のための初期活動
・将来的に顧客にサービスを提供するための内部使用目的のデータの設計および移行等に係る活動
・顧客にオンラインプラットフォームへのアクセス権を与えるインターフェースの実装作業

第7章　実務上のFAQ　265

3 ┃ ステップ3－取引価格の算定

(1)　変動対価

Q23　購入数量に基づく値引きやリベート

購入数量に基づく値引きやリベートは変動対価に該当するか？　（45頁参照）

Answer

　その性質により，変動対価に該当する場合もあれば，追加の財またはサービスを購入するオプションの付与（IFRS15.B39～B43）に該当する場合もある。

解説

　値引きやリベートの要件である一定数量の購入が達成されると，値引きまたはリベートが遡及的に適用される場合がある。このような場合，企業は最終的な取引価格を顧客が一定数量の購入を達成するまで知ることができないため，値引きやリベートの取決めは，変動対価に該当する。企業は取引価格を算定する際に，購入される量およびその結果生じる値引額を見積もり，各報告期間末においてこの見積りを更新する。

　一方，一定数量の購入が達成されると，値引後の購入価格が将来に向かってその後の購入にのみ適用される場合がある。このような場合，企業は値引きに係る取決めを評価し，顧客に追加的な財またはサービスを購入するオプション（すなわち，重要な権利）を付与するか否かを判定する。

Q24　取引価格の見積りと起こりうる結果の関係

変動対価を伴う取引価格の見積りは，実際に受け取ることになるであろう対価と一致する必要があるか？　（46頁参照）

Answer

　一致する必要はない。

解説

　類似の取引を多数有する企業は，期待値法により個々の契約の取引価格を見積もる際に，類似の取引のポートフォリオデータを用いることがある。そのような場合，見積もられる取引価格が，個々の契約において受け取る可能性のあ

266

る価格と一致する必要はない。

Q25　変動対価の見積りの制限を判断する単位

取引価格の算定に際して，変動対価の見積りの制限を検討する場合，戻入れの重要性はどの単位で判断するのか？（49頁参照）

Answer

固定対価も含んだ契約単位の収益認識累計額で判断する。

解説

IFRS第15号第56項〜第58項の変動対価の見積りの制限のガイダンスを適用する際，認識した収益の累計額（すなわち，変動対価と固定対価の両方の累計額）に対して，生じうる戻入れの規模が重大となるかどうかを評価する（IFRS15.BC217）。この評価は，特定の履行義務に配分される金額ではなく，契約全体の取引価格の決定に関連するものである（IFRS15.BC222）。

Q26　市場価格や変動性の影響と変動対価の見積り

取引価格が市場価格や変動性の影響を受けている場合，変動対価の見積りは常にゼロに制限されるか？（49頁参照）

Answer

必ずしも変動対価の見積りがゼロに制限されるわけではないと考えられる。

解説

変動対価の実現可能性が市場価格や変動性の影響に晒されているとしても，取引価格に変動対価を含めることが適切と考えられる場合がある。

対価の金額が企業の影響力の及ばない要因の影響を非常に受けやすい場合，それは収益の戻入れの確率または大きさが増大していることを示唆している。しかし，その要因は変動対価を認識するかどうかの判断にあたっての決定的な要因とはならない（IFRS15.57）。すなわち，収益認識額が企業の外部要因によって影響を受ける場合でも，その事実のみをもって変動対価をゼロと見積もるべきではなく，それらの要因を評価することにより，変動対価として収益の一部を認識することが可能であるかどうかを判断する必要があると考えられる。

第7章　実務上のFAQ　267

Q27　重大な収益の戻入れを伴う見積りの変化

重大な収益の戻入れを伴う見積りの変化が生じた場合にどのように会計処理すべきか？（51頁参照）

Answer

見積変更と誤謬のいずれに該当するかを検討する必要がある。

解説

変動対価は，収益認識累計額の重大な戻入れが生じない可能性が非常に高い範囲で収益を認識することとされているため，変動対価の事後変動は，上振れ（取引価格の上昇）または軽微な下振れになることが想定される。しかし，状況によっては，収益認識額の重大な戻入れが結果的に生じるケースも考えられる。

この点，戻入れが，当初の見積時点では想定しえなかった新たな事象の発生に基づく見積りの変化であれば，見積りの変更として，将来に向かって会計処理する（IAS8.36）。一方，戻入れが，当初見積時点で合理的に入手可能な事実と状況を見積りに適切に織り込まなかったことに起因するものであれば，誤謬として，重要性に応じて遡及して訂正することを検討する必要がある（IAS 8.42）。

Q28　返金負債と契約負債

返品権付きの販売に係る返金負債は契約負債に該当するか？（51頁参照）

Answer

返品権付きの販売に係る返金負債は契約負債に該当しない。

解説

契約負債とは，財またはサービスを顧客に移転する企業の義務のうち，企業が顧客から対価を受け取っている，または対価の金額の支払期限が到来しているものをいう。これに対して，返品権付きの販売に係る返金負債は，企業が財またはサービスを顧客に移転する義務を負うものではないため，契約負債の定義を満たさないと考えられる。

(2) 重大な金融要素

Q29　ポートフォリオへの単一の割引率の適用

企業は契約のポートフォリオに単一の割引率を適用することができるか？（51頁参照）

Answer

適用することができると考えられる。

解説

　企業は，類似の契約グループの重大な金融要素を会計処理するために，ポートフォリオ・アプローチを適用する場合，個々の企業または顧客に固有ではない単一の割引率を適用することができると考えられる。例えば，企業は契約期間や顧客の信用力が類似する契約をポートフォリオとし，重大な金融要素の会計処理において単一の割引率を適用することが考えられる。

　契約のポートフォリオに単一の割引率を適用する際には，企業は特に，新しい契約が，割引率や支払条件を含むその性質に基づいて適切なポートフォリオに含められているかどうかを確認する必要がある。また，そもそもポートフォリオ・アプローチを適用できるかを判定するために，個別の契約（あるいは履行義務）ごとに会計処理を行った結果との間に重要な相違が生じないと見込まれるかどうかを確かめる必要がある。

Q30　簡便法の事後的な適用の可否の見直し

重大な金融要素に関して，簡便法を適用した場合，事後的に適用の可否を見直す必要があるか？（52頁参照）

Answer

事後的に，簡便法の適用の可否を見直す必要はないと考えられる。

解説

　重大な金融要素に関して，簡便法（契約開始時において，企業が約束した財またはサービスの顧客への移転時点と，顧客の支払時点との間の期間が1年以内となると見込まれた際に，重大な金融要素の影響について取引価格を調整しない方法）を適用した場合に，その後，財またはサービスの移転から1年以内

に支払がなされないと判断されることがある。IFRS第15号は契約開始時点において，期間が1年以内となるかの評価を求めているが（IFRS15.63），その後の再評価について定めておらず，こうした場合であっても，事後的に簡便法の適用の可否を見直す必要はないと考えられる。

Q31　複数年にわたる契約への簡便法の適用

複数年にわたる契約において，重大な金融要素に関する簡便法の適用は認められるか？（52頁参照）

Answer

事実と状況次第である。

解説

例えば，3年のビルの管理契約で，毎年1年分を前払いし，その前払いが翌1年間の管理サービスのみに関連する場合，簡便法の適用が認められると考えられる。これは，財またはサービスの移転時点と支払時点の差が1年以内となるためである。

Q32　リスクフリー・レートの使用の適否

重大な金融要素を取引価格へ反映する際に，割引率としてリスクフリー・レートを使用することは適切であるか？（53頁参照）

Answer

リスクフリー・レートを使用することは適切ではない。

解説

一般的に，リスクフリー・レートは契約当事者の特性を反映しないため，重大な金融要素を取引価格へ反映する際に，割引率としてリスクフリー・レートを使用することは，有益な情報をもたらさず，適切ではない（IFRS15.BC239）。

Q33　契約に明記されている割引率の使用の適否

重大な金融要素に係る取引価格の調整において，契約に明記されている割引率を使用することは常に適切であるか？（53頁参照）

Answer

必ずしも契約上の割引率を使用することが適切であるとは限らない。

解説

企業は，財またはサービスを移転する契約に対するインセンティブとして，顧客にとって有利な条件の金融取引を行うことがあるため，契約に明記されている利子率を用いることが適切でない場合がある。したがって，企業と顧客との間で財またはサービスの提供を伴わずに独立した金融取引を行っていたならば用いられたであろう利子率を適用する（IFRS15.BC239）。

したがって，IFRS第15号第63項に基づく簡便法またはIFRS第15号第62項の諸要因（会計処理する必要のある重大な金融要素がない場合の記述）に該当しない場合，複数の国で営業を行ったり，顧客との契約を多数抱えている企業は，個々の顧客ごと，顧客の階層ごと，または地域ごとに特定の割引率を算定しなければならないこととなるため，実務への適用が困難となる可能性がある。

(3) 顧客に支払われる対価

Q34 変動対価と顧客に支払われる対価

顧客に支払う金額を変動対価のガイダンスを適用して処理すべきか，それとも，顧客に支払われる対価のガイダンスを適用して処理すべきか？（56頁参照）

Answer

契約締結時において，顧客への支払が見込まれるかどうかによって，適用すべきガイダンスが変わる。

解説

顧客に支払う金額がある場合，IFRS第15号第50項〜第59項の変動対価のガイダンスが適用されることも，IFRS第15号第70項〜第72項の顧客に支払われる対価のガイダンスが適用されることもあり，それぞれのガイダンスの適用によって，会計処理が異なる可能性がある。

企業は，過去の実務やその他の活動に基づき，取引価格が変動性のある金額を含むと契約締結時に予想されるかを評価する必要がある。例えば，顧客に対するインセンティブの支払について，契約開始時に企業がインセンティブの支払を意図しているか，または，顧客がインセンティブの支払について合理的な

第7章　実務上のFAQ　271

期待を有していると評価された場合，インセンティブは変動対価に該当するため，変動対価のガイダンスを適用する。

　一方で，契約締結時において，インセンティブの形態による変動対価がないと結論づけ，その後，状況の変化により顧客にインセンティブを支払うこととなった場合は，顧客に支払われる対価のガイダンスを適用する。なお，その場合には，この支払が取引価格の減額であるか，または他の別個の財またはサービスに対する支払であるか，あるいはそれらの組み合わせであるかを評価し，その結果に応じて会計処理を行う必要がある（第2章 **3** 5 「顧客に支払われる対価」参照）。

4 ステップ4－履行義務への取引価格の配分

(1) 独立販売価格に基づく配分

Q35 市場で観察可能な価格と独立販売価格

市場で観察可能な価格がある場合，その価格は常に独立販売価格となるか？（59頁参照）

Answer

　独立販売価格とならない場合もあると考えられる。

解説

　財またはサービスを，同様の状況において，同様の顧客に，独立に販売する場合の観察可能な価格は独立販売価格の最良の証拠となる（IFRS15.77）。しかし，例えば，以下のような場合には価格が市場で観察可能であっても，必ずしも，独立販売価格とはならないと考えられる。

・財またはサービスを新たな市場や新たな顧客階層に販売する。この場合，市場の状況等が異なることから，従来の市場で観察可能であった価格は独立販売価格とはならない可能性がある。

・観察可能な価格が，十分に狭い範囲内に分布していない。この場合適切な単一の価格が観察できないため，販売から観察可能な独立販売価格の証拠が入手できない可能性がある。

・財またはサービスを独立に販売するが，その頻度が低い。例えば，過去の

合理的な期間内に独立して販売されたことがない場合，合理的な期間より前に独立して販売された際の販売価格は独立販売価格として妥当でないことを示唆する可能性がある。

なお，これらの価格が独立販売価格に該当しない場合でも，当該価格は独立販売価格の見積りにおいて考慮される。

Q36 複数の独立販売価格が存在する可能性

財またはサービスについて，複数の独立販売価格が存在することはありうるか？（59頁参照）

Answer

ありうる。

解説

財またはサービスを，同様の状況において，同様の顧客に，独立に販売する場合の観察可能な価格は独立販売価格の最良の証拠となる（IFRS15.77）。そのため，特定の財またはサービスの独立販売価格は，個々の状況および顧客の種類または階層により異なる可能性がある。財またはサービスの独立販売価格を決定する際には，独立販売価格を適切なグループに階層化し，各グループに異なる独立販売価格を設定すべきかどうかを検討する必要がある。独立販売価格の設定対象となるグループは，例えば，顧客の種類，販売量，地理的要因，流通チャネル等に基づいて決定されるものと考えられる。

Q37 公表されている価格表の利用

独立販売価格の見積りの根拠として，公表されている価格表を用いることができるか？（59頁参照）

Answer

事実と状況によると考えられる。

解説

公表されている価格表は，それのみで適切な独立販売価格の見積りに相当すると推定することはできないが，考慮すべき情報になると考えられる。

多くの場合，価格表は顧客との価格交渉の出発点となる。当該価格表に含ま

第7章　実務上のFAQ　273

れる類似の財またはサービスが独立して販売される場合に，どのように値引きされているかを分析することにより，独立して販売されていない類似の財またはサービスの独立販売価格の見積りに関する有用かつ関連性のある情報を得られる可能性がある。

Q38　独立販売価格の合計が契約額を下回る可能性

契約に含まれる独立販売価格の合計が，契約額を下回ることはあるか？（59頁参照）

Answer

契約に含まれる独立販売価格の合計は，通常，契約額を下回らないものと考えられる。

解説

仮に契約に含まれる独立販売価格の合計が契約額を下回る場合には，企業は契約に含まれるすべての財またはサービスを識別したか否か，また，独立販売価格が適切に決定されたか否かを再検討すべきであると考えられる。特に，追加的な財またはサービスを購入する重要な権利を付与する返金不能の前払報酬（130頁参照）が実質的に含まれていないかどうかの検討が必要となる可能性がある。

このような検討を行ってもなお，独立販売価格の合計が契約額に達せず，プレミアムが存在すると認められる場合には，当該プレミアムは，特定の履行義務に関連すると認められる場合を除き，独立販売価格に基づいて，すべての履行義務に配分される。

Q39　残余アプローチが適切と考えられる場合

独立販売価格の見積りにおいて，残余アプローチが適切と考えられるのは具体的にどのような場合か？（62頁参照）

Answer

知的財産やその他の無形資産に関する契約に含まれる財またはサービスの独立販売価格を見積もる際，残余アプローチが適切となるケースが多いと考えられる。

解説

　知的財産やその他の無形資産に関する契約について，別個に販売されること
が稀であるが，他の財またはサービスと併せて，さまざまな価格で販売される
場合，独立販売価格の決定が困難である。それらの無形資産に関する財または
サービスは，顧客に提供する増分コストがほとんどかからないため，コストに
マージンを加算するアプローチは適さず，また，市場調整アプローチをとるた
めに必要な市場に出回る類似の財またはサービスがないこともある。このよう
な場合には，残余アプローチが有効となることが多いと考えられる。

Q40　財またはサービスに配分される対価がゼロになる場合

独立販売価格の見積りにあたって，残余アプローチを適用した結果，財またはサー
ビスに配分される対価がゼロまたは非常に少額になることはあるか？（62頁参照）

Answer

　そのようなケースは稀であり，対価の配分結果が合理的でない可能性があ
る。

解説

　ある財またはサービスが別個のものである場合，顧客はその財またはサービ
スからの便益を，それ単独でまたは顧客にとって容易に利用可能な他の資源と
組み合わせて得ることができることが前提となるため（IFRS15.27），財または
サービスは単独で顧客にとって価値があると考えられる。それにもかかわら
ず，残余アプローチを適用した結果，当該財またはサービスに配分される対価
がゼロまたは非常に少額になる場合，企業は，合理的に入手可能なすべての情
報を考慮し，財またはサービスの独立販売価格を残余アプローチ以外の方法に
より見積もるべきかを検討する必要がある。

第7章　実務上のFAQ　275

5 ステップ5－履行義務の充足による収益の認識

(1) 履行義務の充足

Q41 契約によって結論が相違する可能性

IFRS第15号第35項の要件(c)の評価に関して，同様の財またはサービスであっても，契約が異なれば，結論が相違することはあるか？（75頁参照）

Answer

　同様の財またはサービスであっても，契約が異なれば，結論が異なる場合があると考えられる。

解説

　企業は，一定の期間にわたり収益を認識する要件の1つとして，企業の履行が，企業が他に転用できる資産を創出せず，かつ，企業が現在までに完了した履行に対する支払を受ける強制可能な権利を有しているかを判定する（IFRS15.35(c)）。

　財またはサービスが，当該要件を満たし一定の期間にわたり顧客に移転するか，一時点で移転するかの分析は，個々の契約ごとに，契約に含まれる個々の履行義務に対して実施される。そのため，同様の財またはサービスであっても，契約に含まれるそれぞれの権利義務関係によって異なる結論となり，異なる収益の認識パターンとなる場合があると考えられる。また，個々の契約に関連する法的枠組みが異なる場合には，同様の契約条件を有する同様の財またはサービスであっても，異なる収益の認識パターンとなる可能性がある。

　実務において，IFRS第15号第35項の要件(c)に関して，現在までに行った履行に対して支払を受ける強制可能な権利を企業が有するかどうかを評価する際，契約条件および法令について詳細に理解することが求められ，場合によっては専門家の法的意見が必要となる可能性もある。

　専門家の法的意見をどの程度重視するかを判断する際，以下の項目を含むすべての事実と状況を考慮する必要がある。

・法的意見の品質

・他の法律専門家による対立意見の有無

・類似のケースにおける対立する判例の有無

Q42 他に転用するためにかかるコストの重要性の評価

IFRS第15号第35項の要件(c)の評価に関して，他に転用するためにかかるコストの重要性をどのように評価すべきか？（76頁参照）

Answer

IFRS第15号は，他に転用するためにかかるコストの重要性をどのように評価するかについてのガイダンスを提供していない。他に転用するためにかかるコストの重要性を評価する際には，コストの定量的要素と定性的要素を考慮したうえで判断することが求められると考えられる。

解説

企業は，資産を他に転用できるかの評価において，資産を別の用途に向けるために企業に重大な経済的損失が生じるかを検討する（IFRS15.B8）。

IFRS第15号第35項の各要件は，履行義務が一定の期間にわたり充足されるかどうかを評価するために検討すべき要件であるため，他に転用するためにかかるコストの重要性は契約単位ではなく，履行義務単位で評価すべきであると考えられる。また，当該評価は定量的要素と定性的要素の両方を考慮すべきであり，考慮すべき事項の例として，以下が挙げられる。

- カスタマイズに要するコストおよび作業のレベル
- 当初発生コストと転用のための増分コストの比較
- 資産の転用のために必要となる活動
- 転用された資産が適切な利益率で販売できるかどうか
- 再加工できない部分の構成割合

第7章 実務上のFAQ 277

3 第3章「契約コスト」関係

1 契約獲得の増分コスト

Q43 累積的な契約獲得目標の達成時のみに支払われる販売手数料

累積的な契約獲得目標が達成された後にのみ支払われる販売手数料は，契約獲得の増分コストに該当するか？　また，該当する場合，どの時点で資産計上すべきか？（92頁参照）

Answer

　当該販売手数料は関連する負債が発生した時点で，契約獲得の増分コストとして認識するとともに，回収可能と考えられれば，資産計上される。

解説

　IFRS第15号第91項から第94項は，顧客との契約を獲得するためのコストについて，資産として認識すべきか，発生時に費用として認識すべきかについてのガイダンスを提供する。しかし，これらのガイダンスは，販売手数料に関連する負債をどの時点で計上するかを変えるものではない。負債として計上しているコストが顧客との契約を獲得するうえでの増分コストと考えられ，それが回収可能と考えられる場合には，当該コストは契約コストとして計上される。販売手数料が累積的な契約獲得目標を基礎として発生するか，個々の契約獲得を基礎として発生するかは，契約獲得コストの資産計上上の可否の判断に影響しないと考えられる。

Q44 契約変更や契約更新時に支払われる手数料

契約変更や，契約更新に際して支払われる手数料は，契約コストとして資産計上されるか？　（92頁参照）

Answer

　契約コストとして資産計上すべきと考えられる。

解説

契約変更を獲得するための増分コストは、契約変更が新たな契約として処理される（IFRS15.20）かに関係なく、顧客との契約を獲得するための増分コストと同様に資産計上すべきと考えられる。また、契約更新の際に支払われる手数料についても、更新される契約を獲得するためのものであれば、当初契約を獲得するための増分コストと同様に資産計上すべきと考えられる。

Q45 簡便法の適用可否を判断する期間の起算日

契約獲得の増分コストが財またはサービスを移転する前に生じた場合、簡便法（償却期間が1年以内である場合には、契約獲得の増分コストを発生時に費用処理できる）を適用できるかどうかを判断する際に用いる償却期間は、どの時点から起算するべきか？（92頁参照）

Answer

契約獲得の増分コストが発生した時点から起算するべきと考えられる。

解説

IFRS第15号第99項は、資産として認識された契約コストを、当該資産に関連する財またはサービスの移転と整合的で規則的な方法で償却することとしているが、契約獲得の増分コストが財またはサービスを移転する前に生じた場合に、どの期間に基づき簡便法の適用可否を判断すべきかは明確ではない。しかし、そのような場合に、財またはサービスが提供される期間に基づき簡便法の適用可否を判断すると、結果的に財またはサービスを移転する前に契約獲得の増分コストの全額を費用処理することとなり、当該原則から乖離する可能性がある。したがって、簡便法の適用可否の判断に用いる償却期間は、契約獲得の増分コストが発生した時点から起算するものと考えられる。

例えば、契約獲得の増分コストがX1年12月1日に100千円発生し、契約に含まれる単一の履行義務がX2年4月1日から11か月にわたって充足されると見込まれる場合、簡便法の適用可否を判断する際に用いられる償却期間は15か月（X1年12月1日からX3年2月末）であると考えられ、1年超であることから簡便法を適用することはできず、契約獲得の増分コストを、関連する財またはサービスが提供される期間である11か月（X2年4月1日からX3年2月末）にわたり償却することとなる。そのため、X1年12月31日またはX2年3

月31日に決算日が到来する場合には，それぞれの決算日において未償却残高である100千円が財政状態計算書に計上されることになる。

　他方，仮に，償却期間を財またはサービスが提供される期間（11か月）と考え，簡便法を適用する場合，契約コストの費用処理時期（X1年12月1日）と履行義務が充足される期間（X2年4月1日から11か月）について，決算日をまたぐ乖離が生じることとなるため，適切でないと考えられる。

2 契約コストの償却と減損

Q46 契約コストの償却費の計上区分

契約コストの償却費は包括利益計算書のどの区分に計上されるべきか？（99頁参照）

Answer

　一般的に，契約獲得コストの償却費は販売費及び一般管理費の区分に計上され，契約履行コストの償却費は売上原価の区分に計上されることが多いと考えられる。

解説

　IAS第1号「財務諸表の表示」において，機能別に費用を表示する場合，収益に関連する売上原価は，販売費及び一般管理費といったその他の費用と区分して表示することが求められている。一方で，IFRS第15号では，契約コストの償却費の表示区分は規定されていない。そのため，契約コストの償却費の表示区分はIAS第1号のもとで判断することとなる。

　IFRS第15号の適用により契約コストとして資産計上されたとしても，それらのコストの性質が変化するわけではない。したがって，契約コストの償却費は，それらが発生したときの性質に基づき，IFRS第15号の適用前と同様の区分に表示されるべきであり，一般的に，契約獲得コストは販売費及び一般管理費の区分に，契約履行コストは原価の区分に計上されることが多いと考えられる。

Q47 反復的に支払われる手数料の償却期間

反復的に支払われる手数料が契約に含まれている場合，どの期間にわたり契約コストを償却するか？（99頁参照）

Answer

当該手数料がどの期間をカバーするのかに着目し，個々の契約に応じて償却期間を判断する。

解説

企業が，新規契約の獲得のために一定の手数料を支払うとともに，その後の個々の更新についても手数料を支払う（すなわち，顧客が契約を更新するか解約しない場合に，その都度販売員が増分手数料を受け取る）場合，新規契約に係る当初の手数料を当初の契約期間のみにわたって償却するべきか，より長い期間で償却するべきかを判断する必要がある。

資産化された契約コストは通常，当該手数料が関連する期間にわたり認識する。当初の手数料および更新時の手数料が，それぞれ当初の契約および更新後の契約の価値（例えば，その契約により企業が得ると見込まれる便益）と合理的に対応している場合，当初の手数料は当初の契約期間にわたって償却し，更新手数料は更新期間にわたって償却することが妥当と考えられる。

一方，当初の手数料および更新時の手数料が，当初の契約および更新時の契約の価値と合理的に対応しておらず，その後に見込まれる契約更新に対応する金額が当初の手数料に含まれていると考えられる場合には，当初の手数料の全部または一部を，契約更新が見込まれる期間を含む，より長い期間で償却することを検討する必要があると考えられる。

Q48 複数の履行義務に関連する契約コストの償却

複数の履行義務に関連する契約コストをどのように償却するか？（99頁参照）

Answer

履行義務の充足時点が異なる場合には，それぞれの履行義務の充足パターンを考慮したうえで，それに整合すると考えられる期間および方法で償却をする。

第7章　実務上のFAQ　281

解説

　IFRS第15号では，契約コストが関連する財またはサービスの顧客への移転と整合する規則的な方法（定額法とは限らない）でその契約コストを償却することが要求される。当該要求は，契約に異なる時点で充足される複数の履行義務が含まれる場合も同様である。契約に複数の履行義務が存在する場合，例えば，一部の履行義務がすでに充足済みの場合が考えられる。そのような場合には，すでに充足済みの履行義務に係る契約コストは発生時に資産計上をすることなく，費用認識をすることとなると考えられる。

Q49 　契約コストの減損テストにおける具体的な予想される契約の取扱い

契約コストの減損テストにおいて，具体的な予想される契約を考慮するか？（99頁参照）

Answer

　受け取ると見込まれる対価の算定において，具体的な予想される契約から得ると見込まれるキャッシュ・フローを含める。

解説

　IFRS第15号では，資産として認識された契約コストの帳簿価額が，次の(a)から(b)を差し引いた金額を超過する場合，減損損失を認識する（IFRS15.101）。

(a)　当該資産が関連する財またはサービスと交換に企業が受け取ると見込んでいる対価の残りの金額

(b)　財またはサービスの提供に直接関連するが，まだ費用として認識されていないコスト

　IFRS第15号のもとでは，契約コストを資産として認識する際に，具体的な予想される契約を考慮する（IFRS15.99）。そのため，企業は契約コストの減損に関する分析において，受け取ると見込んでいる対価を決定する際に，既存の契約と具体的な予想される契約の両方からのキャッシュ・フローを含める。なお，企業は顧客の信用リスクの評価に基づき，対価のうち回収が見込まれない部分の金額を除外する。

Q50　減損テストにおいて考慮する将来キャッシュ・フローの範囲

契約コストの減損テストにおいて考慮する将来キャッシュ・フローに，すでに受け取った対価のうち未だ収益として認識していない金額も含めるか？（99頁参照）

Answer

含めるべきと考えられる。

解説

契約コストの減損テストにおいて，減損要否判定に使用するキャッシュ・フローについては，将来に企業が受け取ると見込む対価だけでなく，すでに受け取った対価のうち，未だ収益として認識していない金額も含めるべきと考えられる。

Q51　減損の評価におけるポートフォリオ・アプローチの適用

契約コストの減損の評価を行う際に，ポートフォリオ・アプローチは適用できるか？（99頁参照）

Answer

適用できると考えられる。

解説

IFRS第15号は原則として，顧客との個別の契約に適用される。しかし，簡便法として，原則的な処理を適用した場合と比較して，特性の類似した契約または履行義務のポートフォリオにIFRS第15号を適用した場合に重要性のある相違が生じないと合理的に見込まれる場合には，当該ポートフォリオごとにIFRS第15号を適用することが認められている（IFRS15.4）。

契約コストの減損の評価に関しても，当該要件を満たす場合には，特性の類似した契約から発生した契約コストのポートフォリオごとに会計処理することが認められると考える。

第4章「適用上の論点」関係

1 返品権付きの販売

Q52 返金する可能性がある対価の債権計上

対価を顧客に返金する可能性がある部分についても，債権として計上するのか？（102頁参照）

Answer

返金の可能性がある部分についても，債権として計上する。

解説

将来において対価を顧客に返金する潜在的な企業の義務は，対価の総額に対する企業の現在の権利に影響を与えない。例えば，返品権付きの販売取引において，企業は債権と，予測される返金額についての返金負債をそれぞれ認識する（IFRS15.BC326）。

2 製品保証

Q53 別個に購入できない延長保証

顧客が製品保証を独立で購入するオプションを有していない延長保証は，保証型の製品保証になりうるか？（108頁参照）

Answer

サービス型の製品保証，または保証型の製品保証のいずれにもなりうる。

解説

その保証が，製品が合意された仕様に従っていることの保証を超えて，サービスを提供するかどうかを評価することが必要であり，当該評価にあたって「延長」保証や「拡大」保証などの呼称は決定的な判定要素とはならない。し

たがって，延長保証であってもサービスを提供していないと判断されることも考えられ，顧客がそれを独立で購入するオプションを持たず，当該保証が実質的に製品が合意された仕様に従っているという保証のみを提供すると考えられる場合には，IAS第37号「引当金，偶発負債及び偶発資産」に従って会計処理する（IFRS15.B30）。

Q54　返品権付きの販売と製品保証

顧客が欠陥品を返品できる権利を有する販売取引について，返品権付きの販売のガイダンス（IFRS15.B20〜B25）を適用すべきか，製品保証のガイダンス（IFRS15.B28〜B33）を適用すべきか？（108頁参照）

Answer

事実と状況による。

解説

欠陥品があったときに，保証が返金または代金減額の形式でなされるなら，通常，返品権付きの販売と同様に取り扱われるべきである。特に，返金または代金減額の形式で顧客が返品権を有する場合，返品権の行使が見込まれる部分は，収益として認識すべきではない。

一方，欠陥品があったときの企業の義務が，返品を受け付けることではなく，製品の修理や交換に限られる場合，製品保証となる可能性が高まる。

3　追加的な財またはサービスに対する顧客のオプション

Q55　更新オプション・解約オプションの取扱い

更新オプションや解約オプションに重要な権利のガイダンス（IFRS15.B39〜B43）は適用されるか？（119頁参照）

Answer

適用されると考えられる。

解説

IFRS第15号第B40項は，企業が，契約において追加的な財またはサービスを取得するオプションを顧客に付与している場合，そのオプションが，当該契約

第7章　実務上のFAQ　285

を締結しなければ顧客が受け取れない重要な権利を顧客に提供するときのみ，そのオプションを履行義務とすることを求めている。また，オプションが顧客に重要な権利を提供している場合，顧客は実質的に将来の財またはサービスに対して企業に前払いをしており，企業はその将来の財またはサービスの移転時またはオプションの消滅時に，当該履行義務に配分された対価について収益を認識することとされている。

現在の契約を更新するオプションは追加的な財またはサービスを付与するオプションと同様に取り扱われるものと考えられる。したがって，当該オプションが顧客に重要な権利を付与するものであるかどうかを判断しなければならない。

なお，解約オプションは更新オプションと実質的に同じ経済効果を有する場合がある。例えば，3年契約で，顧客が当該契約を各年末に解約することを認めているものは，1年間の契約に1年ずつ二度更新できるオプションが付されていることと同じである（IFRS15.BC391）。

Q56　販売時に発行されるクーポン

販売時に発行されるクーポンは顧客に重要な権利を提供するものであるか？（119頁参照）

Answer

重要な権利に該当するかどうかは，クーポンの性質を勘案して判断する必要があると考えられる。

解説

小売業では，商品販売時にクーポンを発行することがあり，それらは通常，短期間で行使される。

商品販売時に発行されたクーポンが，顧客に重要な権利を提供するかどうかは，例えば，以下の観点で評価する必要があると考えられ，商品販売時にクーポンを発行するという事実のみでは，重要な権利に該当するかどうかの決定的な要因とはならない。

・商品を購入しなくても同様の値引きを得ることができるかどうか。顧客は新聞に印刷されたクーポンや店舗やオンラインで入手できるクーポンなどにより，商品を購入しなくても類似の値引きを受けられる場合もあるが，

このような全般的な販促活動は，クーポンが顧客に重要な権利を提供しないことを示唆する。

・クーポンの使用率。例えば，売上に関連するポイント割引の使用率が低い場合，そのポイントは重要な権利を提供しない，または，そのポイントの独立販売価格が重要でないことを示唆する。

Q57　オプションが重要な権利に該当するかの評価要素

顧客に付与されたオプションが重要な権利に該当するかどうかの評価にあたっては，定量的な影響のみ考慮すればよいか？（119頁参照）

Answer

定量的な影響と定性的な影響のいずれも考慮する必要がある。

解説

顧客に付与されたオプションが重要な権利に該当するかどうかの評価にあたっては，定量的な影響および定性的な影響のいずれも考慮する必要があり，定量的に重要でない場合でも，重要な権利に該当することがあると考えられる。

定性的要因には，例えば，代替的なサービスの利用可能性や価格，顧客との契約の平均期間，および権利が累積的な性質を持つかどうかが挙げられる。

Q58　顧客に付与されるオプションが失効しない場合に適用するガイダンス

顧客に付与される追加的な財またはサービスに対するオプションが失効しない場合，そのオプションには適用指針のどのガイダンスを適用すべきか？（119頁参照）

Answer

顧客の未行使の権利のガイダンス（IFRS15.B44～B47）を適用することが考えられる。

解説

重要な権利に関する収益は，財またはサービスが将来に移転したときか，またはオプションが消滅したときに認識する。しかし，オプションの有効期限がなく消滅しない場合に，財またはサービスの移転が将来見込まれない部分があるときに，その部分をどのように会計処理するかが論点となる。このような場合，顧客の未行使の権利（すなわち，非行使部分）のガイダンスを適用し，顧

第7章　実務上のFAQ　287

客が残りの権利を行使する可能性がほとんどなくなった時に収益として認識するものと考えられる。

Q59　カスタマー・ロイヤルティ・プログラムと重大な金融要素

カスタマー・ロイヤルティ・プログラムに重大な金融要素は含まれるか？（120頁参照）

Answer

通常含まれない。

解説

顧客がロイヤルティ・ポイントを取得してから，利用するまでに1年以上経過するとしても，カスタマー・ロイヤルティ・プログラムには通常，重大な金融要素は含まれない。カスタマー・ロイヤルティ・プログラムの場合，関連する財またはサービスの顧客への移転（すなわち，ロイヤルティ・ポイントの利用）時期は，顧客の裁量により決まる。そのため，IFRS第15号第62項(a)に記載されている，企業が前払いを受け取っているが，財またはサービスの顧客への移転の時期は顧客の裁量で決まる場合に該当し，重大な金融要素は含まれないと考えられる（51頁の第2章③3「重大な金融要素」参照）。

Q60　オプションの行使可能性の変更と重要な権利の独立販売価格の見直し

顧客によるオプションの行使可能性に変更が生じた場合，当該重要な権利の独立販売価格を見直すべきか？（120頁参照）

Answer

オプションの行使可能性の見積りが変更されても，重要な権利の独立販売価格は見直さない。

解説

契約に含まれる履行義務の独立販売価格は，契約開始後に仮定の変更が生じても調整は行わない（IFRS15.88）。これは重要な権利の独立販売価格についても同様である。

すなわち，企業は契約開始時点で顧客がオプションを行使する可能性を考慮したうえで重要な権利の独立販売価格を見積もり，その後，オプションの行使

可能性が変更された場合でも独立販売価格の見積変更は行われない。したがって，その後にオプションを行使するか，または，オプションを失効させるかに関する顧客による意思決定が，重要な権利に係る収益をいつ認識すべきかに影響を与える可能性はあるが，取引価格の再配分は行われない。

4 顧客の未行使の権利

Q61 非行使部分の見積りへのポートフォリオデータの利用

顧客の未行使の権利に関して，非行使部分の見積りに類似取引のポートフォリオデータを情報として利用できるか？（127頁参照）

Answer

利用できる。

解説

過去の類似取引の経験を十分に有している場合，個々の契約の非行使部分の見積りにあたり，類似取引のポートフォリオデータを情報として利用することができると考えられる。

Q62 非行使部分に対して権利を得るかどうかの予測が変化した場合

顧客の未行使の権利に関して，非行使部分の金額に対し権利を得ると見込まれるか否かの予測が変化した場合，非行使部分に関する収益認識の方法を変更できるか？（127頁参照）

Answer

事後的に非行使部分の金額に対する権利を得ると見込んだ場合，非行使部分に関する収益認識方法を変更すべきと考えられる。

解説

企業は，非行使部分の金額に対して権利を得ると見込まれるか否かを継続的に見直すこととなる。企業が当初，非行使部分の金額に対する権利を得ると見込んでいなかった場合，顧客が残った権利を行使する可能性がほとんどなくなる時点まで非行使部分の収益を認識することはない。しかしながら，その後，企業が非行使部分の金額に対する権利を得ると見込むことになった場合，それ

第7章　実務上のFAQ　289

以降は，顧客が権利を行使するパターンに比例して収益を認識する方法（IFRS15.B46）を適用し，累積的影響額についてはその期の収益として認識することが考えられる。

5 ┃ 返金不能の前払報酬

Q63 　顧客に重要な権利を提供するものであるかどうかの評価

顧客に課す返金不能の前払報酬が，顧客に重要な権利を提供するものであるかどうかをどのように評価するのか？ （133頁参照）

Answer

定量的および定性的な要素を考慮しながら慎重に評価する必要がある。

解説

顧客に課す返金不能の前払報酬が，重要な権利を提供するものであるかどうかを評価する目的は，顧客が更新オプションを行使する際に追加手数料を支払わなくて済むことによる便益を享受する期間を特定することである。企業は，定量的および定性的な要素を両方考慮をしたうえで，重要な権利の有無を判断する必要があり，例えば，次のような要素を考慮すべきと考えられる。

・当初契約時に支払った前払報酬と更新料との比較
・前払報酬を支払わずに代替的なサービスを享受することが可能か
・過去に契約の更新がどの程度の割合で行われているか

6 ┃ ライセンス供与

Q64 　知的財産のライセンス供与と知的財産の販売

知的財産のライセンス供与なのか，知的財産の販売なのかによって，会計処理は相違するか？ （136頁参照）

Answer

会計処理は相違する。販売の場合はIFRS第15号の一般的なガイダンスに基づき処理を行い，ライセンス供与の場合はライセンス供与の適用指針（IFRS15.B52～B63B）に基づき処理を行う。

290

> 解説

　知的財産の販売であるか，ライセンス供与であるかの法的な区分により，会計処理が相違する。取引が知的財産の法的な販売である場合，財またはその他の非金融資産の販売と同様に一般モデルに従って会計処理を行い，ライセンス供与である場合には適用指針に示されているライセンス供与のガイダンスに従って会計処理を行う。

　なお，知的財産の販売に係る売上高または使用量ベースのロイヤルティは，知的財産のライセンスから生じる売上高または使用量ベースのロイヤルティに適用される例外的なガイダンスではなく，変動対価の測定に関するガイダンス（変動対価の見積り制限を含む）に従って会計処理する。

> **Q65** ライセンスが有形の財と区別できるかどうかの評価

ライセンスが有形の財と区別できるかどうかをどのように評価するか？（136頁参照）

> Answer

　履行義務の識別に関するガイダンスに基づき，ライセンスと有形の財が別個の履行義務かどうかを評価すべきと考えられる。

> 解説

　履行義務の識別に関するガイダンスのもとでは，知的財産のライセンスが，有形の財の機能性と不可分な場合，ライセンスと有形の財は別個のものではない（IFRS15.B54）。知的財産のライセンスが，有形の財の機能性と不可分な一部かどうかを評価する際に，重要な検討事項になると考えられるのは，知的財産のライセンスと有形の財が組み合わされてはじめて有形の財の本質的な機能が発揮されるかどうかである。

　多くの場合，当該評価にあたり，有形の財がライセンスなしで販売されたことがあるか，また，ライセンスが顧客に対する追加的なオプションであるかどうかを検討する必要があると考えられる。

第7章 実務上のFAQ 291

Q66 顧客によるマイルストーン達成を条件とするライセンス供与契約の会計処理

顧客による売上に関するマイルストーンの達成を支払条件とするライセンス供与契約は，どのように会計処理されるか？（144頁参照）

Answer

通常，売上高または使用量ベースのロイヤルティに関する例外規定を適用して，顧客によるマイルストーンの達成に応じて，収益を認識する。

解説

顧客に知的財産のライセンスを供与する契約を締結し，ライセンス供与に係る対価の支払条件として，顧客による一定の売上高をマイルストーンとして設定する場合がある。この場合，顧客が当該マイルストーンを達成すると，一定額の支払を受け取る権利が生じる。当該支払は，顧客によるその後の売上に基づくため，売上高または使用量ベースのロイヤルティに関する例外規定が，通常，適用されることとなる。したがって，企業は，その後顧客によってマイルストーンが達成されるまで，すなわち売上が一定額発生するまでは変動金額について収益を認識してはならない。

Q67 支配的な項目であるかどうかの判断

売上高または使用量ベースのロイヤルティに関する例外規定の適用要件を判定する際に，知的財産のライセンスが支配的な項目であるかどうかをどのように判断するのか？（145頁参照）

Answer

顧客が知的財産のライセンスから得る価値が，ロイヤルティが関連する他の財またはサービスから得る価値よりも著しく大きい場合に，当該ライセンスは支配的な項目であると判断する。

解説

売上高または使用量ベースのロイヤルティに関する例外規定は，ライセンスがロイヤルティの関連する支配的な項目である場合に適用されることとされているが，「支配的」という文言は定義されていない。ただし，IFRS第15号第B63A項では，ロイヤルティが関連する他の財またはサービスから得る価値よりも著しく大きな価値を顧客がライセンスから得る場合がこれに該当すると

れている。

例えば，企業によっては，知的財産のライセンスが財またはサービスの束の価値または有用性の大部分またはほぼすべてを占める場合に，支配的な項目であると判定することがある。あるいは，知的財産のライセンスが財またはサービスの束の中で最も大きな項目である場合に，例外規定が適用されると結論づける可能性もある。このような解釈の相違は，ロイヤルティの例外規定を適用するかどうかの結論に影響を与えるため，実務にばらつきが生じ，取引価格や収益認識のタイミングに差異が生じる可能性がある。

7 ｜ 買戻し契約

Q68　再販売価格の最低金額の保証が付された契約

再販売価格の最低金額の保証が付された契約には，常に買戻し契約に関するガイダンスが適用されるか？（148頁参照）

Answer

常に適用されるとは限らない。当該保証が付された契約にプット・オプションが存在すると判断される場合には，買戻し契約のガイダンスを適用するが，そうでない場合は買戻し契約のガイダンスを適用しない（IFRS15.BC431）。

解説

再販売価格の保証が付された契約は，プット・オプションが付された契約とキャッシュ・フローが類似するが，顧客が資産を支配する能力は異なるため，両者の収益の認識方法が相違する可能性がある。これは，顧客が企業に買戻しを要求することができるプット・オプションを行使する重大な経済的インセンティブを有する場合には，資産を消費，変更または売却する顧客の能力が制限されていると考えられるが，顧客が第三者に対して再販売するときにも再販売価格と保証金額の差額補塡を企業が保証しているような場合には，顧客の能力は制限されていないと考えられるためである。したがって，見積キャッシュ・フローが類似する契約であっても，会計処理が相違する結果となる場合があるため，再販売価格の保証が付された契約に，プット・オプションが存在するか否かを判断する必要がある。そして，プット・オプションが存在すると判断された場合には，買戻し契約のガイダンスに従って会計処理を行い，プット・オ

プションが存在しないと判断された場合には，資産の売却の会計処理に加えて，保証債務として負債を計上すべきかを検討する必要があると考えられる。

5 第5章「表示および開示」関係

1 表　示

Q69　契約資産と契約負債を相殺する単位

契約資産と契約負債を相殺するときには，履行義務単位，契約単位，あるいは契約全体（全社レベル）のうち，どの単位で行うのか？（160頁参照）

Answer

契約資産と契約負債の相殺は契約単位で行う。

解説

　契約に複数の履行義務が含まれている場合，ある特定の一時点で，履行義務の一部が契約資産を生じさせる状態となり，別の履行義務が契約負債を生じさせる状態となる可能性がある。そのようなケースでは，企業は，契約単位で相殺し，単一の契約資産または単一の契約負債を純額で表示する。したがって，企業は同一の契約について契約資産と契約負債の両方を表示することはない。

　また，企業が複数の契約を有する場合，互いに関連性のない契約（すなわち，ステップ1で結合されない契約）の契約資産と契約負債を相殺して純額で表示することはできない。したがって，すべての顧客との契約について純額ベースで表示するのではなく，契約単位で純額で表示した契約資産の総額と，純額で表示した契約負債の総額とを別個に表示する。

　なお，契約を獲得するためのコストから生じる資産は，契約資産または契約負債とは区別して表示する。

Q70　契約資産と契約負債の相殺においての留意事項

契約資産と契約負債を相殺する際に，相殺の単位に関して実務上留意すべき場合はあるか？（160頁参照）

第 7 章　実務上のFAQ　295

Answer

　複数の履行義務が異なる業務フローで処理されている場合や，契約の識別において複数の契約を結合している場合には，相殺を誤るリスクが高い。

解説

　例えば，複数の履行義務について複数のシステムが用いられる場合など，同一の契約に含まれる複数の履行義務が異なる業務フローによって処理される場合には，状況によっては，純額の残高を算定するのが困難であるとともに，契約資産と契約負債の相殺の処理が漏れる可能性があると考えられる。

　さらに，契約の結合に関するガイダンス（第2章 1 3「契約の結合」参照）のもとで企業が複数の契約を結合し，それらを単一の契約として会計処理する場合，その結合された契約について，単一の契約資産または単一の契約負債を表示すべきである。したがって，契約資産と契約負債を相殺する際にも，ステップ1において結合された契約の単位で行わなければならず，留意が必要である。

Q71　契約資産および契約負債の区分表示の判断

契約ごとに相殺処理を行った契約資産および契約負債を他の科目と区分して表示するかどうかを判断する場合には，どのガイダンスに従えばよいか？（160頁参照）

Answer

　契約資産および契約負債を区分表示するか否かは，IAS第1号「財務諸表の表示」等，他のIFRSに従って判断する。

解説

　IFRS第15号では，財政状態計算書上，契約資産と契約負債を独立した表示科目として表示しなければならないか，またはそれらを財政状態計算書上の他の表示科目に含める（例：契約資産を「その他の資産」の残高に含める）ことができるかは，明確にされていない。したがって，企業は，IAS第1号等における，財務諸表の表示に関する一般原則を適用するものと考えられる（IFRS15. BC320）。

2 開　示

Q72　前期末時点で契約残高が生じていない契約の開示

前期末時点で，履行義務を充足または一部充足しているが契約残高（顧客との契約
から生じた債権，契約資産および契約負債）が生じていない契約について，履行義
務に関する開示事項は要求されるか？（165頁参照）

Answer

　前期末時点で契約残高が生じていない契約も含めて，もし前期末時点で履行
義務を充足または一部充足しているのであれば，履行義務に関する開示事項は
要求されると考えられる。

解説

　IFRS第15号第116項(c)にて，契約残高に関連する開示項目として過去の期間
に充足（または部分的に充足）した履行義務から認識した収益（例：取引価格
の変動によって当期に充足した履行義務から認識された収益）が求められる
が，これは前期末に契約残高があるものだけでなく，過去の期間に充足（また
は部分的に充足）したすべての履行義務について開示対象になると考えられ
る。

Q73　売上高または使用量ベースのロイヤルティ

残存履行義務の開示規定において，売上高または使用量ベースのロイヤルティは含
まれるか？（166頁参照）

Answer

　売上高または使用量ベースのロイヤルティについても残存履行義務の開示要
否の検討が必要と考えられる。

解説

　IFRS第15号第120項は，残存履行義務の開示として，報告期間末現在で未充
足または部分的に未充足の履行義務に配分した取引価格の総額およびそれがい
つ収益として認識すると見込まれているのかの説明に係る開示を求めている。
この開示規定は，売上高または使用量ベースのロイヤルティに関する例外規定
を定めていない。そのため，売上高または使用量ベースのロイヤルティは取引

第7章　実務上のFAQ　297

価格の決定に際して変動対価の見積りは求められていないが（IFRS15.63〜63B），未充足の売上高または使用量ベースのロイヤルティについて残存履行義務の開示要否の検討が必要と考えられる。

Q74　変動対価を配分した履行義務が未充足である場合の開示

変動対価を1つの履行義務に配分し，当該履行義務がまったく充足されていない場合，残存履行義務の開示は要求されるのか？（166頁参照）

Answer

　開示目的に照らして，残存履行義務に関連する取引価格の開示が必要と考えられる。

解説

　IFRS第15号第85項に基づき変動対価を1つの履行義務に配分する場合，または，単一の履行義務を構成する一連の別個の財またはサービスに配分する場合，その履行義務がまったく充足されていないときには，収益が認識されていないため変動対価の見積りは不要である。しかしながら，開示目的では残存履行義務に関連する取引価格の開示（IFRS15.120〜122）が必要と考えられるため，留意が必要である。

その他

Q75 重要性を判断する際の評価単位

IFRS第15号の各場面において,重要性の判断を行う際の評価単位は画一的に定められているのか？

Answer

重要性の判断を行う場面は,IFRS第15号において多岐にわたるが,評価単位は画一的ではなく,それぞれの場面で異なる。

解説

重要性の判断を行う場面は多岐にわたるが,特に典型的な場面として,履行義務の識別に係る重要性,変動対価の見積りの制限に関して評価する潜在的な戻入れの重要性,金融要素の重要性などの評価が挙げられる。IFRS第15号のさまざまな場面で行われる重要性の評価単位は画一的ではなく,例えば上述の典型的な例は,下表のように異なる。

判断する場面	評価単位
履行義務の重要性 （第2章2 1「履行義務とは」参照）	財務諸表レベルに対する個々の履行義務の重要性
変動対価の見積りの制限に関して評価する潜在的な戻入れの重要性 （本章【Q25】「変動対価の見積りの制限を判断する単位」参照）	契約レベルでの戻入れの重要性 （固定対価も含んだ収益認識累計額,かつ,特定の履行義務に配分される金額ではなく,契約レベルの取引価格）
金融要素の重要性 （第2章3 3「重大な金融要素」参照）	契約レベルでの金融要素の重要性

第8章

わが国における
収益認識会計基準

本章のまとめ

　2018年3月に公表された企業会計基準第29号「収益認識に関する会計基準」および企業会計基準適用指針第30号「収益認識に関する会計基準の適用指針」は、わが国において初めて公表された収益認識に関する包括的な会計基準および適用指針である。当該会計基準等はIFRS第15号をベースに開発されつつも、わが国におけるこれまでの実務等を考慮して、いくつかの設例および代替的な取扱いの定めが加えられている。本章では、当該会計基準等の適用に向けて、IFRS第15号と異なる点を中心に、その内容を解説する。また、当該会計基準等の項数とIFRS第15号の項数との対応関係を示すとともに、本書におけるそれらの解説箇所を示している。当該会計基準等の理解の一助となれば幸いである。

1 わが国における収益認識会計基準

1 新基準設定の背景

わが国では，企業会計原則に，「売上高は，実現主義の原則に従い，商品等の販売または役務の給付によって実現したものに限る。」（企業会計原則 第二 損益計算書原則三B）とされているものの，収益認識に関する包括的な会計基準はこれまで開発されていない。

一方，国際会計基準審議会（IASB）と米国の基準設定主体である財務会計基準審議会（FASB）は共同して収益認識に関する包括的な会計基準の開発を行い，2014年5月に「顧客との契約から生じる収益」（IASBにおいてはIFRS第15号，FASBにおいてはTopic 606）を公表している。また，収益は企業の主な営業活動からの成果を表示するものとして，企業の経営成績に関する重要な財務指標と考えられる。

これらの状況を踏まえ，企業会計基準委員会（以下，ASBJ）は，2015年3月より包括的な収益認識に関する会計基準の開発に着手することを決定し，2018年3月30日に，「収益認識に関する会計基準」および「収益認識に関する会計基準の適用指針」（以下，収益認識に関する会計基準等）を公表した。

2 新基準（収益認識に関する会計基準等）の特徴

収益認識に関する会計基準等は，国内外の企業間における財務諸表の比較可能性を高める観点から，IFRS第15号をベースとしつつも，これまでわが国で行われてきた実務等に配慮すべき項目について，比較可能性を損なわせない範囲で代替的な取扱いを追加している。なお，当該収益認識に関する会計基準等は，収益認識に関する包括的な会計基準であるため，当該基準の適用に伴い，企業会計基準第15号「工事契約に関する会計基準」，企業会計基準適用指針第18号「工事契約に関する会計基準の適用指針」および実務対応報告第17号「ソ

フトウェア取引の収益の会計処理に関する実務上の取扱い」は廃止となる。

3 IFRS第15号との主な相違点

(1) 収益認識に関する会計基準等の範囲に含められなかったIFRS第15号の規定

① 契約コスト

棚卸資産や固定資産等，コストの資産化等の定めがIFRSの体系と異なるため，IFRS第15号における契約コスト（契約獲得の増分コストおよび契約を履行するためのコスト）の規定は，収益認識に関する会計基準等の適用範囲に含まれていない（収益認識に関する会計基準109項）。

ただし，IFRSまたは米国会計基準を連結財務諸表に適用している企業については，実務上の負担を考慮し，以下の取扱いが規定されている（収益認識に関する会計基準109項）。

- 当該企業の個別財務諸表において，IFRS第15号またはTopic 606の契約コストの規定に従った会計処理を行うことができる
- 当該企業の連結子会社がその連結財務諸表および個別財務諸表に収益認識に関する会計基準等を適用する場合に，IFRS第15号またはTopic 606の契約コストの規定に従った会計処理を行うことができる

② 固定資産売却取引

IFRSにおいては，企業の通常の営業活動から生じたアウトプットではない固定資産の売却取引に関して，いつ資産の認識中止を行うべきかの決定や，資産の認識中止時に認識すべき利得または損失の金額の決定にあたり，IFRS第15号の原則の一部を適用することとされている（IAS16.69, 72, IAS38.114, 116, IAS40.67, 70）。これに対して，収益認識に関する会計基準等では，企業の通常の営業活動から生じたアウトプットではない固定資産の売却取引については適用範囲に含まれていない（収益認識に関する会計基準108項）。

また，企業の通常の営業活動から生じたアウトプットとなる不動産のうち，会計制度委員会報告第15号「特別目的会社を活用した不動産の流動化に係る譲渡人の会計処理に関する実務指針」の対象となる不動産の譲渡に係る会計処理

302

は，連結の範囲等の検討と関連するため，収益認識に関する会計基準等の適用範囲から除外されている（収益認識に関する会計基準3項(6)，108項）。

③　注記事項

　IFRS第15号の注記事項の規定は，収益に関する財務諸表利用者の理解に役立つことを目的として，従来の会計基準と比較して拡充されており，比較可能性を改善するものと考えられている。一方，当該注記事項の拡充に対して，わが国の市場関係者からは，IFRS第15号の開発段階から，特に契約残高や残存履行義務に配分した取引価格等の一部の定量的な情報の注記について，実務上の負担に関する強い懸念があった（収益認識に関する会計基準156項）。

　そこで，IFRS第15号の注記事項の有用性とコストの評価を十分に行うために，収益認識に関する会計基準等の早期適用の段階では，必要最低限の規定を除き，基本的に注記事項に関する規定を設けないこととされ，強制適用となる時までに注記事項の定めを検討することとされた（収益認識に関する会計基準156項）。

(2)　収益認識に関する会計基準等においてIFRS第15号に拠らず追加された独自の規定

①　代替的な扱い

　収益認識に関する会計基準等は，これまでわが国で行われてきた実務等に配慮し，比較可能性を損なわせない範囲で，IFRS第15号における取扱いとは別に，以下の項目について代替的な取扱いを定めている（収益認識に関する会計基準の適用指針92項～104項）。

図表8－1　／　収益認識に関する会計基準等おける「代替的な取扱い」

項目	代替的な取扱い
(a)　契約変更	● 契約変更による財またはサービスの追加が既存の契約内容に照らして重要性が乏しい場合には，当該契約変更について処理するにあたり，以下のいずれの方法も認められる。 　－ 契約変更を独立した契約として処理する。 　－ 契約変更を既存の契約を解約して新しい契約を締結したものと仮定して処理する。 　－ 契約変更を既存の契約の一部であると仮定して処理し，契

		約変更日において収益の額を累積的な影響に基づき修正する。
(b) 履行義務の識別	●	約束した財またはサービスが，顧客との契約の観点で重要性が乏しい場合には，当該約束が履行義務であるのかについて評価しないことができる。
	●	顧客が財に対する支配を獲得した後に行う出荷および配送活動については，財を移転する約束を履行するための活動として処理し，履行義務として識別しないことができる。
(c) 一定の期間にわたり充足される履行義務	●	契約開始日から完全に履行義務を充足すると見込まれる時点までの期間がごく短い工事契約（受注制作のソフトウェアを含む）の場合には，一定の期間にわたり収益を認識せず，完全に履行義務を充足した時点で収益を認識することができる。
	●	一定の期間にわたり収益を認識する船舶による運送サービスについて，一航海の船舶が発港地を出発してから帰港地に到着するまでの期間が通常の期間である場合には，複数の顧客の貨物を積載する船舶の一航海を単一の履行義務としたうえで，当該期間にわたり収益を認識することができる。
(d) 一時点で充足される履行義務	●	商品等の国内の販売において，出荷時から当該商品等の支配が顧客に移転される時（例えば，顧客の検収時）までの期間が通常の期間である場合には，出荷時から当該商品等の支配が顧客に移転される時までの一時点（例えば，出荷時や着荷時）に収益を認識することができる。
(e) 履行義務の充足に係る進捗度	●	一定の期間にわたり充足される履行義務について，契約の初期段階において進捗度を合理的に見積もることができない場合には，当該契約の初期段階に収益を認識せず，進捗度を合理的に見積もることができる時から収益を認識することができる。
(f) 履行義務への取引価格の配分	●	履行義務の基礎となる財またはサービスの独立販売価格を直接観察できない場合で，当該財またはサービスが付随的なものであり，重要性が乏しいと認められるときには，当該財またはサービスの独立販売価格の見積方法として，残余アプローチを使用することができる。
(g) 契約の結合，履行義務の識別および独立販売価格	●	次の要件をいずれも満たす場合には，複数の契約を結合せず，個々の契約において定められている財またはサービスの内容を履行義務とみなし，個々の契約で定められている当該財またはサービスの金額に従って収益を認識することができ

に基づく取引 価格の配分	る。 － 顧客との個々の契約が当事者間で合意された取引の実態を反映する実質的な取引の単位であると認められること。 － 顧客との個々の契約における財またはサービスの金額が合理的に定められていることにより，当該金額が独立販売価格と著しく異ならないと認められること。 ● 次の要件を満たす工事契約および受注制作のソフトウェアについては，複数の契約（異なる顧客と締結した複数の契約や異なる時点に締結した複数の契約を含む）を結合し，単一の履行義務として識別することができる。 － 当事者間で合意された実質的な取引単位を反映するように複数の契約を結合した際の収益認識の時期および金額と，個々の契約を会計処理の単位とした収益認識の時期および金額との差異に重要性が乏しいと認められる。
(h) その他の個 別事項（有償 支給取引）	● 有償支給取引において，企業が支給品を買い戻す義務を負っていない場合，企業は当該支給品の消滅を認識するが，当該支給品の譲渡に係る収益は認識しない。 また，有償支給取引において，企業が支給品を買い戻す義務を負っている場合，企業は支給品の譲渡に係る収益を認識せず，当該支給品の消滅も認識しない。ただし，個別財務諸表においては，支給品の譲渡時に当該支給品の消滅を認識することができる。なお，その場合であっても，当該支給品の譲渡に係る収益は認識しない。

② わが国に特有な取引等についての設例

　IFRS第15号の設例を基礎とした設例に加えて，わが国に特有な取引等について，下記の4つの設例が追加されている。これらの設例は，わが国に特有な取引等について，会計基準および本適用指針で示された内容について理解を深めるために参考として示されたものであり，IFRS第15号の解釈を示すものではなく，IFRS第15号を適用する場合には，結果が異なりうる点について留意が必要である。

- 消費税等
- 小売業における消化仕入等
- 他社ポイントの付与
- 工事損失引当金

第8章　わが国における収益認識会計基準　305

4 ┃ 適用時期等

(1)　適用時期

収益認識に関する会計基準等は，2021年4月1日以後開始する連結会計年度および事業年度の期首から適用しなければならない（収益認識に関する会計基準81項）。ただし，2018年4月1日以後開始する連結会計年度および事業年度の期首から早期適用することが認められる（収益認識に関する会計基準82項）。また，2018年12月31日に終了する連結会計年度および事業年度から2019年3月30日に終了する連結会計年度および事業年度までにおける年度末に係る連結財務諸表および個別財務諸表から適用することも認められている（収益認識に関する会計基準83項）。

(2)　経過措置

収益認識に関する会計基準等の適用に関する経過措置の取扱いは下表のとおりである。なお，IFRSまたは米国会計基準を連結財務諸表に適用している企業（またはその連結子会社）が当該企業の個別財務諸表に収益認識に関する会計基準等を適用する場合には，IFRS第15号またはTopic 606の経過措置の規定を適用することができる。加えて，以下の経過措置の定めにかかわらず，IFRSを連結財務諸表に初めて適用する企業（またはその連結子会社）が当該企業の個別財務諸表に本会計基準を適用する場合には，その適用初年度において，IFRS第1号「国際財務報告基準の初度適用」における経過措置に関する定めを適用することができる（収益認識に関する会計基準87項）。

図表8－2／経過措置

	原則（全面的遡及アプローチ）	適用初年度において，会計基準等の改正に伴う会計方針の変更として取り扱い，新たな会計方針を過去の期間のすべてに遡及適用する（収益認識に関する会計基準84項）。
		以下の簡便法のうち，1つまたは複数を適用することができる（収益認識に関する会計基準85

		項)。
遡及 アプローチ	簡便法（部分的遡及アプローチ）	• 適用初年度の前連結会計年度および前事業年度の期首より前までに従前の取扱いに従ってほとんどすべての収益の額を認識した契約について，適用初年度の比較情報を遡及的に修正しないこと • 適用初年度の期首より前までに従前の取扱いに従ってほとんどすべての収益の額を認識した契約に変動対価が含まれる場合，当該契約に含まれる変動対価の額について，その不確実性が解消された時の金額を用いて適用初年度の比較情報を遡及的に修正すること • 適用初年度の前連結会計年度および前事業年度内に開始して終了した契約について，適用初年度の前連結会計年度の四半期連結財務諸表および適用初年度の前事業年度の四半期個別財務諸表を遡及的に修正しないこと • 適用初年度の前連結会計年度および前事業年度の期首より前までに行われた契約変更について，すべての契約変更を反映した後の契約条件に基づき，次の①から③の処理を行い，適用初年度の比較情報を遡及的に修正すること 　①　履行義務の充足分および未充足分の区分 　②　取引価格の算定 　③　履行義務の充足分および未充足分への取引価格の配分
	適用初年度の期首より前に新たな会計方針を遡及適用した場合の適用初年度の累積的影響額を，適用初年度の期首の利益剰余金に加減し，当該期首残高から新たな会計方針を適用することができる（収益認識に関する会計基準84項）。 この場合，以下の簡便法を適用することができる（収益認識に関する会計基準86項）。 • 適用初年度の期首より前までに従前の取扱いに従ってほとんどすべての収益の額を認識した契約に，新たな会計方針を遡及適用しないこと • 契約変更について，次の(1)または(2)のいずれかを適用し，累積的影響額を算定すること	

| 累積的キャッチ・アップ・アプローチ | (1) 適用初年度の期首より前までに行われた契約変更について，すべての契約変更を反映した後の契約条件に基づき，次の①から③の処理を行う。
① 履行義務の充足分および未充足分の区分
② 取引価格の算定
③ 履行義務の充足分および未充足分への取引価格の配分
(2) 適用初年度の前連結会計年度および前事業年度の期首より前までに行われた契約変更について，すべての契約変更を反映した後の契約条件に基づき，次の①から③の処理を行う。
① 履行義務の充足分および未充足分の区分
② 取引価格の算定
③ 履行義務の充足分および未充足分への取引価格の配分 |

2 収益認識に関する会計基準等とIFRS 第15号および本書籍のリファレンス一覧

　収益認識に関する会計基準等とIFRS第15号および本書籍の対応関係は下表のとおりである。なお，収益認識に関する会計基準等とIFRS第15号で対応関係がある項目であっても，両者は同一の文言ではないため，基準等自体を確認されたい。

(1)　収益認識に関する会計基準とIFRS第15号とのリファレンス一覧

会計基準	IFRS15	本書籍の該当箇所			
項数	項数	章	中見出し	小見出し	頁
1項-2項	-	-	-	-	-
3項	5項	第1章	③　範囲	2　IFRS第15号の適用対象となる契約	6
4項	7項	第1章	③　範囲	3　複数の基準が適用される契約	8
5項-15項	A	-	-	-	-
16項	2項	第1章	①　IFRS第15号の基本原則と5つのステップ	-	2
17項	-	第1章	①　IFRS第15号の基本原則と5つのステップ	-	2
18項	4項	第1章	③　範囲	6　ポートフォリオ・アプローチ	11
19項	9項	第2章	①　ステップ1－顧客との契約の識別	1　対象となる契約の要件	19
20項	10項	第2章	①　ステップ1－顧客との契約の識別	1　対象となる契約の要件	18

第8章 わが国における収益認識会計基準 309

会計基準	IFRS15	本書籍の該当箇所			
項数	項数	章	中見出し	小見出し	頁
21項	11項	第2章	1 ステップ1－顧客との契約の識別	2 契約期間	23
22項	12項	第2章	1 ステップ1－顧客との契約の識別	2 契約期間	25
23項	13項	第2章	1 ステップ1－顧客との契約の識別	1 対象となる契約の要件	19
24項	14項	第2章	1 ステップ1－顧客との契約の識別	1 対象となる契約の要件	22
25項	15項	第2章	1 ステップ1－顧客との契約の識別	1 対象となる契約の要件	22
26項	16項	第2章	1 ステップ1－顧客との契約の識別	1 対象となる契約の要件	22
27項	17項	第2章	1 ステップ1－顧客との契約の識別	3 契約の結合	25
28項	18項	第2章	1 ステップ1－顧客との契約の識別	4 契約の変更	26
29項	19項	第2章	1 ステップ1－顧客との契約の識別	4 契約の変更	26
30項	20項	第2章	1 ステップ1－顧客との契約の識別	4 契約の変更	26
31項	21項	第2章	1 ステップ1－顧客との契約の識別	4 契約の変更	26
32項	22項	第2章	2 ステップ2－履行義務の識別	1 履行義務とは	32
33項	23項	第2章	2 ステップ2－履行義務の識別	3 一連の別個の財またはサービス	38
34項	27項	第2章	2 ステップ2－履行義務の識別	2 別個の財またはサービス	34
35項	31項	第2章	5 ステップ5－履行義務の充足による収益の認識	1 支配の移転と支配の定義	70

会計基準	IFRS15	本書籍の該当箇所			
項数	項数	章	中見出し	小見出し	頁
36項	32項	第2章	5 ステップ5－履行義務の充足による収益の認識	2 一定の期間にわたり充足される履行義務（要件）	71
37項	33項	第2章	5 ステップ5－履行義務の充足による収益の認識	1 支配の移転と支配の定義	70
38項	35項	第2章	5 ステップ5－履行義務の充足による収益の認識	2 一定の期間にわたり充足される履行義務（要件）	72
39項	38項	第2章	5 ステップ5－履行義務の充足による収益の認識	4 一時点で充足される履行義務	88
40項	38項	第2章	5 ステップ5－履行義務の充足による収益の認識	4 一時点で充足される履行義務	89
41項	39項	第2章	5 ステップ5－履行義務の充足による収益の認識	3 一定の期間にわたり充足される履行義務（進捗度の測定）	81
42項	40項	第2章	5 ステップ5－履行義務の充足による収益の認識	3 一定の期間にわたり充足される履行義務（進捗度の測定）	81
43項	43項	第2章	5 ステップ5－履行義務の充足による収益の認識	3 一定の期間にわたり充足される履行義務（進捗度の測定）	87
44項	44項	第2章	5 ステップ5－履行義務の充足による収益の認識	3 一定の期間にわたり充足される履行義務（進捗度の測定）	81
45項	45項	第2章	5 ステップ5－履行義務の充足による収益の認識	3 一定の期間にわたり充足される履行義務（進捗度の測定）	87

第8章　わが国における収益認識会計基準　311

会計基準	IFRS15	本書籍の該当箇所			
項数	項数	章	中見出し	小見出し	頁
46項	46項	第2章	5 ステップ5－履行義務の充足による収益の認識	1 支配の移転と支配の定義	70
47項	47項	第2章	3 ステップ3－取引価格の算定	1 取引価格とは	44
48項	48項	第2章	3 ステップ3－取引価格の算定	2 変動対価 3 重大な金融要素 4 現金以外の対価 5 顧客に支払われる対価	45 〜 57
49項	49項	第2章	3 ステップ3－取引価格の算定	1 取引価格とは	45
50項	50項	第2章	3 ステップ3－取引価格の算定	2 変動対価	45
51項	53項	第2章	3 ステップ3－取引価格の算定	2 変動対価	45
52項	54項	第2章	3 ステップ3－取引価格の算定	2 変動対価	46
53項	55項	第2章	3 ステップ3－取引価格の算定	2 変動対価	51
54項	56項	第2章	3 ステップ3－取引価格の算定	2 変動対価	49
55項	59項	第2章	3 ステップ3－取引価格の算定	2 変動対価	51
56項	60項	第2章	3 ステップ3－取引価格の算定	3 重大な金融要素	51
57項	60項 61項	第2章	3 ステップ3－取引価格の算定	3 重大な金融要素	51
58項	63項	第2章	3 ステップ3－取引価格の算定	3 重大な金融要素	52

会計基準	IFRS15	本書籍の該当箇所			
項数	項数	章	中見出し	小見出し	頁
59項	66項	第2章	③ ステップ3－取引価格の算定	4 現金以外の対価	55
60項	67項	第2章	③ ステップ3－取引価格の算定	4 現金以外の対価	55
61項	68項	第2章	③ ステップ3－取引価格の算定	4 現金以外の対価	55
62項	69項	第2章	③ ステップ3－取引価格の算定	4 現金以外の対価	55
63項	70項	第2章	③ ステップ3－取引価格の算定	5 顧客に支払われる対価	56
64項	72項	第2章	③ ステップ3－取引価格の算定	5 顧客に支払われる対価	56
65項	73項	第2章	④ ステップ4－履行義務への取引価格の配分	1 履行義務への取引価格の配分	58
66項	74項	第2章	④ ステップ4－履行義務への取引価格の配分	1 履行義務への取引価格の配分	58
67項	75項	-	-	-	-
68項	76項	第2章	④ ステップ4－履行義務への取引価格の配分	1 履行義務への取引価格の配分	58
69項	78項	第2章	④ ステップ4－履行義務への取引価格の配分	2 独立販売価格に基づく配分	59
70項	81項	第2章	④ ステップ4－履行義務への取引価格の配分	3 値引きの配分	64
71項	82項	第2章	④ ステップ4－履行義務への取引価格の配分	3 値引きの配分	64

第8章　わが国における収益認識会計基準　313

会計基準	IFRS15	本書籍の該当箇所			
項数	項数	章	中見出し	小見出し	頁
72項	85項	第2章	4 ステップ4－履行義務への取引価格の配分	4 変動対価の配分	66
73項	86項	第2章	4 ステップ4－履行義務への取引価格の配分	4 変動対価の配分	67
74項	88項	第2章 第2章	3 ステップ3－取引価格の算定 4 ステップ4－履行義務への取引価格の配分	2 変動対価 5 取引価格の事後変動	51 69
75項	89項	第2章	4 ステップ4－履行義務への取引価格の配分	5 取引価格の事後変動	69
76項	90項	第2章	4 ステップ4－履行義務への取引価格の配分	5 取引価格の事後変動	69
77項	107項 108項	第5章	1 表示	1 契約資産および契約負債	156
78項	106項	第5章	1 表示	1 契約資産および契約負債	156
79項	105項 109項	第5章	1 表示	1 契約資産および契約負債	156
80項	119項	第5章	2 開示	1 顧客との契約	166
81項-83項	-	-	-	-	-
84項	C3項(a) C3項(b) C7項	第1章	4 発効日および経過措置	2 経過措置	14 15
85項	C5項 C5項(a) C5項(b) C5項(c)	第1章	4 発効日および経過措置	2 経過措置	14

会計基準	IFRS15	本書籍の該当箇所				
項数	項数	章	中見出し	小見出し	頁
86項	C 7 項 C 7 A項	第 1 章	**4** 発効日および経過措置	2 経過措置	14 15
87項-101項	-	-	-	-	-
102項	6 項 BC53	第 1 章	**3** 範囲	2 IFRS第15号の適用対象となる契約 4 顧客との契約以外の契約	5 11
103項-105項	-	-	-	-	-
106項	BC58	-	-	-	-
107項-110項	-	-	-	-	-
111項	6 項	第 1 章	**3** 範囲	4 顧客との契約以外の契約	9
112項-114項	-	-	-	-	-
115項	1 項	第 1 章	**2** 目的	-	4
116項	BC69	-	-	-	-
117項	9 項(e)	第 2 章	**1** ステップ 1 -顧客との契約の識別	1 対象となる契約の要件	20
118項	BC45	第 2 章	**1** ステップ 1 -顧客との契約の識別	1 対象となる契約の要件	19
119項	11項	第 2 章	**1** ステップ 1 -顧客との契約の識別	2 契約期間	23
120項	13項	第 2 章	**1** ステップ 1 -顧客との契約の識別	1 対象となる契約の要件	19
121項	BC71	-	-	-	-
122項	18項 19項	第 2 章	**1** ステップ 1 -顧客との契約の識別	4 契約の変更	26
123項	BC77	-	-	-	-

会計基準 項数	IFRS15 項数	本書籍の該当箇所			
		章	中見出し	小見出し	頁
124項	20項(b)	第2章	1 ステップ1－顧客との契約の識別	4 契約の変更	26
125項	BC78 BC80	-	-	-	-
126項	BC82	-	-	-	-
127項	24項	第2章	2 ステップ2－履行義務の識別	4 履行義務を識別する際の留意点	39
128項	BC114	第2章	2 ステップ2－履行義務の識別	3 一連の別個の財またはサービス	39
129項	26項	第2章	2 ステップ2－履行義務の識別	2 別個の財またはサービス	35
130項	28項	第2章	2 ステップ2－履行義務の識別	2 別個の財またはサービス	34
131項	BC100	第2章	2 ステップ2－履行義務の識別	2 別個の財またはサービス	36
132項	BC121	-	-	-	-
133項	33項	第2章	5 ステップ5－履行義務の充足による収益の認識	1 支配の移転と支配の定義	70
134項	BC125	-	-	-	-
135項	BC128	-	-	-	-
136項	BC129	第2章	5 ステップ5－履行義務の充足による収益の認識	2 一定の期間にわたり充足される履行義務（要件）	74
137項	BC132	第2章	5 ステップ5－履行義務の充足による収益の認識	2 一定の期間にわたり充足される履行義務（要件）	75
138項	BC142	-	-	-	-
139項	44項	第2章	5 ステップ5－履行義務の充足による収益の認識	3 一定の期間にわたり充足される履行義務（進捗度の測定）	81

会計基準	IFRS15	本書籍の該当箇所			
項数	項数	章	中見出し	小見出し	頁
140項	53項	第2章	③ ステップ3－取引価格の算定	2 変動対価	45
141項	54項	第2章	③ ステップ3－取引価格の算定	2 変動対価	46
142項	BC201	第2章	③ ステップ3－取引価格の算定	2 変動対価	46
143項	-	-	-	-	-
144項	60項	第2章	③ ステップ3－取引価格の算定	3 重大な金融要素	51
145項	BC255	第2章	③ ステップ3－取引価格の算定	5 顧客に支払われる対価	56
146項	77項 78項	第2章	④ ステップ4－履行義務への取引価格の配分	2 独立販売価格に基づく配分	59
147項	81項	第2章	④ ステップ4－履行義務への取引価格の配分	3 値引きの配分	64
148項	84項	第2章	④ ステップ4－履行義務への取引価格の配分	4 変動対価の配分	66
149項	87項	第2章	④ ステップ4－履行義務への取引価格の配分	5 取引価格の事後変動	69
150項	108項 BC325	第5章	① 表示	1 契約資産および契約負債	156
151項-161項	-	-	-	-	-

（2） 収益認識に関する会計基準の適用指針とIFRS第15号とのリファレンス一覧

会計基準	IFRS15	本書籍の該当箇所			
項数	項数	章	中見出し	小見出し	頁
1項-3項	-	-	-	-	-
4項	25項	第2章	2 ステップ2－履行義務の識別	4 履行義務を識別する際の留意点	42
5項	28項	第2章	2 ステップ2－履行義務の識別	2 別個の財またはサービス	34
6項	29項	第2章	2 ステップ2－履行義務の識別	2 別個の財またはサービス	34 37
7項	30項	第2章	2 ステップ2－履行義務の識別	2 別個の財またはサービス	37
8項	34項	第2章	5 ステップ5－履行義務の充足による収益の認識	1 支配の移転と支配の定義	71
9項	B4項	第2章	5 ステップ5－履行義務の充足による収益の認識	2 一定の期間にわたり充足される履行義務（要件）	74
10項	36項	第2章	5 ステップ5－履行義務の充足による収益の認識	2 一定の期間にわたり充足される履行義務（要件）	75
11項	37項	第2章	5 ステップ5－履行義務の充足による収益の認識	2 一定の期間にわたり充足される履行義務（要件）	76
12項	B9項	第2章	5 ステップ5－履行義務の充足による収益の認識	2 一定の期間にわたり充足される履行義務（要件）	76
13項	B12項	第2章	5 ステップ5－履行義務の充足による収益の認識	2 一定の期間にわたり充足される履行義務（要件）	77

会計基準	IFRS15	本書籍の該当箇所			
項数	項数	章	中見出し	小見出し	頁
14項	38項	第2章	5 ステップ5－履行義務の充足による収益の認識	4 一時点で充足される履行義務	89
15項	41項	第2章	5 ステップ5－履行義務の充足による収益の認識	3 一定の期間にわたり充足される履行義務（進捗度の測定）	81
16項	42項	第2章 第2章	2 ステップ2－履行義務の識別 5 ステップ5－履行義務の充足による収益の認識	4 履行義務を識別する際の留意点 3 一定の期間にわたり充足される履行義務（進捗度の測定）	43 81
17項	B15項	第2章	5 ステップ5－履行義務の充足による収益の認識	3 一定の期間にわたり充足される履行義務（進捗度の測定）	81
18項	B15項	第2章	5 ステップ5－履行義務の充足による収益の認識	3 一定の期間にわたり充足される履行義務（進捗度の測定）	81
19項	B16項	第2章	5 ステップ5－履行義務の充足による収益の認識	3 一定の期間にわたり充足される履行義務（進捗度の測定）	83
20項	B18項	第2章	5 ステップ5－履行義務の充足による収益の認識	3 一定の期間にわたり充足される履行義務（進捗度の測定）	83
21項	B19項	第2章	5 ステップ5－履行義務の充足による収益の認識	3 一定の期間にわたり充足される履行義務（進捗度の測定）	84
22項	B19項	第2章	5 ステップ5－履行義務の充足による収益の認識	3 一定の期間にわたり充足される履行義務（進捗度の測定）	84
23項	51項	第2章	3 ステップ3－取引価格の算定	2 変動対価	45

第8章　わが国における収益認識会計基準　319

会計基準	IFRS15	本書籍の該当箇所			
項数	項数	章	中見出し	小見出し	頁
24項	52項	第2章	3 ステップ3－取引価格の算定	2 変動対価	45
25項	57項	第2章	3 ステップ3－取引価格の算定	2 変動対価	49
26項	58項	第2章	3 ステップ3－取引価格の算定	2 変動対価	50
27項	61項	第2章	3 ステップ3－取引価格の算定	3 重大な金融要素	52
28項	62項	第2章	3 ステップ3－取引価格の算定	3 重大な金融要素	52
29項	64項	第2章	3 ステップ3－取引価格の算定	3 重大な金融要素	53
30項	71項	第2章	3 ステップ3－取引価格の算定	5 顧客に支払われる対価	56
31項	79項	第2章	4 ステップ4－履行義務への取引価格の配分	2 独立販売価格に基づく配分	59
32項	80項	第2章	4 ステップ4－履行義務への取引価格の配分	2 独立販売価格に基づく配分	62
33項	83項	第2章	4 ステップ4－履行義務への取引価格の配分	3 値引きの配分	64
34項	B30項	第4章	2 製品保証	-	109
35項	B32項	第4章	2 製品保証	-	109
36項	B32項	第4章	2 製品保証	-	109
37項	B31項	第4章	2 製品保証	-	108
38項	B29項	第4章	2 製品保証	-	108 109

会計基準	IFRS15	本書籍の該当箇所				
項数	項数	章	中見出し	小見出し	頁
39項	B34項 B35B項	第4章	3 本人・代理人	-	111
40項	B34項 B36項	第4章	3 本人・代理人	-	111
41項	B34項	第4章	3 本人・代理人	-	112
42項	B34A項	第4章	3 本人・代理人	-	112
43項	B35項 B36項	第4章	3 本人・代理人	-	112
44項	B35A項	第4章	3 本人・代理人	-	112
45項	B35項	-	-	-	-
46項	B35項	-	-	-	-
47項	B37項	第4章	3 本人・代理人	-	113
48項	B40項	第4章	4 追加的な財または サービスに対する顧客 のオプション	-	119
49項	B41項	第4章	4 追加的な財または サービスに対する顧客 のオプション	-	119
50項	B42項	第4章	4 追加的な財または サービスに対する顧客 のオプション	-	120
51項	B43項	第4章	4 追加的な財または サービスに対する顧客 のオプション	-	124
52項	B44項	第4章	5 顧客の未行使の権 利	-	127
53項	B45項	第4章	5 顧客の未行使の権 利	-	127
54項	B46項	第4章	5 顧客の未行使の権 利	-	127

会計基準 項数	IFRS15 項数	章	中見出し	小見出し	頁
55項	B46項	第4章	5 顧客の未行使の権利	-	127
56項	B47項	第4章	5 顧客の未行使の権利	-	129
57項	B48項 B49項	第4章	6 返金不能の前払報酬	-	130
58項	B49項	第4章	6 返金不能の前払報酬	-	130
59項	B50項	第4章	6 返金不能の前払報酬	-	130
60項	B51項	第4章	6 返金不能の前払報酬	-	132
61項	B54項 B55項	第4章	7 ライセンス供与	1 知的財産のライセンス	136
62項	B56項 B60項 B61項	第4章	7 ライセンス供与	1 知的財産のライセンス	137
63項	B58項	第4章	7 ライセンス供与	1 知的財産のライセンス	137
64項	B61項	第4章	7 ライセンス供与	1 知的財産のライセンス	137
65項	B59A項	第4章	7 ライセンス供与	1 知的財産のライセンス	139
66項	B62項	第4章	7 ライセンス供与	1 知的財産のライセンス	141
67項	B63項 B63A項	第4章	7 ライセンス供与	2 売上高ベースまたは使用量ベースのロイヤルティに関する例外規定	144 145

会計基準	IFRS15	本書籍の該当箇所				
項数	項数	章	中見出し	小見出し	頁
68項	B63B項	第4章	7 ライセンス供与	2 売上高ベースまたは使用量ベースのロイヤルティに関する例外規定	145
69項	B66項 B67項	第4章	8 買戻し契約	1 先渡契約とコール・オプション	147
70項	B68項	第4章	8 買戻し契約	1 先渡契約とコール・オプション	148
71項	B69項	第4章	8 買戻し契約	1 先渡契約とコール・オプション	148
72項	B70項 B71項 B72項 B75項	第4章	8 買戻し契約	2 プット・オプション	148 149
73項	B73項 B74項 B75項	第4章	8 買戻し契約	2 プット・オプション	148 149
74項	B76項	第4章	8 買戻し契約	2 プット・オプション	148
75項	B77項	第4章	9 委託販売契約	-	150
76項	B78項	第4章	9 委託販売契約	-	150
77項	B79項	第4章	10 請求済未出荷契約	-	152
78項	B80項	第4章	10 請求済未出荷契約	-	152
79項	B81項	第4章	10 請求済未出荷契約	-	152
80項	B83項 B84項	第4章	11 顧客による検収	-	154
81項	B84項	第4章	11 顧客による検収	-	154
82項	B85項	第4章	11 顧客による検収	-	154
83項	B86項	第4章	11 顧客による検収	-	154
84項	B20項	第4章	1 返品権付きの販売	-	102

会計基準	IFRS15	本書籍の該当箇所				
項数	項数	章	中見出し	小見出し	頁
85項	B21項 B23項	第4章	1 返品権付きの販売	-	102
86項	B23項	第4章	1 返品権付きの販売	-	102
87項	B23項 B24項	第4章	1 返品権付きの販売	-	102
88項	B25項	第4章	1 返品権付きの販売	-	102
89項	B27項	第4章	1 返品権付きの販売	-	103
90項-104項	-	-	-	-	-
105項	B25項	第4章	1 返品権付きの販売	-	102
106項-111項	-	-	-	-	-
112項	BC105 BC106	-		-	-
113項	BC107 BC108 BC116M	-		-	-
114項	BC111	-	-	-	-
115項	B3項 B4項	第2章	5 ステップ5－履行義務の充足による収益の認識	2 一定の期間にわたり充足される履行義務（要件）	73
116項	B6項 BC140	第2章	5 ステップ5－履行義務の充足による収益の認識	2 一定の期間にわたり充足される履行義務（要件）	75
117項	B7項	第2章	5 ステップ5－履行義務の充足による収益の認識	2 一定の期間にわたり充足される履行義務（要件）	75
118項	BC135 BC137	第2章	5 ステップ5－履行義務の充足による収益の認識	2 一定の期間にわたり充足される履行義務（要件）	75 76

会計基準	IFRS15	本書籍の該当箇所			
項数	項数	章	中見出し	小見出し	頁
119項	B8項	第2章	5 ステップ5－履行義務の充足による収益の認識	2 一定の期間にわたり充足される履行義務（要件）	76
120項	BC136	-	-	-	-
121項	B10項	第2章	5 ステップ5－履行義務の充足による収益の認識	2 一定の期間にわたり充足される履行義務（要件）	77
122項	B13項	第2章	5 ステップ5－履行義務の充足による収益の認識	2 一定の期間にわたり充足される履行義務（要件）	77 78
123項	B15項 B17項	第2章	5 ステップ5－履行義務の充足による収益の認識	3 一定の期間にわたり充足される履行義務（進捗度の測定）	81 82
124項	B15項	第2章	5 ステップ5－履行義務の充足による収益の認識	3 一定の期間にわたり充足される履行義務（進捗度の測定）	81
125項	B19項	第2章	5 ステップ5－履行義務の充足による収益の認識	3 一定の期間にわたり充足される履行義務（進捗度の測定）	84
126項	BC217	第7章	2 第2章「5つのステップ」関係	3 ステップ3－取引価格の算定	268
127項	BC233(c)	-	-	-	-
128項	BC234	第2章	3 ステップ3－取引価格の算定	3 重大な金融要素	51
129項	79項(a)	第2章	4 ステップ4－履行義務への取引価格の配分	2 独立販売価格に基づく配分	59
130項	80項	第2章	4 ステップ4－履行義務への取引価格の配分	2 独立販売価格に基づく配分	62
131項	-	-	-	-	-

第8章 わが国における収益認識会計基準　325

会計基準	IFRS15	本書籍の該当箇所				
項数	項数	章	中見出し	小見出し	頁
132項	B28項	第4章	2 製品保証	-	108
133項	B29項	第4章	2 製品保証	-	108 109
134項	B33項	第4章	2 製品保証	-	109
135項	BC379 BC380 BC385E	第4章	3 本人・代理人	-	112
136項	B37A項 BC385H BC385J	第4章	3 本人・代理人	-	113
137項	BC385L	-	-	-	-
138項	B38項	第4章	3 本人・代理人	-	114
139項	B39項	第4章	4 追加的な財またはサービスに対する顧客のオプション	-	119
140項	B40項	第4章	4 追加的な財またはサービスに対する顧客のオプション	-	119
141項	B48項	第4章	6 返金不能の前払報酬	-	130
142項	B49項	第4章	6 返金不能の前払報酬	-	130 131
143項	B52項	第4章	7 ライセンス供与	1 知的財産のライセンス	136
144項	B53項	第4章	7 ライセンス供与	1 知的財産のライセンス	136
145項	BC404	第4章	7 ライセンス供与	1 知的財産のライセンス	137
146項	B60項	第4章	7 ライセンス供与	1 知的財産のライセンス	137

会計基準	IFRS15	本書籍の該当箇所			
項数	項数	章	中見出し	小見出し	頁
147項	B61項	第4章	7 ライセンス供与	1 知的財産のライセンス	137
148項	B62項	第4章	7 ライセンス供与	1 知的財産のライセンス	137
149項	B59項	-	-	-	-
150項	B59A項	第4章	7 ライセンス供与	1 知的財産のライセンス	138
151項	BC421	第4章	7 ライセンス供与	2 売上高ベースまたは使用量ベースのロイヤルティに関する例外規定	144
152項	B63A項	第7章	第4章「適用上の論点」関係	6 ライセンス供与	293
153項	B64項 B65項	第4章	8 買戻し契約	-	147
154項	B66項	第4章	8 買戻し契約	1 先渡契約とコール・オプション	147
155項	B66項	第4章	8 買戻し契約	1 先渡契約とコール・オプション	147
156項	BC428	-	-	-	-
157項	B70項 BC430	-	-	-	-
158項	B73項 BC430	-	-	-	-
159項	B79項	第4章	10 請求済未出荷契約	-	152
160項	B82項	第4章	10 請求済未出荷契約	-	152
161項	B22項	-	-	-	-
162項-189項	-	-	-	-	-

◆監修◆

山田　辰己

田中　弘隆

長谷川　義晃

錦織　倫生

辻野　幸子

中根　正文

蕗谷　竹生

◆執筆◆

渡辺　直人

大津　喬章

松田　麻子

小松　拓史

桑田　高志

長谷川　ロアン

菅原　亜紀

武山　圭介

山本　靖子

中山　英志

髙橋　見

松尾　圭祐

＜編者紹介＞

有限責任 あずさ監査法人

　有限責任 あずさ監査法人は，全国主要都市に約6,000名の人員を擁し，監査や保証業務をはじめ，IFRSアドバイザリー，アカウンティングアドバイザリー，金融関連アドバイザリー，IT関連アドバイザリー，企業成長支援アドバイザリーを提供しています。

　金融，情報・通信・メディア，パブリックセクター，流通・小売業，エネルギー，製造など，業界特有のニーズに対応した専門性の高いサービスを提供する体制を有するとともに，4大国際会計事務所のひとつであるKPMGインターナショナルのメンバーファームとして，154ヵ国に拡がるネットワークを通じ，グローバルな視点からクライアントを支援しています。

IFRSアドバイザリー室

　有限責任 あずさ監査法人のIFRSアドバイザリー室は，国際財務報告基準（IFRS）と日本基準との差異分析，IFRSの適用方法の研究や助言，書籍・雑誌への寄稿をはじめ，IFRSにもとづく財務諸表の監査やIFRS導入を支援するためのアドバイザリー・サービスに関する法人内外への様々な情報発信やバックオフィス機能を担っています。

　また，ロンドンに本拠をおくKPMGのIFRG（International Financial Reporting Group）と連携しながら，IFRSに関する最新情報をいち早く提供しています。

図解＆徹底分析

IFRS「新収益認識」

2018年7月1日　第1版第1刷発行	編　者	あずさ監査法人 IFRSアドバイザリー室
2021年4月30日　第1版第5刷発行		
	発行者	山　本　　　継
	発行所	㈱中央経済社
	発売元	㈱中央経済グループ パブリッシング

〒101-0051　東京都千代田区神田神保町1-31-2
電　話　03（3293）3371（編集代表）
　　　　03（3293）3381（営業代表）
https://www.chuokeizai.co.jp
製版／三英グラフィック・アーツ㈱

© 2018
Printed in Japan

印刷／三　英　印　刷　㈱
製本／誠　　製　　本　　㈱

＊頁の「欠落」や「順序違い」などがありましたらお取り替えいたしますので発売元までご送付ください。（送料小社負担）

ISBN978-4-502-25331-7　C3034

JCOPY〈出版者著作権管理機構委託出版物〉本書を無断で複写複製（コピー）することは，著作権法上の例外を除き，禁じられています。本書をコピーされる場合は事前に出版者著作権管理機構（JCOPY）の許諾を受けてください。
JCOPY〈http://www.jcopy.or.jp　eメール：info@jcopy.or.jp〉

2020年1月1日現在の基準・解釈指針を収める
IFRS財団公認日本語版!
IFRS®基準〈注釈付き〉2020

IFRS財団 編　企業会計基準委員会　監訳
　　　　　　　公益財団法人 財務会計基準機構

中央経済社刊 定価19,800円（分売はしておりません）B5判・4816頁
ISBN978-4-502-35541-7

IFRS適用に必備の書!

●**唯一の公式日本語訳・最新版**　本書はIFRSの基準書全文を収録した唯一の公式日本語訳です。最新の基準はもちろん、豊富な注釈（基準間の相互参照やIFRS解釈指針委員会のアジェンダ決定）がIFRSの導入準備や学習に役立ちます。

●**使いやすい3分冊**　原書同様に、日本語版もPART A・PART B・PART Cの3分冊です。「要求事項」、「概念フレームワーク」をPART Aに、「付属ガイダンス」、「実務記述書」をPART Bに、「結論の根拠」をPART Cに収録しています。

●**2020年版の特長**　「金利指標改革」（IFRS第9号、IAS第39号、IFRS第7号の修正）等の最新基準を収録したほか、約束した財又はサービスの評価（IFRS第15号）、暗号通貨の保有（IAS第2号、IAS第38号）等、注目のアジェンダ決定を注釈に追加!

IFRSの参照にあたっては、つねに最新の日本語版をご覧ください。

中央経済社
東京・神田神保町1
電話 03-3293-3381
FAX 03-3291-4437
https://www.chuokeizai.co.jp

収録内容
PART A収録
基準書本文
（基準・適用指針）
財務報告に関する
概念フレームワーク
PART B収録
適用ガイダンス・設例
IFRS実務記述書
PART C収録
結論の根拠

▶価格は税込みです。掲載書籍はビジネス専門書Online https://www.biz-book.jp からもお求めいただけます。